环境犯罪的基本
理论及刑法立法研究

丰晓萌◎著

中国水利水电出版社
www.waterpub.com.cn
·北京·

内 容 提 要

本书在对环境犯罪的基本问题进行界定的基础上,对环境犯罪的形势政策、刑事立法、构成及罪名体系、立法完善及发展趋势进行了深入探讨,并且对环境犯罪的三大体系——污染型环境犯罪、破坏自然资源型环境犯罪、危害生态平衡型环境犯罪做了具体研究。

本书结构完整、逻辑清晰、布局合理、语言简练,在许多方面做出了有益的尝试,具有一定的突破性和创新性。

图书在版编目(CIP)数据

环境犯罪的基本理论及刑法立法研究 / 丰晓萌著
. —北京:中国水利水电出版社,2017.8
 ISBN 978-7-5170-5786-4

Ⅰ.①环… Ⅱ.①丰… Ⅲ.①破坏环境资源保护罪—刑法—立法—研究—中国 Ⅳ.①D924.364

中国版本图书馆 CIP 数据核字(2017)第 209867 号

书　　名	环境犯罪的基本理论及刑法立法研究 HUANJING FANZUI DE JIBEN LILUN JI XINGFA LIFA YANJIU
作　　者	丰晓萌　著
出版发行	中国水利水电出版社 (北京市海淀区玉渊潭南路1号D座 100038) 网址:www.waterpub.com.cn E-mail:sales@waterpub.com.cn 电话:(010)68367658(营销中心)
经　　售	北京科水图书销售中心(零售) 电话:(010)88383994、63202643、68545874 全国各地新华书店和相关出版物销售网点
排　　版	北京亚吉飞数码科技有限公司
印　　刷	三河市天润建兴印务有限公司
规　　格	170mm×240mm　16开本　16.25印张　211千字
版　　次	2018年7月第1版　2018年7月第1次印刷
印　　数	0001—2000册
定　　价	75.00元

凡购买我社图书,如有缺页、倒页、脱页的,本社营销中心负责调换

版权所有·侵权必究

前　言

"人类总得不断地总结经验,有所发现,有所发明,有所创造,有所前进。在现代,人类改造其环境的能力,如果明智地加以使用的话,就可以给各国人民带来开发利益和提高生活质量的机会。如果使用不当,或轻率使用,这种能力就会给人类和人类环境造成无法估量的损害。在地球上许多地区,我们可以看到周围有越来越多的说明人为损害的迹象:在水、空气、土壤以及生物中污染达到危害的程度;生物界的生态平衡受到严重和不适当的扰乱;一些无法取代的资源受到破坏或陷于枯竭;在人为的环境中,特别是生活和工作环境里存在着有害于人类身体、精神和社会健康的严重缺陷。"此为《联合国人类环境会议宣言》(即斯德哥尔摩宣言)的基本要义与主旨之一,其亦不断警示我们应如何恰当处理人类社会自身发展与自然生态环境之间的关系,或许将是永远值得我们反思与探讨的课题。

当代各国在以和平、发展为主流价值观的引导下,无不致力于国民经济、社会、科技及文化的全面发展。与此同时,愈演愈烈的环境问题也促使各国运用多种法律、政策工具组合来予以应对,公众环境意识逐渐觉醒、高涨,亦促使环境保护成为社会个体维护自身生存与发展的自觉行动。而刑法及其刑罚手段作为法律制裁的严厉手段和最后防线,对于公害行为的预防、阻却,环境意识的激励、提升与巩固,以及对危害环境行为的制止与制裁应当具有特殊功效。现实社会中犯罪类型演进亦由对个人法益之侵害,逐步扩张至对社会、环境法益之侵害,故有关严重破坏、危害环境行为入罪化研讨,环境犯罪与环境刑法学科的研究便应运而生。基于此,特撰写《环境犯罪的基本理论及刑法立法研究》一书。

本书共分为八章，第一章是环境犯罪导论，对环境的概念、环境现状、环境犯罪的界定等内容做了详细介绍；第二章和第三章对环境犯罪的刑事政策及刑事立法做了深入研究；第四章具体探讨了环境犯罪的构成及罪名体系；第五章～第七章分别从污染型环境犯罪、破坏自然资源型环境犯罪、危害生态平衡型环境犯罪三个方面对环境犯罪进行了深刻剖析；第八章对环境犯罪刑法的立法完善及发展趋势进行了展望。

总体来看，全书结构完整、逻辑清晰、布局合理、语言简练，在许多方面做出了有益的尝试，具有一定的突破性和创新性。

在本书的撰写过程中，参阅和借鉴了许多法学界、哲学界等学者的大量研究成果，在此，一并向他们表示诚挚的谢意。由于环境犯罪问题是一个新兴的学科领域，加之作者能力有限，文中疏漏、错误之处在所难免，还望各位专家、读者给予批评指正！

作　者

2017 年 6 月

目 录

前言

第一章　环境犯罪导论 …………………………………… 1
　第一节　环境的概念 ………………………………………… 1
　第二节　环境现状和环境问题 ……………………………… 5
　第三节　刑法介入环境保护的必要性 ……………………… 25
　第四节　环境犯罪的界定 …………………………………… 27

第二章　环境犯罪的刑事政策 …………………………… 33
　第一节　刑事政策概述 ……………………………………… 33
　第二节　环境犯罪的刑事政策 ……………………………… 42
　第三节　我国宽严相济形势政策的困境与应对 …………… 50

第三章　环境犯罪的刑事立法 …………………………… 66
　第一节　现代社会的环境价值观 …………………………… 66
　第二节　环境犯罪刑事立法理念 …………………………… 69
　第三节　环境犯罪刑事立法模式 …………………………… 88

第四章　环境犯罪的构成及罪名体系 …………………… 96
　第一节　环境犯罪的主客体 ………………………………… 96
　第二节　环境犯罪的主观方面和客观方面 ………………… 105
　第三节　国内外环境犯罪的罪名体系及比较 ……………… 115

第五章　污染型环境犯罪 ………………………………… 127
　第一节　污染型环境犯罪概述 ……………………………… 127

· 1 ·

第二节　污染环境罪的定罪量刑 …………………… 134
第三节　非法处置进口的固体废物罪的定罪量刑 …… 147
第四节　擅自进口固体废物罪的定罪量刑 …………… 152

第六章　破坏自然资源型环境犯罪 …………………… 158

第一节　破坏自然资源型环境犯罪概述 ……………… 158
第二节　破坏土地资源罪 ……………………………… 163
第三节　破坏森林资源罪 ……………………………… 172
第四节　破坏矿产资源罪 ……………………………… 181

第七章　危害生态平衡型环境犯罪 …………………… 187

第一节　危害生态平衡型环境犯罪概述 ……………… 187
第二节　破坏水产资源罪 ……………………………… 190
第三节　破坏野生动物资源罪 ………………………… 196
第四节　破坏野生植物资源罪 ………………………… 204
第五节　破坏自然保护区罪 …………………………… 212

第八章　环境犯罪刑法的立法完善及发展趋势 ……… 220

第一节　环境犯罪立法模式及罪名体系的完善 ……… 220
第二节　环境犯罪构成的修改完善 …………………… 229
第三节　环境犯罪刑罚适用原则、刑罚种类及法定刑
　　　　　配置的完善 …………………………………… 232
第四节　环境犯罪缓刑制度的完善 …………………… 240
第五节　环境刑法立法的发展趋势 …………………… 247

主要参考文献 …………………………………………… 252

第一章　环境犯罪导论

地球环境是人类赖以生存与发展的基础,没有了地球环境,人类也就不复存在。曾经地球是一个绚丽多彩的世界,它给予人类丰富的资源,如和煦的阳光、新鲜的空气、纯净的水、肥沃的土壤、种类繁多的生物。但是,自从人类进入 20 世纪以来,我们的地球环境日益恶化着,如今,环境问题早已成为全球各个国家的主要社会问题。而环境犯罪正是伴随着地球环境的日益恶化和人类对于环境采取日益增强的保护治理手段而随之发生的。其实,污染环境的各种行为古来就存在,对于拥有着公权力的国家来讲,采用刑法手段去治理各种环境行为却属于近代法制的产物。而公权力,尤其是能够最大限度地体现国家意志的刑事法律,在有关环境保护领域里有着越来越重要的作用。

第一节　环境的概念

所谓环境的界定,不仅对研究的方向造成影响,同时也与立法的价值取向息息相关。同一系列学科一样,刚开始学术界在有关环境概念界定这个问题上也是仁者见仁智者见智,经过很多年的商榷磨合,现如今已经基本达成共识,推动了理论研究共同语境;现如今,我们在吸收、借鉴前辈们各项研究成果的基础之上,对于环境概念给予深入的探讨。

一、广义环境的定义

所谓广义的环境,则指某一主体周围所有事物的总和。
在生态学领域中,生物构成了环境的主体,环境则指的是某一特定生物体或者群体之外的空间,还有那些直接或者间接影响着生物体或者生物群体生存以及活动的外部条件的总和。

在环境科学领域中,所谓环境则指紧紧围绕着人群的空间和能够直接或者间接地对人类生活和发展造成影响的一系列因素和人工因素的总和。

如果从这些角度进行分析,则环境属于一个相对的概念。对于一定主体来讲,每个主体都有着不一样的环境内涵,即使对于同一个主体而言,每个主体有着不同的研究目的以及尺度也有所不同,而且环境的分辨率也会存在不同。也就是不同的环境有着大小之分,如对于生物主体来讲,生态环境既可以大到浩瀚的宇宙,也可以小到肉眼看不到的细胞环境。对于太阳系中的地球生命来讲,整个太阳系则成了地球上所有生物生存和发展的环境;而对于某一具体生物群落来讲,所谓环境则指在地段上对于该群落发生发展造成影响的所有有机因素与无机因素的总和。

二、狭义环境的概念

所谓狭义环境则指人类生活的环境。这里人类环境指的是以人类社会发挥主体地位的外部世界的总体。而环境则成了人类从事生产和生活的场所,它有着极大的作用,为人类社会从事生产生活提供了巨大的空间、丰富的资源,同时成了人类赖以生存和发展的物质基础。而人类环境分为两大部分,分别是自然环境和社会环境。

所谓自然环境,也称作地理环境,是人类进行生存、发展生产所必需的一切自然条件和自然资源的总称,其包含着气候、水、土壤、生物和各种各样的矿物资源等。它成了人类从事生存和发展的物质基础。在有关自然地理学领域中,我们往往将这些组成自然环境总体的因素,划分成五大部分,分别是大气圈、水圈、生物圈、土圈以及岩石圈。

既然社会是由个人组成的,那么社会环境必然离不开人。所谓社会环境,则指人类在自然环境的基础之上通过人与人之间的各种各样社会关系所组成的环境,包含诸多方面,如政治制度、经济体制、文化传统、社会治安、邻里关系等。站在组成要素的角度进行分析,社会环境可划分为政治环境、经济环境以及文化环境等。人不能随心所欲地做任何事情,社会环境自然也不例外,社会环境在发展和演替的过程中,除了一系列因素的支配和制约,如自然规律、经济规律和社会规律,其质量则成了人类物质文明建设和精神文明建设的重要标志。

三、我国《环境保护法》意义上的环境概念

我国《环境保护法》中提到的"环境",采取的则是环境科学的环境概念。而环境科学所研究的环境,则是以人类发挥主体地位的外部世界,也就是人类进行生存、繁衍所必需的,可以适应的环境或者物质条件的综合体。

首次由环境科学的环境概念中延伸出的人类环境权概念则指的是在1972年6月16日联合国人类环境会议顺利通过的《人类环境宣言》,它这样表述道:"人类既是他的环境的创造物,又是他的环境的塑造者,环境给予人以维持生存的东西,并给他提供了在智力、道德、社会和精神等方面获得发展的机会。人类在地球上的漫长和曲折的进化过程中,已经达到这样一个阶段,即由于科学技术发展的速度加快,人类获得了以无数方法和在空前的规模上改造其自然的能力。人类环境的两个方面,即天然和人为的两个方面,对于人类的幸福和对于享受基本人权,甚至生存权利本身,都是必不可少的。"[①]

在1989年12月26日这天,第七届全国人民代表大会常务委员会在第十一次会议通过的重要法律《环境保护法》则是站在法学的角度对环境概念给予阐述:"本法所称环境是指影响人类生存和发展的各种天然的和经过人工改造的自然因素的总体,包

---

① 中国环保在线.中国作为制造大国所要付出的环保代价[EB/OL]. http://www.hbzhan.com/News/Detail/58101.html.

括大气、水、海洋、土地、矿藏、森林、草原、野生生物、自然遗迹、人文遗迹、风景名胜区、自然保护区、城市和乡村等。"这也成了我国现行环境法律中唯一给予"环境"的定义。

我国在《环境保护法》中对于环境的定义，彰显出环境立法的国际化趋势。所有环境科学工作者凭借环境要素的差异性、人类对环境发挥的作用、环境的各项功能、空间范围的大小等诸多因素，对环境给予分类。如果依据环境要素的差异性，则环境被划分成自然环境和工程环境。如果依据功能，则环境可被划分成城市环境，村落环境，公路、铁路、机场、港口、车站等一系列交通环境，工厂、矿山、农场等诸多生产环境，医院、疗养区等众多卫生环境，和商场、旅店等一系列商业环境，还有学校、影剧院等各种文化环境，以及文物古迹、风景名胜等许多旅游环境等。

在《环境保护法》中通过的环境概念，包含上面环境分类中提到的自然环境和工程环境，但是并不能将社会环境列入环境保护范畴，其道理是显而易见的。有所不同的是，环境科学在环境方面的研究，仅仅受到科学技术条件的约束；但是在有关环境法中，哪些环境要素在什么范围可以受到保护以及主体对于客体拥有什么权利，还受到人类的认识水平、法学理论研究准则和社会物质生活条件的约束。在《环境保护法》中对于环境给予的概念紧紧围绕着以人为中心，现已经受到越来越多人的认同和采纳，同时也成了我们建立完善的中国环境法体系的重要基础。

四、人类对环境概念的认知的发展

随着人类社会不断地向前发展，环境的概念也在不断变化着。从前人们只把环境视为一些单个物理要素简简单单地组合在一起，却忽略了它们彼此之间的相互作用关系。自从20世纪70年代以来，人类已经摆脱以往的环境认知，开始意识到地球的生命保障系统当中的每一个组成和一系列反应过程之间的相互作用关系。对于一些方面有益的行为，很可能会在另一方面带来意想不到的危害。

实际上，我们一定不能过分陶醉在人类在自然界中取得一次次的胜利中。对于诸多的胜利，自然界都会"以其人之道，还治其人之身"对我们给予各种报复。一次次大大小小的胜利，在第一线确实达到了我们预想的目的，不过在第二线和第三线中常常有着出人意料的影响，而且往往会将第一个结果取得的成绩完全抹杀掉。历史上，美索不达米亚、希腊、小亚细亚等诸多地方的居民，为了获得土地，不惜毁灭了森林，他们无论如何都不会想到，这些地方今天竟然从以前的肥沃土地变成了不毛之地，由于他们在这些地方不惜一切代价毁坏森林，自然也就毁坏了水分的积聚中心以及储存器。这样的例子还有阿尔卑斯山的意大利人，在这些人将山南坡上整个枞树林开发、滥用完时，无论如何不曾想到，他们也把赖以生存的山区牧畜业的根基连根除掉了；他们更是万万不曾料到，他们这样的行为竟然使得山泉在短短的一年就已经枯萎，而且每当雨季又使得更加嚣张的洪水肆意倾泻到平原中来。

如今，人类的生存环境已经构成了一个纷繁复杂、庞大的、多元层次、多个单元的环境系统。500多万年早已过去，人类已经从动物中顺利进化出来，从而能够适应、利用和改造各种环境，而18世纪起源于英国的工业革命和近年来信息科学技术突飞猛进的发展，使得人类与环境之间出现此起彼伏的问题，同时也进一步激发了民族环境保护意识的苏醒和提高，当前情况下，环境保护早已成了所有国家和民族彰显高度文明的一个非常重要的标志。如果没有环境保护，则意味着一个国家或者民族是不文明的。随着社会的不断向前发展，所有环境理论也在渐渐地从传统领域的"人类中心主义"朝着"生态主义"的方向演进。

第二节　环境现状和环境问题

自然环境成了人类赖以生存与繁衍的物质基础。为了眼前的存活和发展，人类源源不断地向环境索取各种资源。当人类历史还处于早期时，地球所能承受的人口负担并不非常大，自然环境完全可以满足人类的需求，同时人类也并没有对环境带来明显的毁坏和影响。不过，伴随着人口的剧烈增加和产业革命的爆发，人类开始消耗越来越多的资源，对环境也带来越来越大的影响。人类赖以生存和发展的物质基础环境也涌现出一系列问题。不过，在很长一段时间里，人类并没有意识到诸多的环境问题。一直持续到20世纪60年代初，美国著名的海洋生物学兼诗人R.卡逊出版了一本名为《寂静的春天》的书。该书中，描写到因为使用滴滴涕、六六六等诸多农药杀死害虫，对一系列益虫、鸟类、鱼类赖以生存的生态环境也带来了很大的危害，进而导致曾经鸟语花香的新英格兰山谷变得死气沉沉，才揭开了人类意识到自己所导致的各种环境问题的一页。

伴随着人类社会经济活动大规模的发展，尤其是第二次产业革命之后，一系列环境问题持续急速加剧，如今早已成为全球所面临的严峻挑战之一。通过联合国有关机构的调查，我们可以看到，目前情况下，比较严重的环境问题包含以下几个方面。

一、资源速减

所谓资源，主要针对的是矿物、土地、水、森林、野生动植物等诸多自然资源。在地球上已经存在的一系列资源中，石油、煤、天然气等诸多能源和铁、铜、锡等一系列工业原料都是在经历数亿年才能够实现再生，被称作不可再生资源。即使对于森林等诸多可再生资源，也需要花费上百年的时间才能够实现再生。随着人口持续增加，信息科学水平的持续提高，以及人类文化与物质生活水平越来越高，对于地球上现存的资源，特别是不可再生资源的消耗也随之加大。假如对资源的开发、利用不给予限制，那么很有可能消耗完人类生存和发展所需要的自然资源，而且人类的文明史就不再发展。在1972年，旨在唤起人们环境保护意识的一本书《增长的极限》出版，并向人类频频发出了警告，如果人类继续肆意开发、利用地球的资源,而不给予任何限制,我们赖以生存的地球也会由于超过限度而毁灭。

(一)能源

所谓能源,则指能够被人类开发、利用获得能量的资源。可以直接作为能源的物质有石油、煤和天然气等。不仅如此,诸多资源或者物质都能够被转化成能量,如水、风、核等。能源成了发展我国工业、农业、科技、国防以及提升人民生活质量的一个非常重要的物质基础。随着人口急剧增长、生产力水平越来越高、人们的物质生活水平也得到极大改善,人类对于能源的消耗也大大增加。在许多国家和地区,因为能源利用率非常低下导致对于能源的极大浪费。能源消耗的不断增加和能源的极大浪费又引发对能源的过度开采、利用,严重地阻碍了全世界的可持续发展。

因为新矿藏的不断发现,替代性产品的开发与利用,以及对于开采量的种种控制,可开采年限有很小的改变。但是,这并不意味着我们能够高枕无忧。在20世纪,特别是在该世纪下半叶,随着科学技术的不断进步,大部分矿藏已经探明而且具备了开采能力,从此往后发现一些新的大型矿藏有着非常小的可能性。随着经济的快速发展,发展中国家消耗掉越来越多的能源。在2005~2015年的十年时间里,全球能源生产总量增加了25%,而消费总量则增加了19%,且传统燃料消费总量也增加了41%。据推测,在从今往后的15年之内,能源消费会依然保持着2%的增长速度。所以,全球能源的可开采年限也会随之缩短,永远不可能一成不变。如果人类不开发出一些新能源,那么能源短缺或者能源枯竭的情况就会发生。

目前情况下,石油、天然气、煤炭、铀成为人类利用的五大重要能源。不仅如此,油矿砂、油页岩等诸多生物能源也可以作为一些能源进入商业利用阶段。

据推测,油矿砂、油页岩有着与石油相当的储量。而太阳能、风能、潮汐、地热等一系列能源的利用也已经处在技术开发或者初步利用阶段。开发、利用甲烷水合物、煤层甲烷以及无机起源学说为代表的深层天然气的可能性也进一步进入人们探讨之中。

不管怎样,能够供人类利用的自然能源越来越少,所谓的危机之说也并非空穴来风。不过,因为信息科技的持续进步,人类在开发和利用非自然能源方面有着越来越高的水平,这在某种程度上大大地缓解了全世界能源短缺的趋势,从而使得人口和经济的不断增长与能源短缺之间的冲突可能永远达不到那些悲观论者预言的地球由于资源枯竭而崩溃的程度。所以,人类应该为了可持续发展而想尽一切办法去节约能源,与此同时研究开发自然能源的一系列替代品。

我国有着非常丰富的能源储存总量,而且种类也非常齐全,不过因为人口庞大、人均储量非常低,而且伴随着工业化水平的不断提高,我国已经早早进入能源消费大国的行列之中。为了我们的子孙后代的福祉,同时为了实现可持续发展,想方设法节约能源和开发、利用自然能源已经成了全球的燃眉之急。

1. 石油

石油被称作"工业血液",所以它在现代工业发展中有着非常重要的地位。据有关测量,我国在剩余可采储量方面排在了全球第十三位,但是人口总量却稳居第一位,占据20%以上,有着非常大的能源消耗量。据有关世界能源研究所和联合国环境署等机构统计,在2015年之后,世界液体燃料生产量上升了18%,而液体燃料生产量则上升了20%,高于全球平均水平两个百分点,比那些发达国家的平均水平远远高出几十倍。而法国在同期只上升了1.1%,英国在同期只上升了3%,澳大利亚在同期只上升了10%,全部依靠汽车轮子运转的超级大国——美国则在同期上升了21%。我国早已是石油净进口国。

早在1998年,我国在石油开采量方面就已经上升至全球第五位。我国总共探明的油田达到323个,已经开发的油田达到203个。但是我国在原油的后备储量方面却存在严重不足。在我国尚未开发、利用的石油储量中,根据目前情况下的经济技术条件,能够开发、利用的只占 30% 左右,仅仅可以供一到两年新开采所用,其他一些则是在目前情况下经济技术条件下无法开采或者开采效益非常低的小型、纷繁复杂的零散油块或者稠油。那些已经开发、利用的储量,根据可采储量计算,已经累计开采出 50% 以上。老油田石油则有着越来越低的增产幅度,产量远远无法适应国民经济发展的需求。我国的石油产量逐渐下降,同时剩余石油储量也不断下降。根据目前的产量进行计算,储采比只为 12.3∶1,远远落后于世界平均水平 43∶1,对于石油国输出组织的平均水平 105∶1 更是无法匹敌。但是我国却有着全球最高的石油消耗上升幅度。我国在石油用量方面,从 2013 年每日 495 万桶上升到 2014 年的每日 539 万桶,再上升到 2015 年的每日 570 万桶。

2. 煤炭

现阶段,煤炭成了我国的主要能源,在所有能源消费结构中占据 76%,由于我国储存的能源资源中依然存在着煤多油少的情况。据有关测量,我国在煤炭储量方面已经达到 45 000 亿 t,而且分布也非常均匀,大型主要煤田集中在北方,除去上海之外的中国各个省市区都存在煤炭资源。如果从煤炭保有量进行分析,则我国与美国相同,在全球位于第三。不过,如果从人均煤炭资源方面进行分析,则我国在全球的排列名次可能会后退几十位。如果从煤炭开采量方面进行分析,我国的煤炭产量位于全球第一,占据全球煤炭产量的 1/5。据有关世界能源研究所和联合国环境规划署等机构统计,在 2005～2015 年期间,全球固体燃料的生产量上升了 15%,而我国在同期却上升了 56%,增长率几乎为全球平均水平的 4 倍。而在开采技术方面,与那些发达国家进行比较,我国有着非常传统、落后的煤炭开采技术,所以在开采过程中出现了非常严重的资源消耗和浪费。尤其是,自从中国实行改革开放政策以来,越来越多的乡镇和个体小煤窑涌现出来,资源浪费现象非常惊人。

不管是从我国的煤炭保有量方面,还是在人均煤炭资源占有量方面,抑或是在煤炭开采量方面,都能够清晰看出我国的煤炭资源前景堪忧,特别是从可持续发展的角度来看。假如对煤炭的开采不给予任何限制,在不远的以后,我国则很有可能由最初的煤炭出口国沦落成为煤炭进口国。除此之外,因为技术和观念等诸多方面的原因,我国煤炭生产也引发了非常严重的粉尘污染问题。

3. 天然气

天然气,也被称作"洁净燃料",它凭借着低污染和高储量这两大优势在替代以煤炭和石油为代表的传统能源物质方面有着非常大的潜力。我国有着非常丰富的天然气储量,据相关勘探和估算,我国陆地及沿海大陆架拥有天然气总资源为3万~4万亿 m^3。到20世纪80年代末,已经在陆地发现天然气田94个,累计投入开发68个,年生产能力近百亿立方米。但是国内天然气产量无法满足消费者的需要,当进入天然气快速发展阶段之后,供应与需求之间的矛盾日益显现出来。2015年全国天然气产量1 271亿 m^3,进口天然气617亿 m^3,对外依存度继续上升达到33%。图1-1所示为我国天然气供应情况。

图 1-1 我国天然气供应情况

因为我国在大规模开发利用天然气方面有着并不很长的历

史,天然气资源并没有得到充分利用。近年来我国天然气消费量持续上升,消费量与增速情况如图1-2所示。

图1-2 我国天然气消费量

我国无论是在煤炭和石油的生产量方面还是在消耗量方面都高于全球平均水平,但是天然气的生产量增长速度却落后于全球平均水平。我国有着非常缓慢的天然气工业发展速度,远远无法适应国民经济发展的需求。目前情况下,我国探明的储量非常少,已经开采出的气田的产量也非常低,天然气产量与原油产量之间的比值只为0.1∶1。但是对于美国和俄罗斯来讲,这一比例已经实现了1∶1。

4.铀

铀被称作"原子燃料",属于一种天然放射物质,是非常重要的核燃料,1kg 铀所释放出的能量等同于 300 万 kg 煤炭所释放出的能量。在 2007 年,全球探明铀的储量达到 267 万 t,其中美国位居全球第一,储量为 40.72 万 t。不仅如此,海水中也存在铀,据推测储量约为 40 亿 t,不过开采所需技术非常高。自 20 世纪 60 年代以来,很多国家相继进行了从海水中提取铀的分析与研究。假如将地球上的铀有效利用起来,其释放出的能量等同于煤炭、石油和天然气总和所释放的能量的 10 倍。如果一座有着 100 万 kW 的火电站运作一年,则需要消耗掉 250 万 t 煤,但是采用铀则仅仅需要上百吨。假如采取更发达的快中子增殖反应堆技术，为了使铀能在裂变中持续释放更多的新型核材料，则仅需要1t铀就足够了。前苏联率先于1954年建立了全球第一座核电站。随后，发达国家开始相继发展核电工业。我国已经建造成了秦山和大亚湾两大核电站。倘若核能够得到充分、有效使用，则在很大程度上可以处理全世界经济和社会发展所面临的一系列能源短缺问题。不过，假如核裂变过程中所释放出的辐射得不到有效控制，则很容易导致核污染，无论是对于人类，还是对于动物和植物，都会带来严重的不良影响。

目前情况下，我国铀产量依然处于比较低的阶段，还远远无法满足自身核电站发展需要，很大一部分铀矿资源依然来自进口。图1-3为全球主要国家铀产量。从中我们可以看到全球铀资源主要集中在澳大利亚、哈萨克斯坦、俄罗斯、加拿大、尼日尔等国中，中国有着很低的铀产量。

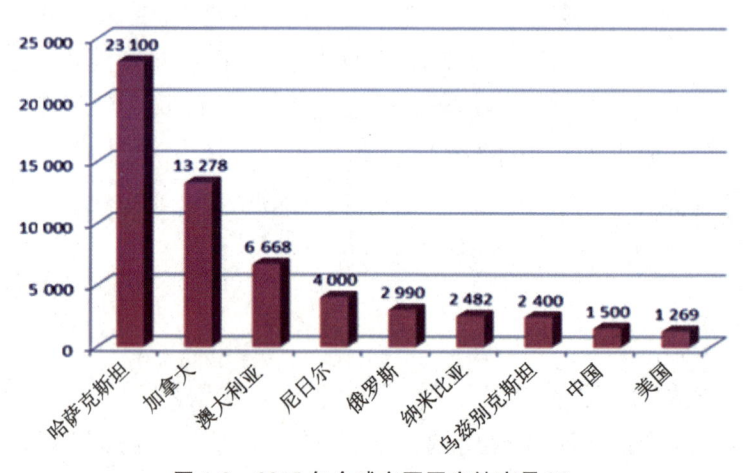

图1-3 2015年全球主要国家铀产量(t)

(二)矿产资源

所谓矿产资源，则指由于地质作用而产生的储存在地壳内部或者表面的天然矿物，其包含能源，不过，因为能源无论是对于经济发展，还是对于人类的生活都有着独特作用，这在上面已经单独罗列出来。所以,这里所说的矿产资源所指的是能源之外的矿产资源,主要包含铅、金、锡、银、锌、铬、铜、铋、钨、锑、钼、镍、锰、钴、铝、铁等。该物质在经历分离、精制之后能够作为一系列工业用品的材料。从总体上进行分析,因为所有的矿产资源都属于不可更新资源,且人类对其进行越来越多的开采,导致矿产资源形成的速度小于人类的开采速度,其矿产资源的储量已经越来越小,有的已经呈现出枯竭的趋势。

我国有着非常丰富的矿产资源,其中二十多种矿产在全球有着很大的优势和比较强的市场竞争力。不过,因为我国人口庞大,人均矿产资源量在全球处在非常低的水平。除此之外,因为我国经济有着快速的发展,经济建设对于矿产资源有着非常大的需求,而在生产过程中又出现非常严重的浪费情况,所以,我国的矿产资源形势相当严峻。据国家发改委预测,到2020年,我国重要金属和非金属矿产资源可供储量的保障程度,除稀土等有限资源保障程度为100%外,其余均大幅度下降,其中铁矿石为35%、铜为27.4%、铝土矿为27.1%、铅为33.7%、锌为38.2%、金为8.1%;可采年限石灰石为30年、磷为20年、硫不到10年,钾盐现在已是需远大于供。[1]

(三)土地

土壤无论是对于人类的生存还是发展都有着重要意义。不过,如今中国的土地资源正在通过两种方式减少着,分别是相对减少和绝对减少。所谓相对减少,则指人均单位面积耕地正在因为人口的持续增加而减少。而绝对减少,则指因为人口持续增长使得人居用地增加,同时工业化和城市化占地面积加大以及耕地退化等诸多现象,进而导致原有耕地的绝对面积大大减少,而绝对减少又会导致相对减少进一步加剧,使得人均耕地面积大大减少。在公元初年,全世界人口只有2.7亿。到了1650年,全世界

---

[1] 国土资源部门户网站.我国严峻的资源形势及对策[EB/OL]. http://www.mlr.gov.cn/zt/38thdiqiuri/5.htm.

存在大约5亿人口。到了1830年,全世界人口达到了10亿左右。在180年之后,全世界人口数量才翻了一番。不过,在20世纪,全世界人口有着另一种增长情形,即全世界人口从1950年的25亿上升到1987年7月的50亿,只用了37年。等到1999年10月12日,全世界人口数量达到了60亿。2016年全球人口攀升至74亿,其中年轻人口激增,对世界各国政治和社会制度构成了挑战。①

人口的飞速上涨,自然导致人均耕地面积持续下降。全世界人均耕地面积在1975年达到3 100m²,到20世纪末却成了1 500m²,25年间就下降了一半多。在1949年,中国的人均耕地面积达到2.71亩,而1995年就减少到1.18亩,占据世界平均水平的33%。截至2015年年底,全国耕地面积20.25亿亩,2015年全国因建设占用、灾毁、生态退耕、农业结构调整等原因减少耕地面积450万亩。② 随着我国经济的快速发展,我国人均土地资源呈现出逐步缩小的趋势,耕地也在持续减少,人多地少成了目前基本现象。而且,我国耕地质量总体偏低。其中,优等地面积为0.58亿亩(385.24万hm²),仅占全国耕地总面积的2.9%。③

(四)水资源

水是人类生命的源泉,无论是对于人类的生存还是发展都发挥着至关重要的作用。不过,在20世纪50年代之后,随着全球人口飞速增长,工业发展迅猛。从一方面来讲,人类对于水资源有着更大的需求。从另一方面来讲,日益严重的水污染吞噬着大量可供消费的水资源。我国有2.5亿居民的住

---

① 网易新闻网.联合国:2016年全球人口增至74亿 年轻人口激增[EB/OL]. http://news.163.com/16/1202/19/C7A9M3D3000187V8_all.html.
② 中国国土资源报.2015中国国土资源公报发布[EB/OL]. http://www.mlr.gov.cn/xwdt/jrxw/201604/t20160422_1403267.htm.
③ 土流网.我国土地资源的现状,基本国情"一多三少"[EB/OL]. http://www.tuliu.com/read-31788.html.

宅区靠近重点排污企业和交通干道,2.8亿居民使用不安全饮用水。管网二次污染、水源地污染的情况非常严重,让人触目惊心。[①]

在2015年,全年水资源总量达到28 306亿 m³。而全年平均降水量达到644mm。其中,年末全国监测到的614座大型水库蓄水总量达到3 645亿 m³,大体上与2014年蓄水量保持持平。在2015年,我国用水总量达到6 180亿 m³,用水需求较上年同期上升了1.4%。从图1-4中可以看出2004~2015年我国水资源总量变动趋势,即我国用水总量非常大。

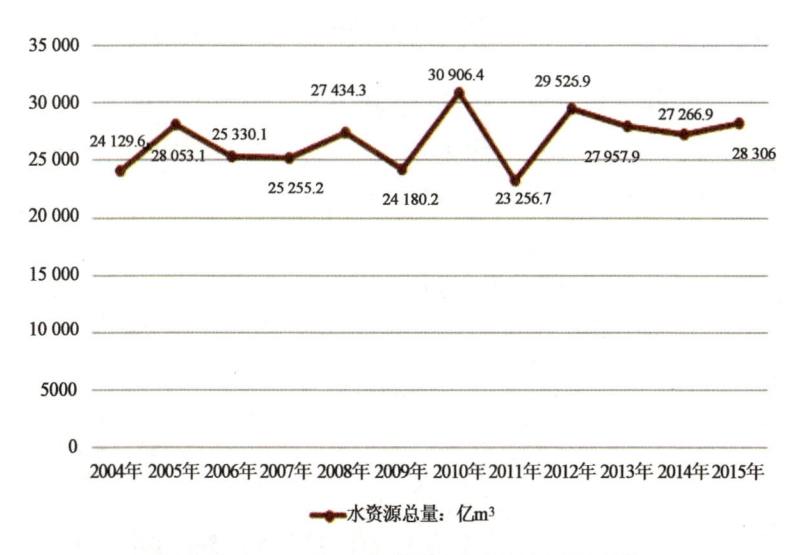

图1-4 2004~2015年我国水资源总量变动趋势

从我国供水结构进行分析,超过80%的来自地表水,18%的来自地下水,而1%的供水则是来自再生水、海水淡化和雨水采集等诸多非常规水源。图1-5所示为我国供水结构。

---

① 人民网.中国水污染事故每年1 700多起 水源地污染触目惊心[EB/OL]. http://env.people.com.cn/n/2014/0418/c1010-24912187.html.

图 1-5 我国供水结构

在 2015 年,中国总用水量达到 6 180 亿 m³,相比上年上升 1.4%。其中,生活用水上升了 3.1%,工业用水上升了 1.8%,农业用水上升了 0.9%,生态补水上升了 1.7%。人均用水量达到 450m³,比来年上升了 0.9%。[①] 图 1-6 所示为 2005～2015 年我国用水总量统计,从中可以看出我国对于水资源有着非常大的需求。

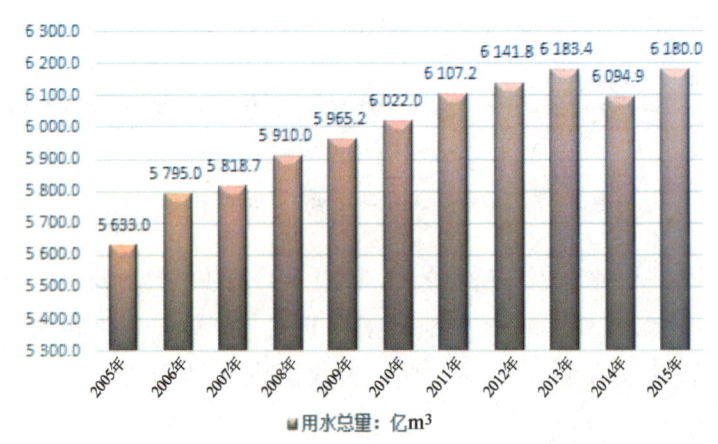

图 1-6 2005～2015 年我国用水总量统计

---

① 中国产业信息网.2016 年中国水资源基本情况、供水总量及利用情况[EB/OL]. http://www.chyxx.com/industry/201608/437234.html.

据统计,全世界人口总数的 1/5 无法用到安全的饮用水,另外有 24 亿人没有良好的卫生设施。在每一年就会出现 500 万人因为得不到安全的水源而丧生,其中每隔 15s 就会有 1 名儿童失去生命。少于 25 年,全世界就会有 2/3 的人口在那些水资源极度匮乏的地区生活。目前情况下,水资源有着非常大的开发难度。在那些西北区域,缺水现象变得更为严重。在中国西北区域,在水资源污染非常严重和中度污染区域生活的人口数量达到了西北地区总人口数量的 79.1%。在 21 世纪,全世界对于水资源有着非常大的需求。

二、环境污染

所谓环境污染,则指由于人类活动所导致的环境质量下降而不利于人类以及诸多生物的正常生存和发展的一种现象。自然现象带来的同类现象,称作自然灾变或者异常。环境污染并非一朝一夕的,而是有一个从量变到质变的过程。当某一带来污染的物质的浓度或者总量是环境自净的能力无法承受时,就会带来危害。目前情况下,环境污染产生的原因归于两类,分别是资源的浪费和不合理使用,从而使得有用的资源转变为废物进入环境中带来危害。

环境污染可以分为许多类型。根据环境要素能够分成大气污染、土壤污染等;根据污染物的性质能够分成生物污染、化学污染以及物理污染;根据污染的形态能够分成废气污染、废水污染以及固体废物污染等;根据污染产生的原因能够分成生产污染和生活污染;根据污染物的分布范围能够分成全球性污染、区域性污染以及局部性污染等。以下是针对环境要素的污染,从两个方面给予进一步的分析,分别是大气污染和土壤污染。

(一)大气污染

所谓大气污染,则指大气中的污染物或者因为它转化成为的二次污染物的浓度已经达到了有害程度的一种现象。

大气污染物的种类非常繁多,其中物理和化学性质十分复杂,毒性也各种各样,不过大部分来源于矿物燃料燃烧和工业生产。其中,矿物燃料燃烧会引发二氧化硫、氮氧化物、碳氧化物、碳氢化合物和烟尘等。而工业生产则会由于使用各种原料和工艺导致排放出诸多的有害气体和固体物质,比较常见的莫过于氟化物和各种各样的金属以及其化合物了。自从人类开始使用煤作为燃料之后,大气污染这一现象就已经存在。工业革命推动了工业的飞速发展,煤的消耗量也开始急剧增加起来,工业区和各个城市的大气污染频繁受到烟尘和二氧化硫等诸多有害气体的污染。自从1750年之后,大气中的二氧化碳浓度增加了31%,即使是在过去,该增长速度也是很令人惊讶的。人类排放出的二氧化碳之中,75%是因为燃烧化石燃料(煤、石油)引起的。在过去的20年时间里,二氧化碳的浓度保持以每年1.5%的速率上升。甲烷(CH_4)也是众多温室气体中的一种,在150年的时间里,其他的浓度增加了10亿分之1060,而且依然在增加。大约50%以上的甲烷是由于人工排放引起的。一氧化二氮(N_2O)的浓度则增加了10亿分之46。据有关数据显示,在20世纪80年代,主要的温室气体的增长率分别为:二氧化碳为0.5%、甲烷为0.9%、氯氟烃为4.5%。我国大气污染无论是状况还是发展态势都非常令人担忧。在有关大气污染物排放工作中,1999年全国二氧化硫达到了2 100万t的排放量,而烟尘排放量达到了1 400万t,工业粉尘排放量则达到了1 300万t,成了全世界大气污染非常严重的国家之一。世界卫生组织颁布的针对54个国家中272个城市大气污染评价结果进行说明,全世界大气污染最为严重的10个城市之中,中国占据了7个。2015年上半年,全国化学需氧量排放总量1 138.3万t,二氧化硫排放总量989.1万t,氮氧化物排放总量1 002.8万t。[①] 汽车尾气排放成了城市大气污染的重要来源之一。在2014年,全国机动车保有量已经达到了

[①] 中国网.环保部:2015上半年全国主要污染物排放量大幅下降[EB/OL]. http://news.china.com.cn/2015-09/06/content_36511368.htm.

24 577.2万辆,与1980年进行比较数字增加了33倍。而全国机动车排放污染物达到了4 547.3万t,与2013年比较下降了0.5%。其中前四大主要污染物:一氧化碳(CO)达到3 433.7万t;氮氧化物(NO_x)达到627.8万吨;碳氢化合物(HC)达到428.4万t;颗粒物(PM)达到57.4万t。[①] 2015年,中国汽车销售量达到了2 450.33万辆。2005~2015年,中国的汽车销售量呈现出逐渐一路飙升的趋势,可以从图1-7中看出。这些大气污染源的上升,对我们赖以生存的地球环境带来了更大的威胁。

大气污染有着非常大的消极影响,具体表现为以下四大方面。

(1)大气污染能够对人体带来直接的危害。当大气被污染之后,因为污染物质在来源、性质和持续时间方面均有所不同,而被污染地区在气象条件、地理环境等方面也有着一些差别,同时人的年龄、健康状况也不尽相同,对于人体带来的危害自然也是各不相同的。大气中的有害物质大部分通过下述三个途径进入人体带来危害:一种是凭借人的直接呼吸进入人体中;另一种是依附于食物上或者溶解在水中,从而使之跟随饮食进入人体中;最后一种则是通过接触或者刺激皮肤而随之进入人体中。在这三个途径中,凭借人的直接呼吸进入人体中成了主要途径,同时也有着最大的危害程度。大气污染对于人类有着不同的危害,通常可分为三种,分别是急性中毒、慢性中毒、致癌。各种不同的大气污染物对于人体有着不同的影响。例如,对于煤烟来讲,其可能导致相应的尘肺等诸多疾病;对于硫酸烟雾来讲,其对于人类的皮肤、眼结膜、咽喉等都有着非常强烈的刺激和危害,严重时,还会导致声带水肿、心力衰竭等诸多有生命危险的疾病;对于二氧化硫来讲,可以导致心悸、呼吸苦难等诸多心肺疾病,严重时,还会导致喉头水肿导致窒息等。

---

① 新浪网.2015年机动车污染防治年报发布[EB/OL]. http://news.sina.com.cn/green/2016—01—20/doc—ifxnqriz9929318.shtml.

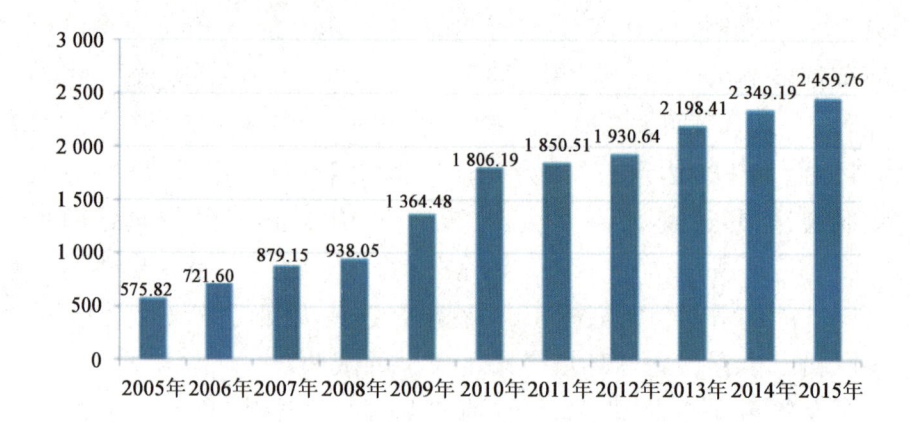

图 1-7　2005~2015 年我国汽车销量走势

（2）大气污染也对生物的生存和发育带来危害。通常情况下，大气污染凭借以下三种途径对生物的生存和发育带来危害。第一，使生物中毒或者衰竭死亡；第二，延缓生物的正常发育；第三，降低生物在病虫害方面的抗御能力。植物在生长过程中长时间接触大气的污染，会损害叶面，减弱了光合作用；损害了内部结构，从而使得植物枯萎，最后死亡。不同的有害气体之中，二氧化硫、氯气以及氟化氢等对于植物有着最大的危害。对于动物来讲，大气污染所带来的损害，大部分是因为呼吸道感染和食用了各种被大气污染的食物。众多的大气污染中，砷、氟、铅、钼等有着最大的危害。大气污染可以使得动物体质减弱，进而导致死亡。大气污染能够通过酸雨形式导致土壤微生物死亡，使得土壤酸化，大大降低了土壤肥力，对农作物和森林带来很大危害。

（3）大气污染对于物体也会带来腐蚀的影响。大气污染物对诸多物体，如仪器、设备和建筑物发挥腐蚀作用，又如，金属建筑物上面的锈迹斑斑、古代文物的分化现象。2014 年我国的腐蚀总成本约占当年 GDP 的 3.34%，总额超过 2.1 万亿元，相当于每个中国人当年承担 1 555 元的腐蚀成本。[①]

---

① 新浪网.我国 2014 年腐蚀成本超 2.1 万亿元 约占 GDP 3.34%[EB/OL]. http://news.sina.com.cn/c/2016-06-01/doc-ifxsvexw8228316.shtml.

(4)大气污染能够对全世界大气环境带来长远的不利影响。如今,大气污染早已经超越国界,对于全世界都有着很大危害。对于全球大气带来的影响通过下述三个方面体现出来。

第一,臭氧层发生破坏,南极上空已经出现臭氧层空洞。在距离地球表面 $10\sim55m$ 的平流层中,大气中的臭氧相对来说比较集中,于是形成了臭氧层。臭氧层发挥着重要的作用,能够对大气给予净化,同时也有着杀菌作用,能够将大部分有害的紫外线一一过滤掉,降低对于人体的伤害,同时也使得很多农作物增产增量。当臭氧过于浓密时会使得人体发生中毒,当臭氧稀疏时,紫外线就会乘虚而入,导致人体皮肤癌发病率上升,农作物也减少减量。

2014年,74个城市臭氧平均为 $145\mu g/m^3$,同比上升4.3%;达标城市比例为67.6%,同比下降9.4%。[1] 紫外线可以通过"臭氧洞"进入大气中,对人类和自然界的诸多生物带来很大危害。

第二,带来酸雨腐蚀。通常情况下,酸雨所指的是pH值小于5.6的降水,但是现在则泛指酸性物质通过湿沉降或者干沉降的形式由大气转移到地球表面上。自从20世纪六七十年代以来,伴随着世界经济的迅猛发展和各种矿物燃料消耗量的持续增加,矿物燃料在燃烧过程中排放出的二氧化硫、氮氧化物等诸多大气污染物总量也持续增加,酸雨也呈现出逐渐扩大的分布趋势。在全球中,欧洲和北美洲东部属于最早发生酸雨的地区,不过亚洲和拉丁美洲呈现出后来者居上的趋势。酸雨污染能够发生在距离排放地 $500\sim2000km$ 之内的范围中,而酸雨的长距离传输又会带来典型的越境污染问题。欧洲属于全球一大酸雨区,大部分排放源来自西北欧和中欧的许多国家。这诸多的国家中排放出的二氧化硫有很大一部分传输到了别的国家,北欧国家集聚的酸性沉降物有50%来自欧洲大陆和英国。其中,受到严重影响的区域则是那些工业化和人口密集的区域,也就是从波兰和捷克

---

[1] 人民网.部分城市臭氧污染不降反升[EB/OL]. http://cppcc.people.com.cn/n/2015/1119/c34948-27832003.html.

经过比利时、荷兰、卢森堡三个国家到达英国和北欧这一带区域中,其中酸性沉降负荷超过欧洲极限负荷值的60%,而中欧一些区域则远远超过了生态系统的极限承受能力。美国和加拿大东部也属于一大酸雨区域。美国属于全球能源消费量最多的国家,不但消费了全球将近25%的能源,而且每年由于燃烧矿物燃料而排放出的二氧化硫和氮氧化物依然居于第一位。加拿大有50%的酸雨来源于美国。亚洲属于二氧化硫排放量增长比较快的区域,并主要分布在东亚,其中我国南方属于酸雨最严重的区域,也形成了世界上又一大酸雨区域。如今,全国酸雨面积已经占据了整个国土面积的30%。欧洲每年会有6 500万hm^2森林受到损害,在意大利会有9 000hm^2森林由于酸雨而死亡。我国重庆南山1 800hm^2松林因为酸雨已死亡过半。[①]

当酸雨降落在地球表面之后,会导致水质发生恶化,各种各样的水生动物和植物也会频繁受到死亡的威胁,当植物叶片和根部吸收了很多酸性物质后,会导致枯萎死亡。当酸雨进入土壤之后,会使得土壤肥力减弱。当人类长时间生活在酸雨的环境中,饮用酸性的水,都会带来呼吸器官、肾病和癌症等诸多的疾病。据相关估计,酸雨每年都会导致7 500~12 000人失去生命。

第三,带来温室效应,引起全球气候变暖。所谓温室效应,则指地球表面变热的一种现象。在我们居住的地球周围中,覆盖着一层厚厚的大气,于是一座隐性的"玻璃房"随之形成,在地球表面上形成了像玻璃暖房的效应。这一种"温室效应"本也无可厚非。但是,自从进入工业革命以来,因为煤、石油和天然气等诸多化石燃料进行大量燃烧,从而使得大气中二氧化碳的含量急剧增加,"玻璃房"吸收到的太阳能量也迅速增加,气温上升。所以,温室效应在地球上引发了干旱、热浪、热带风暴等诸多严重的自然灾害,对于人类带来了巨大的威胁。其引起的严重恶果主要包含:地球上出现越来越多的病虫害现象;海平面上升;气候反复无

---

① 港北区人民政府门户网.酸雨的危害有哪些[EB/OL]. http://www.gbq.gov.cn/news/2016-10/56416.htm.

常,海洋风暴较之以往也增多;越来越多的土地出现干旱和沙漠化现象。据有关资料显示,截至 2050 年,属于中间值的城市因为气温升高而遭受的经济损失将会占据国内生产总值的 1.4%~1.7%;截至 2100 年,遭受的经济损失将会占据国内生产总值的 2.3%~5.6%。那些情况最糟的城市,在 2100 年遭受的经济损失将会占据国内生产总值的 10.9%。[①]

(二)土壤污染

所谓土壤污染,则指因为人类活动而使用有着生理毒性的物质或者过度的植物营养元素进入土壤中而引发土壤性质恶化以及植物生理功能不协调的现象。土壤处在陆地生态系统之中无机界和生物界的中心位置,不但在本系统内能够进行有关能量和物质的循环,同时在水域、大气和生物之间也持续进行着物质交换,如果发生污染,三者之间就会存在污染物质的相互传递。通常情况下,作物从土壤中吸收和日积月累的污染物凭借食物链传递对人体健康带来影响。

土壤的污染源大部分来源于很多方面,如工业和城市的废水、某些固体废物、农药和化肥、家畜排泄物、生物残体还有大气沉降物。具体来讲,污染物包含四大类。其一是化学污染物,其包含着无机污染物和有机污染物。其中,无机污染物,诸如汞、镉、铅、砷等诸多重金属,超量的氮、磷植物营养元素还有氧化物和硫化物等;有机污染物,诸如各种各样化学农药、石油及各自的裂解产物,以及其他各种类型的有机合成产物等。其二是物理污染物,所指的是来源于工厂、矿山的固体废弃物,诸如尾矿、废石、粉煤灰以及工业垃圾等。其三是生物污染物,则指附带各种类型病菌的城市垃圾和通过卫生设施(包含医院)排放出的废水、废物以及厩肥等。其四是放射性污染物,大部分来源于核原料开发和大气层核爆炸区域,以锶和铯等诸多在土壤中生存期比较长的放

[①] 正点财经.一些城市本世纪末气温或升高 8 摄氏度[EB/OL]. http://finance.zdcj.net/gjcj/85055751691.html.

射性元素为主。

上述污染物采取五种途径进入土壤中。其一是污水灌溉。尚未经过处理或者尚未达到排放标准的那些工业污水灌溉农田成了污染物进入土壤中的主要途径,最后结果会在灌溉渠系两旁产生污染带,属于封闭式局限性污染。其二是酸雨和降尘。通过工业排放出的二氧化硫、氧化亚氮等诸多有害气体在大气中发生各种反应从而形成酸雨,采取自然降水形式进入土壤中,导致土壤酸化。通过冶金工业烟筒排放出的金属氧化物粉尘,则是在重力的牵引下采取降尘形式进入土壤中,导致以排污工厂作为中心、半径是2~3km的点状污染。其三是汽车排气。在汽油中添加的防爆剂四乙基铅会跟随废气排出进而对土壤造成污染,行车频率比较高的公路两旁往往会形成非常明显的铅污染带。其四是向土壤倾斜各种固体废弃物。堆积如山的垃圾会对土壤带来污染,自然环境下的二次扩散会引发更大范围的污染。其五是过度使用农药、化肥。

与其他污染进行比较,土壤污染有着某些不同的特点。第一,土壤污染有着隐蔽性和滞后性。通常情况下,大气污染、废弃物污染等诸多问题非常直观,直接通过感官就可以发现。但是土壤污染却远非如此,它常常要通过对土壤样品给予分析化验和农作物的残留物质检测,有时要通过研究对人类、家畜健康状况的影响才能够进行确定。所以,土壤污染从污染出现到引发各种问题往往要滞后比较长的时间,如日本的"痛痛病"在10~20年之后才被人类认识到。第二,土壤污染有着累积性。通常情况下,污染物质无论是在大气中还是在水体中,都要比在土壤中容易迁移。从而使得各种污染物质在土壤中并不会如在大气和水体中那样比较容易扩散和稀释,所以容易在土壤中日积月累而超标,与此同时也会使得土壤污染有着非常强的地域性。第三,土壤污染并不具备逆转性。重金属对于土壤的污染过程往往是一个不可逆转的过程,一系列有机化学物质的污染也要花费比较长的时间才能够降解,一些重金属污染的土壤很有可能要花费100~200

年才能恢复。第四,土壤污染很难治理。无论是对于大气污染,还是对于水体污染,切除污染源之后凭借稀释作用和自净化作用也许使得污染问题持续逆转,不过日积月累在污染土壤中的一些难降解污染物则不易依靠稀释作用和自净化作用来进行消除。如果土壤污染已经发生,只通过切除污染源的方法常不易恢复,有时候需要依靠换土、淋洗土壤等诸多方法才能够有效解决问题,其他治理方法可能见效比较慢。所以,治理污染土壤往往成本比较高、治理周期比较长。

第三节 刑法介入环境保护的必要性

所谓刑法法益,则指刑法进行保护的利益,环境利益自然属于利益的范畴,同时是与人类的生存和发展密切相关的利益形式。伴随着经济和科技的快速发展,环境利益遭受到越来越多的侵害,对于人类的生存和发展带来很大威胁,所以,环境利益理所当然应该成为刑法的法益,给予刑法的保护。刑法介入环境保护有两大必要性。

一、环境利益与人类的生存和发展密切相关

人类同所有动物一样,都是属于自然界的一部分,人类对于大自然有着非常强烈的利益需求,不但需要大自然提供有关吃、穿、住、行方面的基本资料,而且需要大自然提供清新的空气、纯净的水源,前者属于大自然之于人的经济利益范畴,而后者则属于自然之于人的环境利益范畴。人类在生存中,不但需要在经济利益方面获得满足,同时也需要在环境利益方面获得满足。人类虽然创造了数不胜数的文明硕果,但是人类作为大自然众多物种的一员其实是脆弱不堪的,人类的生存遭受到空气、水源、气候等一系列环境因素的影响和限制。如果空气清新、水源纯净的时候,人类对于环境利益有着十分弱的感知能力,但是如果出现空

气、水源遭受到污染的情况,人类对于环境则有着十分强烈的利益需求。无论处于哪种情况,人类对于环境利益需求都是切实存在的,环境能够为人类的生存提供诸多安全保障,当环境利益遭受到侵害的时候,人类的生命健康或者财产自然会受到威胁,进而对人类的生存质量带来很大影响。虽然同样为自然界的一部分,与其他动物进行比较,人类又有着与众不同的一些特点。人类属于有意识的生命体,不仅需要健康地生存,同时需要综合、全面地发展。人类通过有意识地开发自然、改造自然、创造自然,进而实现人类本身的可持续发展。人类在发展过程中,同样需要在环境利益方面获得满足,人类发展的创造力必然需要大自然提供优质的环境条件,如果环境恶劣,创造力也就无从谈起,人类发展的持续力也需要在环境利益方面获得持续满足,如果环境利益满足发生中断,则表明人类发展也就中断。利益对于法的产生和发展起着决定性作用,如果社会出现了一些新的利益形式,或者当初的利益有着一些改变,法律自然也会紧随其后发生相应的改变。环境利益通过一种新的利益形式体现出来,而且该利益形式无论是与人类的生存还是发展都密切有关,自然需要法律明确地给予规定。

二、环境利益遭受到严重侵害

刑法属于整个法律体系的保障法,如果其他法律部门由于手段的局限不能对相应的法益给予有效保护时,便会采取刑罚手段寻求帮助。所以,与其他部门法的法益进行比较,刑法法益有着更为宽泛的范围,大致包含整个法律体系的法益内容。"刑法只是通过对严重侵害法益或者侵害重要法益的犯罪科以刑罚的方法加以保护。"行为对法益的侵害有着不同程度的差别,只有当某种行为对于法益带来的侵害达到一定程度时才能够给予刑法。如果该法益并没有遭到严重侵害时,刑法也会"视而不见",这是由于刑法属于其他法律的制裁力量,而刑罚手段则是对某一特定法益给予限制或者剥夺,如果法益并没有遭受到严重侵害,则刑法自然不会出手救济。人类不断膨胀的欲望使得对于有限的资源进行不合理的开发,导致环境利益遭受到越来越多的严重侵害。伴随着环境危机的日益加重,河流发出来的再也不是潺潺的流水声音,而是低低的哭泣声;草原表演的再也不是随青草而动的动人舞姿,而是黄沙漫漫;飞鸟吟唱的再也不是嘹亮的歌声,而是微弱的悲鸣。诸多环境变化,对于人类来讲便属于生存环境的恶化,空气中有时夹杂着沙尘,食物中很可能潜藏着有毒物质。"法律一般只对社会关系做类的调整或规范调整,而不做个别调整。"这也就需要当法益受到侵害时给予刑法保护的范围一定具备普遍性,所以环境利益早已经成了遭受普遍侵害的利益形式,自然刑法应该介入环境保护中。

第四节 环境犯罪的界定

环境犯罪属于一个相对来讲比较新的概念,同时与传统犯罪有着非常大的区别,所以应该对这一新型犯罪给予正确的界定。环境犯罪的概念本应该是在全面研究环境犯罪与环境刑法一定要涉及一个问题,由于概念确立对于他们所研究的问题给予基本理解和界定。按照常理,在本书的开头部分就应该界定和讨论环境犯罪的问题。不过,因为撰写本书采用的逻辑思路是从环境过渡到环境犯罪,所以将环境犯罪放在这里进行论述。

一、环境犯罪的一般概念

所谓环境犯罪,又称作危害环境犯罪或者公害犯罪或是破坏环境保护罪。由于各个国家在社会发展、法律历史背景等方面都有所不同,各个国家的环境犯罪概念的内涵自然也是不同的。环境犯罪的概念主要取决于某个国家刑事立法的具体规定。

二、国外学者对于环境犯罪的定义

对于环境犯罪,国内外众多学者有着各不相同的表达。国外的学者对于环境犯罪定义主要包含以下几种。

第一,环境犯罪指的是通过损害、恶化环境从而对人类身心健康和财产等诸多方面带来危害的犯罪。其要求有着一定程度的危害,如果没有产生一定程度的危害,至少对于人类的根本利益带来了潜在的危险。

第二,危害环境罪则指通过破坏环境的方式对于人类身心健康、财产和环境带来危害的行为。其要求这种行为与人类利益休戚相关。

第三,危害环境罪则指对生态系统带来危害行为的犯罪,其并没有要求这种行为与人类利益有着任何联系。

第四,每一个人执行了法律所允可的行为或没有履行某一法定义务,当该行为或者不作为的结果对于公民群众生命、健康、财产、道德抑或是福利带来危害,或者对公民群众行使或享有公民群众共有的权利带来妨碍时,就构成了一种普通法的犯罪行为,也就是公害罪。

第五,公害罪也称作环境犯罪,所指的是因为大气污染、水质污染、土壤污染、噪声、振动、地面下沉和臭味等,对于人类的健康和生活环境带来损害的行为。这里所说的生活环境主要包含与人类活动休戚相关的财产、动植物和其生存环境。

第六,无论在何种情况之下,当违反环境保护法的行为对于其他人的生命和身心健康或者大量物质财富带来威胁时就构成了犯罪行为。

第七,公害犯罪则指环境污染,或是因为各种各样有害的制品对于公民群众的生命和健康带来威胁和危害,有着非常明显犯罪性质的行为等。

国外对于环境犯罪有着不同的定义,这反映出各个国家在环境刑事立法方面有着各不相同的立法状况。英国、美国等适合采用单一刑事处罚的国家将所有程度不同的威胁、危害环境的行为都称为环境犯罪,并没有要求威胁、危害环境带来严重后果或者情节比较严重。他们对于环境犯罪的规定仅仅体现出"质"的要求,却并没有在"量"方面给予限制,因此反映在概念上也非常实用。但是德国、日本等适合将刑事处罚和行政处罚结合在一起的国家,却只是将那些严重的危害环境的行为给予犯罪的规定。这同样反映出在"量"方面有着限制,如果环境违法行为带来比较小的危害,或者情节不非常严重的行为不属于犯罪行为。

三、中国学者对于环境犯罪的定义

中国学者对于环境犯罪的表述,同样有着仁者见仁智者见智的观点,概括起来主要包含以下几种。

第一,环境犯罪,则指违反环境保护法规,对环境生态系统带来破坏,且情节比较严重,依法应该遭受刑罚处罚的行为。

第二,中国的公害犯罪,则指对环境带来危害的犯罪或者对公民群众的人身财产带来危害的有害制品犯罪。

第三,环境犯罪则指违反有关环境资源保护法规,对环境资源进行污染或者破坏造成或者足以造成环境资源、他人生命、身心健康或者公私财产重大损害的行为。

第四,环境犯罪则指自然人或者非自然人主体,有意或者过失地或者无过失地采取的,污染大气、水源、土壤或者毁坏土地、矿藏、森林、草原、稀有动物或者其他生态环境和生活环境,有着现实危害性或者实际危害后果的一些作为或者不作为。

第五,危害环境罪则指自然人或者法人违反相关环境保护法规,有意或者过失地不科学开发利用自然资源,对环境和生态平衡带来破坏,或者无过失地超量排放各种废弃物,带来严重损害后果或者具有带来严重损害危险的以及抵抗拒绝环保行政监督,情节比较严重的行为。

第六,环境犯罪则指违反有关环境、资源保护法规,有意或者过失地对于国家保护的环境、资源给予污染或者破坏,导致或者足以导致环境、资源以及人们生命、身心健康或者公私财产严重损害的行为。

第七,环境犯罪则指自然人或者法人违反相关环境保护法规的规定,有意或者过失地超量排污或不科学地开发资源,对于环境和生态平衡带来破坏,带来严重后果或有带来严重后果危险的行为。

第八,环境犯罪则指自然人有意或者过失、法人无过失地对于环境及自然资源进行污染、破坏,从而严重危害环境要素及人类生命和身心健康或者危害巨额公私财产的行为等。

与那些外国学者进行比较,我国学者针对环境犯罪的定义,比较强调中国的传统概念模式,往往将犯罪主体、犯罪结果、具体违反的法律规定、所侵害的法益等诸多方面在概念中描述出来,强调在形式上和"量"上进行概括。

从内涵和外延上进行分析,国内学者对于环境犯罪所下的定义可以分成三大类。第一类持有这样的观点:环境犯罪的成立应该以造成人的生命、身心健康或者财产的损害作为前提条件。这一类对于环境犯罪的分析的视角只是停留在对人的利益的侵害方面,是对传统情况下以人为中心的立法观的有效反映,并没有强调环境价值的独立性。而第二类持有这样的观点:环境犯罪侵害的不但包含人的生命、身心健康,同时包含对于环境的危害。该研究已经突破了传统情况下以人为中心的环境价值观念,有很多值得借鉴的地方。第三类持有这样的观点:环境犯罪看作侵犯、危害生态系统以及环境价值本身的犯罪,该研究的视角已经放在了保护环境法益方面上,触及了环境犯罪的一些根本属性。

四、国内外对于环境犯罪认识上的分歧

国内外对于环境犯罪的认识方面存在一些分歧,主要体现在以下三大方面。

第一,主观方面并没有过错责任的环境犯罪概念。也就是将环境犯罪进行这样界定:自然人和非自然人主体有意、过失或者

无过失进行的污染大气、水源、土壤或者危害土地、森林、草原或者稀有动物等诸多生态环境和生活环境,有着现实危害性或者实际危害后果的作为以及不作为行为。该类针对环境犯罪概念进行的界定,特点体现在规定了特殊情况下并没有要求行为人在实行危害或者污染环境的行为时具备主观罪过。行为人即使并没有有意或者过失,仍然有可能承担相关刑事责任。主张该定义方法的学者们更多地将一些环境犯罪中不易分辨行为人的主观罪过考虑在内尤其是在单位犯罪的时候,要分析犯罪行为人是有意还是过失十分困难。采取并不对主观罪过进行要求的环境犯罪概念能够有效避开在一些比较严重环境犯罪中对于犯罪主体进行主观考察时的棘手的问题。

第二,仅处理、惩罚实害犯的环境犯罪概念。也就是将环境犯罪进行这样界定:自然人、法人有意或者过失地违反相关环境保护法以及刑事法律的规定,对环境带来严重污染或者破坏,引起人身伤亡和公私财产遭受重大损失的行为。该类环境犯罪概念界定,遵循结果本位主义思想,提倡只有在客观上对环境带来严重破坏、污染或者其他方面的损失的行为,才能够采用刑罚处罚,并将后果进行量化,根据各种程度的结果进行量刑。我国现行刑法中所体现出的环境犯罪概念就是这一类模式。该概念模式能够准确无误地认定各种犯罪行为。提倡这一类界定模式的学者持有这样的观点:环境污染或者破坏大部分是伴随着社会的快速发展必然要付出的惨痛代价,将刑法适用于该类犯罪应该给予严格的限制。

第三,客观方面并不要求出现实害后果的环境犯罪概念。也就是将环境犯罪进行这样界定:自然人或者非自然人违反相关环境保护法的规定,有意或者过失地超量排污或者不科学地开发利用自然资源,对于环境和生态平衡带来破坏,带来严重后果或者有带来严重后果危险的行为。该类环境犯罪概念界定体现出这样的特点:刑法规定不但用来惩罚结果犯,对于引发出现法定危险状态的行为应该给予同样处罚。通常情况下考虑到环境犯罪行为引发的结果一旦在现实中出现,则后果就不堪设想,所以有必要提升对行为人注意度的要求,拓宽刑法规制的范围,从而发挥出刑法的威慑作用。

五、我国环境犯罪的概念

在我国《刑法》中第六章第六节对于环境犯罪给出这样的规定:环境犯罪则指违反国家环境犯罪相关法律、法规,实行污染或者破坏生态环境,情节严重或者后果严重的行为。

从我国相关环境犯罪的概念可以看到,环境犯罪是包含多种犯罪的其中一类犯罪;从危害形态上可以看到,环境犯罪包含危险犯、结果犯,一部分环境犯罪的成立并不以导致人身伤亡或者公私财产损害作为前提条件,只要对环境带来一定程度的损害,就已经构成了犯罪;环境犯罪在罪过形态方面包含故意、过失。

第二章　环境犯罪的刑事政策

随着工业文明的兴起,在人类走向现代化的过程中,环境污染与破坏所造成的后果也越来越严重,环境犯罪屡见不鲜,威胁到人类的生存和发展。为此,国际社会和世界各国都在寻求协调经济发展与环境保护的规范性措施,刑事政策作为其中的重要组成部分,对于环境保护以及控制环境犯罪具有十分显著的意义。

第一节　刑事政策概述

一、刑事政策的概念和特征

(一)刑事政策的概念

由于发展阶段、历史传统、民主政治、文化背景、认识方法等因素的不同,学者们关于刑事政策的概念也有不同的理解。

1. 国外学者关于刑事政策概念的观点

刑事政策一词最早出现在德国学者克兰斯罗德和费尔巴哈的著作 Lehrbuch(1803 年)中。克兰斯罗德指出,刑事政策是立法者视情况采取的各种预防犯罪、制止犯罪和保护公民自然权利的措施。费尔巴哈则指出:"刑事政策是国家据以与犯罪做斗争的惩罚措施的总和,是'立法国家的智慧'。"[①]可以看出,上述两个

[①] (法)米海依尔·戴尔马斯·马蒂著;卢建平译.刑事政策的主要体系[M].北京:法律出版社,2000,第1页.

刑事政策概念的相同之处是都将刑事政策的主体限定为立法者或者立法国家,其界定的刑事政策主要是刑事立法政策。德国刑法学家李斯特认为犯罪原因可以分为社会因素和个人因素,而刑罚不是同犯罪做斗争的唯一手段,在此认识基础上,其将刑事政策定义为:"刑事政策是国家和社会据以与犯罪做斗争的原则的总和。"[①]李斯特特别强调"社会"在犯罪预防方面的作用,并将之与"国家"并列作为刑事政策的主体,提出了"最好的社会政策,就是最好的刑事政策"的论断。李斯特关于刑事政策的定义,视野开阔、意义深远,超越了过往的刑事政策观念,为现代科学意义上的刑事政策学奠定了基础,广义的刑事政策观也由此确立。随着时代的进步,刑事政策得到进一步的发展,法国学者马克·安塞尔提出了新社会防卫论,将刑事政策视为"观察的科学"与"组织反犯罪斗争的艺术与战略"。马克·安塞尔给刑事政策下的定义是:"刑事政策是由社会,实际上也就是说由立法者和法官在认定法律所惩罚的犯罪,是保护'高尚公民'时所做的选择。"[②]该观点是广义刑事政策学的体现。

西方学者关于刑事政策的定义有如下特点:①除费尔巴哈将刑事政策界定为主要立法政策以外,其余学者都赋予了刑事政策更为广泛的含义;②在概念中未突出刑事政策在反犯罪斗争中的重要指导地位;③在概念中对刑事政策的主体界定涉及范围较广,如国家、社会(整体)以及地方团体、公私组织等。

2. 我国学者关于刑事政策概念的观点

杨春洗、高铭暄等主编的《刑事法学大辞书》指出:"刑事政策,是指根据犯罪情况的变化,运用刑罚及有关制度,有效地同犯罪做斗争,以期实现抑制犯罪和预防犯罪之目的的策略、方针、措

---

① 杨春洗.刑事政策论[M].北京:北京大学出版社,1994,第 4 页.
② (法)马克·安塞尔著;卢建平译.新刑法理论[M].香港:香港天地图书有限公司,1990,第 12 页.

施和原则。"①

马克昌认为：我国的"刑事政策是指中国共产党和人民民主政权，为了预防犯罪，减少犯罪，以致消灭犯罪，以马列主义、毛泽东思想为指导，根据我国的国情和一定时期的形势，而制定的与犯罪进行有效斗争的指导方针和对策"②。

曲新久认为："所谓刑事政策，是指国家基于预防犯罪、控制犯罪以保障自由、维持秩序、实现正义的目的而制定、实施的准则、策略、方针、计划以及具体措施的总称。"③

综合考察我国学者对刑事政策所下的定义，可以发现存在如下两个特点：①多使用"准则""策略""方针""方略"等用语，突出刑事政策在反犯罪措施中指导性地位；②多数概念将刑事政策的主体限定为"国家"，少数将其限定为"国家和社会"。

3. 刑事政策概念的确立

尽管学界关于刑事政策的概念各有不同，但是从上述不同观点可以看出，刑事政策定义的结构一般由主体、对象、手段和目的等几个方面的内容构成。本书认为，一个完整的刑事政策定义应当包括以下几个方面的内容。

(1) 刑事政策的主体。刑事政策的主体包括制定主体和执行主体。其中，刑事政策的制定主体是指针对一定时期的犯罪问题提出并选择解决方案的主体；刑事政策的执行主体是指将刑事政策付诸实施以达到目的的主体。前者是国家或执政党，后者主要是国家和社会。

(2) 刑事政策的目的。刑事政策的目的是制定和执行刑事政策所要达到的目标，这一目标就是预防、惩治和控制犯罪。以上观点虽有不同，但就刑事政策的目的之于抗制犯罪问题上，基本已为学者们所公认。

---

① 杨春洗，高铭暄. 刑事法学大辞书[M]. 南京：南京大学出版社，1990，第578页.
② 马克昌. 中国刑事政策学[M]. 武汉：武汉大学出版社，1992，第5页.
③ 曲新久. 刑事政策的权力分析[M]. 北京：中国政法大学出版社，2002，第34页.

(3)刑事政策的依据。刑事政策的依据是指据以制定和调整刑事政策的依托或者根据。刑事政策是反犯罪的斗争,其制定和调整的依据只能是犯罪现象的发展变化趋势。只有符合犯罪现象发生发展规律的刑事政策才可能实现刑事政策的目的。

(4)刑事政策的对象。刑事政策是犯罪这一社会现象所引起的国家和社会的反应,是为了实现预防、控制和惩治犯罪的目的制定和执行的,其针对的对象是犯罪行为和犯罪人。

(5)刑事政策的手段。手段是达到目的的方法和措施。手段具有多样性,就刑事政策而言,刑罚是手段之一,除此之外,还存在众多非刑罚手段,如行政手段、经济手段、教育手段等。

综合上文论述,本书认为,可以将刑事政策定义为:刑事政策是指国家和社会为了实现预防、惩治和控制犯罪的目的,依据犯罪现象的发展变化趋势,针对犯罪行为和犯罪人而制定、调整和执行的包括刑罚手段和非刑罚手段在内的一切方法和措施。

(二)刑事政策的特征

1. 指导性

"刑事政策不单是刑法的政策,而是统领了打击犯罪、预防犯罪的所有治理手段,整合了研究犯罪与反犯罪所有学科知识的犯罪抗制的整体系统。"[1]刑事政策在整个国家反犯罪的斗争措施中具有指导性地位,是整个国家反犯罪斗争的灵魂所在。

2. 灵活性

与刑事法律相比较,刑事政策具有相对的灵活性。这种灵活性是由刑事政策制定、调整的依据即犯罪态势的发展决定的,刑事政策是国家应对犯罪提出并选择解决的方案,而这一选择具有较大的弹性和主观性,决定了刑事政策的灵活性。当然这一灵活

---

[1] 卢建平.刑事政策学[M].北京:中国人民大学出版社,2007,第23页.

性是相对的,实际上从整体或固定的阶段看刑事政策,其仍然具有较强的稳定性,如基本刑事政策在较长时期内都处于稳定状态。

3. 批判性

由于刑事立法具有稳定性和滞后性的特点,刑事政策根据犯罪现象的变化,对刑事立法的不合理性加以批判以修正其缺陷或者促其进行立法完善,是十分必要的,所以说形势政策还具有批判性。

二、刑事政策的种类

按照不同的标准,刑事政策可以做很多种分类。如按照时间的长短不同,可将其分为长期刑事政策、短期刑事政策、临时刑事政策;按照手段的不同,可将其分为刑事惩罚政策和刑事社会政策;按照调整对象的不同,可将其分为对某类犯罪行为的刑事政策和对某类犯罪人的刑事政策,前者如对经济犯罪的刑事政策、对职务犯罪的刑事政策等,后者如对未成年犯罪人的刑事政策、对女性犯罪人的刑事政策等。其中,较为重要的两种分类如下所述。

(一)总的刑事政策、基本刑事政策和具体刑事政策

这是根据刑事政策的层次高低对其所做的分类。总的刑事政策,是指党和国家制定的适用于一定历史时期的全局性的刑事政策,如社会治安综合治理的刑事政策;基本刑事政策是国家制定的,是总的刑事政策在某一方面工作中的体现和具体化,在较长时期内于抗制犯罪的全过程中起主导作用的刑事政策,其具有制定主体的最高权威性、适用范围的广泛性、适用效力的持续稳定性以及对具体刑事政策的指导性等特征;具体的刑事政策是指国家针对某一阶段、某一领域或者某些犯罪现象制定的具体行为规范和行动准则,是相对于基本刑事政策的概念,其具有具体性

和依赖性等特征。

(二)刑事立法政策、刑事司法政策和刑事执行政策

这是根据刑事政策的不同作用对其所做的分类。刑事立法政策,即指导刑事立法活动的政策,主要是指导刑事立法中的定罪政策。定罪政策主要表现为扩大或者缩小刑法干预社会生活范围以及确定刑法干预社会活动重点的取舍,其决定了一个国家犯罪圈的大小以及刑事法网的严密程度。刑事司法政策,即指导刑事司法活动的政策,主要是指导刑事司法活动中的量刑政策。量刑政策主要表现为指导和调节刑罚适用从而决定对某些犯罪惩治力度的刑事政策。刑事执行政策,即刑罚和某些刑罚制度执行阶段所奉行的政策。刑事执行政策可以调节对罪犯的改造效果、刑罚制度功能发挥以及保障罪犯权益等,是刑事政策必不可少的一个组成部分。

三、刑事政策的目标

任何政策的制定都有确定的目标,环境刑事政策也不例外。研究环境刑事政策的目标,可以指导我们选择更加适当的刑法手段控制环境犯罪。毋庸置疑,环境刑事政策的总体目标是通过刑事手段保护环境,实现这个总体目标的手段是刑事制裁方法。环境刑事政策的具体目标是通过立法、司法贯彻环境刑事政策的精神,进而保护各种权益,有效地预防、控制和惩治环境犯罪,保护生态环境,进而保护社会、经济、环境、人口的可持续发展。分而化之,环境刑事政策的目标可以表现为以下几个方面。

(一)预防、惩治和控制环境犯罪

"刑事政策就是以犯罪的预防和镇压为目的的国家政策。"[1]

---

[1] (日)森本益之,濑川晃,上田宽等著;戴波等译.刑事政策学[M].北京:中国人民公安大学出版社,2004,第4页.

环境刑事政策预防犯罪的目标主要通过两个方面实现：①通过环境刑事立法实现刑法的威吓这一一般预防功能。如公司、企业等单位及公民个人在了解刑法对环境犯罪及其刑罚的规定后，可以进行价值衡量，通过自由意志决定不去实施环境犯罪行为，从而达到普遍的预防环境犯罪的目的。②通过刑事司法达到个别预防的目的，进而也可以实现阻止环境犯罪的一般预防功能。环境犯罪人在实施了环境犯罪后，司法机关通过对环境犯罪人定罪量刑，剥夺或者限制从业资格，自然可以预防该犯罪人再次犯罪。而环境刑事司法判决的过程实际上也是预防潜在的环境犯罪人实施环境犯罪、教育公民遵纪守法的过程，因而也能在一定程度上阻却、预防环境犯罪行为的发生。环境刑事政策的惩治功能只能通过刑事司法活动实现。从某种意义上说，惩治环境犯罪是环境刑事政策的直接目标，因为环境犯罪的预防、控制基本上是通过环境刑事司法活动体现的，所以环境刑法最直接的目的就是惩治犯罪。环境刑事政策在惩治环境犯罪上所起的作用就是如何最恰当、最有效地实现刑罚的惩治功能，使罪刑均衡，尽量以最少的刑罚达到最佳的保护效果。要想达到环境刑法的惩治目标并不是一件简单的事情，而是一个复杂的系统工程，既要在立法上制刑合理，又要在司法上量刑适当，否则会导致刑罚过剩或者量刑失衡。环境刑事政策控制环境犯罪的目标实际上是预防犯罪和惩治犯罪以及以其他措施限制环境犯罪的一系列目标的综合。"刑事政策是以预防犯罪和控制犯罪为直接目的的，但国家为预防犯罪和控制犯罪而采取的措施并非都属于刑事政策的范畴。"[1]国家通过环境刑事政策控制环境犯罪的措施和途径很多，预防措施和惩治措施是其中的主要对策。然而，环境犯罪控制是一项全方位的工作，包含了国家机关和社会机构旨在将人们的行为纳入刑法所保护的规范范围内的一切战略和措施，既不限于仅指国家机关在环境犯罪的防治方面的活动，也不仅限于刑罚在与犯罪行

---

[1] 马登民,张长红.德国刑事政策的任务、原则及司法实践[J].政法论坛,2001(6).

为做斗争过程中所起的作用。环境犯罪控制不仅包含了相应的国家干预,也包括社会机构在犯罪防治方面的努力,因此可以说,环境刑事政策就是控制环境犯罪的对策。

(二)保护国家、社会、个人的人身、财产和其他各种权利

环境刑事政策以预防、惩治、控制环境犯罪为宏观目标,以保护国家、社会以及公民个人的人身、财产和其他各种权益为直接目标。一个人实施了环境违法行为构成了环境犯罪,刑法介入其中进行惩治,其直接目的就是对该案刑事被害人权利的保护,国家所制定的环境刑事政策自然应当体现出这种目标。在我国,对因环境犯罪所侵害的被害人各种权益的保护主要通过以下方式实施:①对环境犯罪人定罪判刑。这种途径主要是针对比较严重的环境犯罪实施。国家对环境犯罪人定罪量刑,实际上就是阻止了环境犯罪的继续进行,这在一定程度上也保护了被害人权益免遭继续侵害;另外,被害人通过刑事附带民事诉讼,可以使自己已经遭受损害的权利得到一定的补偿或赔偿,从而弥补一些经济损失,这也是一种权利保护的途径。②环境犯罪人和被害人进行刑事和解或诉讼外调解。这种方式主要是针对轻微刑事犯罪而言。我国近几年来,刑事和解方式不断为全国各地司法机关所推广使用。刑事和解是我国宽严相济刑事政策视野下对轻微犯罪实行轻刑化、非刑罚化、非监禁化的重要举措,其是指司法机关出面召集犯罪人和被害人一起进行商议,在犯罪人保证被害人提出的条件下,被害人一定程度上谅解犯罪人的犯罪行为,司法机关对犯罪人判处较轻刑罚或者不予判刑的方法。刑事和解制度在全国各地试点以来,在解决轻微刑事案件方面取得了较为人性化的理想效果。环境犯罪整体上讲是一类轻微犯罪,使用刑事和解手段不失为一种解决案件的途径。此外,在我国和解犯罪司法实践中,和解犯罪被害人为了获得经济救济,往往在受到犯罪侵害时,还通过私下和解来解决环境犯罪问题。但这种解决方式不能从源头上阻止环境犯罪,侵害行为还可能持续进行,因而不能真正

有效地保护环境刑事被害人的各种权益。诉讼外调解也同样存在这种缺陷。因此,环境刑事政策对一些严重破坏环境资源的犯罪行为判处刑罚是十分必要的。环境刑事政策以保护国家、社会、公民个人的人身、财产和其他权益为目标,直接体现了政策制定者所倡导的"人类中心主义"立场。

(三)保护人类生存环境和自然生态环境,实现社会、经济、人口的可持续发展

如果说环境刑事政策的宏观目标是预防环境遭到破坏、惩治、控制环境犯罪,直接目的是保护环境刑事被害人的各种合法权益,那么,环境刑事政策制定的根本目标就是保护人类生存环境和自然生态环境,实现社会、经济、人口的可持续发展。目前的环境刑事立法主要体现的是保护人的生命、健康和财产等法益,即主要注重保护人的利益,对环境的破坏必须达到对人的生命、健康或财产造成损害的地步才能在刑法上被认为是犯罪。这种以人类为中心的刑事保护并不能保护人类社会免除环境犯罪的侵害,因为人们在没有直接侵害他人生命、健康和财产的范围内,仍然可以不受刑事处罚地损害环境。因此,环境刑事政策应当充分发挥指导性作用,改变这种立法缺陷,兼顾社会本位和自然本位,将保护的重点转移到人类利益与生态环境利益并重的环境刑事政策上来。现行环境刑事立法中,基于"传统人类中心主义"立法理念,刑事政策的出发点可能更多的是出于社会与经济发展的需要,采取经济发展优于环境保护的立法政策和司法政策,注重保护经济发展,保护人的利益,相对忽略生态保护。由于环境问题的公害性、综合性和持久性,生态保护不仅是自然界自生自灭的一个法则,而且关系人与自然和谐共生,归结到一点就是关系人类自身的延续和发展。因此,人类在繁衍、发展的过程中,既要照顾自身眼前利益,也要兼顾长远利益,即要以可持续发展为目标,基于代际公平理念和"现代人类中心主义"思想,在人类各项活动中注意协调人类利益和生态利益。作为指导环境刑事立法

和环境刑事司法工作的环境刑事政策,应当既要体现保护人类自身利益、也要体现保护生态利益的精神,在环境刑事法网中构建和谐环境刑事法制体系,将满足人类社会、经济、人口可持续发展的需要作为其目标。

第二节 环境犯罪的刑事政策

一、环境犯罪的刑事政策概述

(一)环境犯罪刑事政策的概念

关于环境犯罪的刑事政策,有以下几种具有代表性的观点:有学者指出环境刑事政策可以定义为"国家运用刑事手段保护环境的方略"[1]。有学者认为,环境刑事对策,是指国家或执政党依靠司法力量、运用特殊的刑事制裁措施和有关举措,同环境犯罪做斗争,以期有效地防治环境犯罪、保护环境的策略。[2] 还有学者认为,环境刑事政策,是指国家基于预防、控制和惩治环境犯罪以保护和改善生活环境和生态环境,防止污染和其他公害,维持秩序和安全,实现公平与正义的目标而制定、实施的准则、策略、方针、计划以及具体措施的总称。[3]

本书认为,环境犯罪的刑事政策是刑事政策在环境领域的具体化,也是环境政策在刑事领域的具体化。在概念中应当突出的因素是该政策的对象和目标,可将其界定为:环境犯罪的刑事政策,是指国家和社会依据环境犯罪的态势,为达到预防、控制和惩治环境犯罪的目的制定、调整和执行的包括刑罚手段和非刑罚手段在内的一切方法和措施。

---

[1] 蒋兰香.环境犯罪基本理论研究[M].北京:知识产权出版社,2008,第 95 页.
[2] 付立忠.环境刑法学[M].北京:中国方正出版社,2001,第 699 页.
[3] 廖斌.西部环境保护的刑事政策分析[J].科技与法律,2003(2).

(二)环境犯罪刑事政策的特征

1. 对象及目标特殊

刑事政策的目标在于预防、惩治和控制犯罪,环境犯罪的刑事政策属于刑事政策的子概念,其目标当然也在于惩防犯罪,但针对的是特殊领域的犯罪,即环境犯罪。因此,预防、惩治和控制环境犯罪是环境犯罪刑事政策的目标。需要指出的是,这一目标是该政策的直接目标,通过这一政策要实现的最终目标是维护人类生存环境的良性发展和生态安全。

2. 手段多样

由于环境犯罪侵害法益的特殊和重要、侵害后果的广度和深度,对于环境犯罪行为的惩防,刑罚手段是必不可少的。但是除此之外,包括行政手段、经济手段、民事手段、教育手段在内的其他非刑罚方式亦是环境犯罪的刑事政策的重要手段。由于恢复环境犯罪所造成的损害具有极强的必要性和可能性,除了惩罚性的手段以外,调解、和解、整改、补偿、恢复等非惩罚性的反应也越来越引起人们的重视。

3. 载体丰富

刑事政策的载体,简而言之就是刑事政策以怎样的形式存在。环境犯罪的刑事政策载体较为丰富,作为预防、惩治环境犯罪的准则、策略、方针、计划以及具体措施都是环境犯罪的刑事政策的载体,是环境犯罪的刑事政策内容的体现和表达。这些载体有的表现为法律文本形式,如刑法、刑事司法解释、环境法等,有的则体现为非法律文本形式,如党和国家领导人的讲话,以及有关公权力机关的决定、决议、通知等。

二、环境犯罪刑事政策的运行

(一)环境犯罪刑事政策运行现状

环境犯罪刑事政策的运行,主要强调的是环境犯罪刑事政策在刑事立法、司法和执行活动中的贯彻执行情况。从我国环境犯罪刑事政策运行的现实情况来看,在宽和严之间突出了宽缓的一面,主要表现在以下几个方面。

(1)在立法上,由于对环境犯罪社会危害性的认识程度较低和对其恶性评价总体而言并不高,我国刑法对环境犯罪立法整体上体现了轻缓化。具体体现在:1997年刑法典将环境犯罪置于刑法分则第六章妨害社会管理秩序罪之中,而未将其置于危害公共安全罪中;我国环境犯罪入罪罚标准较高,如非法捕捞水产品罪,除违法性要件以及客观方面特定的时间、地点、方法等要求外,还必须达到法定的情节严重的程度;环境犯罪的刑罚配置总体较为轻缓,基本刑为"三年以下有期徒刑、拘役或者管制,并处或者单处罚金"的罪名有9个,占60%,所有的环境犯罪都配置了财产刑,并且都没有配置无期徒刑和死刑等重刑。

(2)在司法上,由于我国目前缺乏完善的环境犯罪量刑规范和判例经验,加上环境犯罪主客观方面存在特殊性、复杂性,以及审判人员的法律意识、环境保护意识、个人经验等情况,一方面,量刑差异较大;另一方面,管制、拘役、罚金刑以及缓刑的适用率较高,也反映出较强的轻缓化趋势。以非法占用农用地罪为例,北大法律信息网上收录了45个非法占用农用地的案件判决,其中适用缓刑的有23个,占51%,所有判决中,判处的最高法定刑为三年有期徒刑,且只有两起案件,其余案件判处的自由刑均低于三年有期徒刑。

(3)在执行上,根据审判机关对环境犯罪的判决,对环境犯罪行为人实行非监禁的多,实行监禁的较少,一些地方的执行理念有所转变,对破坏环境的犯罪分子采取了较为灵活的执行方式,如以恢复植被的方式代替罚金刑的执行。

(二)环境犯罪刑事政策运行的具体内容

1. 环境犯罪立法政策

环境犯罪立法政策是环境犯罪刑事政策在立法活动中的贯彻和体现,主要包括环境犯罪圈的划定、刑罚圈的划定及刑罚配置等问题。

(1)犯罪圈的划定。将哪些不法环境行为纳入应受刑事制裁的范围,是环境犯罪立法政策的首要问题。这取决于立法者对于环境不法行为危害社会的认识程度以及对被侵害法益的重视程度等。由于环境不法行为的危害表现具有潜伏性、滞后性和隐蔽性,难以引起足够的重视,加上在发展经济和保护环境两者之间到底优先考虑何种价值的选择中,前者曾长期占据主导地位,即使这样的局面目前已有所改观,在价值取向上两者已被置于同等重要的地位,但决策者关于环境法益保护的重视程度仍有待进一步提高。鉴于目前我国环境犯罪圈较小的现状,本书认为,应强调环境法益的保护,适度扩张环境犯罪圈,以严密环境犯罪的法网,加大预防和惩治环境犯罪的力度。这也是经济社会发展到一定阶段的必然趋势。适度扩张环境犯罪圈,一是针对某些严重危害环境行为增设环境犯罪罪名,如针对严重损害他人健康的或者屡教不改的严重噪声污染行为增设噪声污染罪;针对残忍伤害、虐待动物的行为增设虐待动物罪等。二是扩大某些犯罪的犯罪对象或者行为方式。如将非国家重点保护植物,但具有刑法保护价值的观赏类植物、起防风治沙作用或防水土流失作用的植物纳入破坏植物犯罪的对象;又如在非法收购、运输、出售野生动物或其制品、野生植物或其制品的犯罪中增加"非法持有"的行为方式。三是降低某些环境犯罪入罪的标准,可以通过取消某些犯罪关于犯罪结果的要求来实现。如取消非法占用农用地罪中"造成耕地、林地等农用地大量毁坏"的要求;又如取消破坏性采矿罪关于"造成矿产资源严重破坏"的要求。也可以通过增设某些犯罪的危险犯来实现,如在既有的污染环境罪、非法采矿罪、破坏性采矿罪的条款中设定危险犯,依照各危险犯类型的危害程度,配以适当的法定刑,从而实现消极惩治到积极预防的转变。当然,应当注意严密环境犯罪法网以及扩大环境犯罪圈的适度性,应当接受宽严相济刑事政策的调整,只有在民事手段、经济手段、行政手段等其他手段无法控制环境不法行为的情况下,方可动用刑法的力量予以应对。

(2)刑罚圈的划定及刑罚配置。刑罚圈的划定,是如何合理分配刑罚资源和其他社会控制资源的问题。对于环境犯罪而言,总体上主观恶性小,可非难性较弱,是经济发展过程中不可回避的矛盾,因此刑罚圈不宜划定得过宽,否则将对经济社会的发展造成负面影响,此外,还易造成刑罚资源的分散,从而影响刑罚功能的发挥。在宽严相济刑事政策的指导下,环境犯罪的刑罚圈的划定应当合理恰当。此外,对于环境犯罪行为并非一律都要动用刑罚加以惩治,应注意非刑罚处罚方式的运用,我国刑法规定了判处赔偿经济损失、责令赔偿经济损失、训诫、责令具结悔过、责令赔礼道歉、由主管部门予以行政处罚或者行政处分等种类,这些都可以适用于环境犯罪。

对于环境犯罪的刑罚配置,应当坚持宽严相济、以宽为主。这不仅符合我国环境犯罪的实际情况,同时也符合世界趋势。应当从以下几个方面加以贯彻:第一,没有必要配置无期徒刑和死刑。环境犯罪是我国当前发展经济过程中在所难免的一类危害行为,社会公众对于重刑配置的认同感不强,而且这些犯罪总体上社会危害性小,犯罪人主观恶性小,大多数人属于环保意识淡薄、受经济利益驱动而实施,因此,适度的刑罚即足以使其受到惩罚和教育,重刑的配置没有必要。第二,在刑种上注重非监禁刑和财产刑的配置。本书认为,由于发生在经济发展过程中,环境犯罪人中有不少是单位主体和个体经营户等,环境犯罪人的人身危险性较低,由于环境犯罪人实施其他普通刑事犯罪的可能性也很小,因此应在配置监禁刑的同时配置非监禁刑,如管制、财产刑等。第三,增加法定刑幅度,注重轻重衔接、宽严有度。由于实践中的情况复杂多样,应当结合不同的犯罪情节,如数量、数额等不同情况,配置轻重有序衔接的法定刑,以达到重罪重罚、轻罪轻罚、罪刑相称、罚当其罪的效果。第四,必要时可增设其他种类的资格刑或者其他附加的惩罚措施。因为很多犯罪人实施犯罪时利用了自身所具有的某种资格,如拥有采矿权而实施了破坏性采矿的单位或者个人,拥有林木采伐许可证而实施滥伐林木罪的单位或者个人等,所以可以考虑增加某些资格刑种,如增加剥夺从事一定的职业或者营业的权利的刑种,如剥夺破坏性采矿犯罪人的采矿经营权。此外,还可考虑增设附加的具有恢复性、预防性的措施,如责令整改、强制环保措施等,以更加有效地防控环境犯罪。

2. 环境犯罪司法政策

环境犯罪司法政策,是指司法机关在运用刑法的活动中所奉行的刑事政策,其内容包括司法定罪政策和刑罚裁量政策。由于在定罪问题上首先要遵守罪刑法定原则,另外,该环节侧重事实的判断,对刑法的适用自由裁量的余地较小,政策发挥作用的空间有限,因此环境犯罪司法政策主要体现在量刑环节的贯彻上,本书认为,应当注意以下几个方面的问题。

(1)量刑观念的改变。传统的环境犯罪量刑观念重视环境犯罪造成人身伤害、死亡或者财产损失,强调罪刑均衡,而忽视环境犯罪的预防。而真正科学的、符合环境犯罪规律的量刑观念是将环境犯罪责任与环境犯罪预防相结合。该观念是指对环境犯罪适用刑罚时既要考虑行为人的罪责,又要兼顾预防目的。具体而言,环境犯罪的量刑必须根据犯罪人的罪责及其从事职业、社会生活环境、文化水平等主观方面情况,以及环境犯罪直接造成的损失、为防止环境犯罪危害扩大或消除危险所采取必要的、合理的措施所发生的费用等客观方面的情况进行综合判断,同时认真考虑对犯罪人所适用的刑罚对于恢复环境与防止环境破坏的有效性、对于犯罪人的教育性等方面的积极作用，以最大限度地实现惩罚犯罪和预防犯罪的刑事政策目标。

（2）量刑中的宽严相济。在刑罚裁量过程中，责任主义和刑罚个别化是两项基本原则。前者强调刑罚与犯罪行为的客观实害相适应，后者强调区别对待，考虑刑罚与犯罪人的人身危险性相适应，这些内容都应体现在环境犯罪的量刑活动中。环境犯罪量刑贯彻宽严相济，其中的"宽"主要指对于情节较轻、社会危害性较小的犯罪，或者虽然具有较重情节，但是具有法定、酌定从轻情节，以及主观恶性较小、人身危险性不大的环境犯罪人，可以从轻、减轻或者免除处罚；对于具有情节显著轻微、危害不大的行为，不认为是犯罪；对于依法可不监禁的，可适用缓刑、管制或者单处罚金等；对于初犯、偶犯、从犯、未成年犯、老年犯以及对被害人积极赔偿、消除犯罪后果、恢复被破坏的环境秩序、认罪、悔罪或者有其他特殊情况的犯罪人等，应根据具体情况予以从宽处罚。环境犯罪量刑中的"严"主要指对罪行严重，社会危害性较大的犯罪，或者社会危害性大，具有法定、酌定从重处罚情节，以及主观恶性深、人身危险性大的环境犯罪人，对于惯犯、累犯、职业犯或者因故意犯罪受过刑事处罚、在缓刑、假释考验期内又犯罪的被告人，应依法严惩；对于较轻的犯罪，如果案件或犯罪人具有从严从重的恶劣情节，也要在法定刑幅度内适当从重惩处，即宽中有严。

（3）非刑罚措施的适用。作为惩治严重危害环境行为的手段，刑罚发挥着无可替代的功能，但是刑罚本身也有很多负面作用，尤其对于防控环境犯罪这类特殊的犯罪行为，其能力更加有限。实践中，有很多环境犯罪行为，犯罪情节轻微、被告人主观恶性较小，对其免予刑事处罚符合刑法的规定，但是不能单纯地免予刑事处罚，也应当注意非刑罚处罚方式的运用，否则将会过于放纵犯罪行为，导致环境犯罪的惩治不力。对于犯罪情节轻微不需要刑罚处罚的，可采用判处赔偿经济损失、责令赔偿经济损失、训诫、责令具结悔过、责令赔礼道歉、由主管部门予以行政处罚或者行政处分等非刑罚处罚方法进行处置,这样既可以实现惩罚犯罪的目的,又有利于环境法益的保护。

3. 环境犯罪执行政策

环境犯罪执行政策,是指指导和调节刑罚执行过程的政策,主要是刑罚执行机关或有关机关将针对环境犯罪所处的刑罚和其他非刑罚措施付诸实施过程中应当贯彻的政策。环境犯罪执行政策应在以下两个方面有所体现:一是行刑原则的贯彻。现代行刑活动应当贯彻教育原则、经济原则、个别化原则和社会化原则。教育原则要求行刑活动不应单纯采取强迫的改造方法,应注重教育改造和善意劝导,以促进罪犯重新回归正常社会生活。环境犯罪分子大多数缺乏环境保护意识和环境法制观念,教育原则对这类罪犯回归社会尤其重要。行刑的经济原则要求以最小的投入来获得防控犯罪的最大收益,以不执行或者不实际执行、少执行刑罚来达到行刑效果。环境犯罪的发生有特定的背景,罪犯的主观恶性和人身危险性较小,认罪和悔罪态度较好,对于这类罪犯最容易实现行刑的经济性要求。行刑的个别化原则要求在行刑过程中应根据罪犯的不同情况给予个别处理,以实现刑罚效果。环境犯罪罪犯的个人情况亦千差万别,可以根据其不同表现或者不同情况对其区别对待。行刑社会化原则是指调动一切社会积极因素对罪犯进行改造,促其回归社会以实现刑罚目的。环境犯罪罪犯多为轻刑犯,被判处非监禁刑的较多,调动社会因素参与矫正的可能性和必要性更强,应充分利用社会资源对其进行教育改造,促其更加顺利地融入社会。二是行刑力度的加大。对于被判并处罚金、没收财产或者单处罚金、管制等非监禁刑、非刑罚措施的环境犯罪分子和依法适用缓刑、假释的环境犯罪分子,应当加大执行力度。对于被并处或者单处罚金刑的环境犯罪人而言,应当保证对其罚金刑的执行。按照刑法规定,除法定情形下减免罚金的以外,罚金应在判决指定的期限内一次或者分期缴纳。期满不缴纳的,强制缴纳。对于不能全部缴纳罚金的,人民法院在任何时候发现被执行人有可以执行的财产,应当随时追缴。对于没收财产的执行,人民法院应当立即执行。对于非刑罚措施的执行,行刑机关应引起重视,促其执行到位,因为这对于弥补环境犯罪所造成的损害、恢复被破坏的社会关系而言十分重要。对于被判处管制、缓刑、假释的环境犯罪分子,依法对其适用社区矫正刑的,由社区刑罚执行机构监督犯罪人的刑罚和非刑罚措施的执行情况,组织社区服刑人员参加环境保护方面的法制教育以及其他公益活动,力促其减轻犯罪危害,防止其重新犯罪。

第三节 我国宽严相济形势政策的困境与应对

一、我国宽严相济刑事政策的提出、意义与问题——以环境犯罪为视角

当惩办与宽大相结合的刑事政策在实施过程中面临越来越多的问题时,学界开始反思自身以往对刑事政策的理解、制定和推行的历程中存在的不足与缺陷。在结合新中国成立后数十年在犯罪控制方面积累的经验和教训,同时参考了世界范围内刑事政策发展趋向的基础上,相关人员于2005年制定了更为合理的宽严相济的刑事政策以取代惩办与宽大相结合的刑事政策。

中国基本刑事政策的这一转变意义深远,是自新中国成立以来与犯罪现象做斗争、维护社会治安长期实践经验的总结,是对过去忽视刑事活动内在宽缓、谦抑精神的改善。虽然从字面上看宽严相济似乎与惩办与宽大相结合没有什么太大的区别,但将"宽"置于"严"之前的政策意蕴是深远的,可以说这是我们对于过往存在的一些失误甚至是错误的承认与改正,最为重要的还在于"济",济有救济、帮助、补益的意思,从这一方面可以发现,宽严相济刑事政策不仅强调对于犯罪的惩罚应该有宽有严,更应该在宽

第二章 环境犯罪的刑事政策

严之间取得一定的平衡,以尽可能地避免犯罪的再次发生。这是对中国刑事法治的实质发展、民众人权意识增强的良性回应,也是对自身提升刑事活动操控能力的严格要求,同时也是符合世界刑法发展的整体潮流。

当然,也有学者冷静地指出宽严相济刑事政策所存在的隐忧,这是非常值得我们关注的。有学者指出,宽严相济的刑事政策与过去相比并没有什么超越,显得毫无新意,难道历史上不是对轻罪轻判、重罪重判吗;如何把握宽严的尺度,即"济"的标准非常困难,因为不同质的东西无法以同一个标准进行整合。对宽严相济的刑事政策提出疑问是可以理解的。宽严相济刑事政策的提出是中国共产党极富勇气的、真诚的表示与决策,同时对建设法治社会提出了更明确、更严格的要求。这意味着我们坦率地承认了过去的不足、失误甚至是错误,深刻地认识到重刑主义、从快从重理念的巨大局限。宽严相济刑事政策提出的最大的价值首先在于其作为推动刑法现代化的庄严宣示,意味着我们在相当程度上扬弃了过去的不正确做法,所以,认为宽严相济刑事政策的提出缺乏新意是错误的。至于第二个质疑,本书认为,在宽严相济刑事政策指导下丰富刑罚手段是应对这一问题的上佳选择,可以圆满地实现"济"的价值。

宽严相济刑事政策的存在意义不容否认,但是,仅仅提出了宽严相济刑事政策我们就可以高枕无忧了吗?答案显然是否定的。当前刑事政策出现一个重要问题,即刑罚结构不合理。刑罚结构是指刑罚方法的组合(配置)形式,所谓组合(配置)形式意指排列顺序和比例份额,排列顺序是比重关系的表现,比重是量的关系,但量变会引起质变,比例不同,即结构不同,则性质不同。刑罚结构决定刑罚运行的内部环境,构成整体刑罚功能的基础。刑罚是实现国家刑事法治活动的途径,其重要性自不待言,甚至曾有学者宣称在刑法中,第一把交椅毫无疑问应属于刑罚,在刑罚中表现了刑法的灵魂与思想。中国刑法学界对中国刑罚结构的讨论并不鲜见,主要观点有:认为中国刑法中死刑的规定过多;

死刑之外的其他处理方式又偏轻;刑罚处理方式缺乏多样性等。本书认为,中国刑罚结构的这些缺陷是现实存在的,也是长期以来一直被学界所诟病的,死刑问题一直是中国刑法改革的焦点问题,而限制自由刑总体偏轻也确实值得我们高度重视(如被判处无期徒刑的犯罪人一般15年左右就可以重获自由)。然而,本书认为,在当前贯彻宽严相济刑事政策的语境下,中国刑罚手段缺乏多样性的问题是最值得重视的,也是相对比较容易得到妥善改进的,同时更是社会发展所急迫需要的。

环境犯罪作为一种新型犯罪,其自身独具的诸如犯罪客体具有复合性、犯罪对象具有极端价值性、犯罪结果具有隐蔽性和持续性等特点确实值得引起国家和社会的高度重视。环境犯罪不仅侵犯了民众的健康或财产,还对我们赖以生存的自然环境造成了巨大的破坏(有些污染往往需要几十年甚至上百年才能恢复),这对于人类生存的威胁是不证自明的,职是之故,加大对环境犯罪的惩治力度,加强对潜在环境犯罪行为分子的震慑是十分有必要的。

然而,众所周知,环境污染与人类工业文明是一对双生子,两者形影不离。自工业革命以来,人类凭借着自己的智慧与勤劳开创了波澜壮阔、光辉灿烂的物质文明和精神文明,虽然历史上我们确实忽视了生态文明的建设,但这种失误具有一定的历史可理解性,而中国提出建设生态文明,建设环境友好型社会不过才数年光景,即使在环保建设上具有明显优势的西方国家重视环保的作用也是自20世纪后半叶才开始的,更不必说西方环保建设成绩显著的国家将其绝大部分污染产业都转移到了发展中国家的不争现实。环境危机凸显出一种辩证的困境,任何事情都是一体两面的,发展经济还是保护环境,是每一个工业化(或试图工业化)国家必须面临的选择,虽然现在看来世界各国都对环境保护问题予以高度重视,但恐怕没有国家会放弃以现代工业为核心的经济发展,尤其是广大的发展中国家及中国更是如此。现在中国面临的诸多问题都要靠经济发展作为根本的解决方式,德国著名刑法学家李斯特提出"最好的社会政策就是最好的刑事政策"恰是此意。中国古语有云:"仓廪实而知礼节,衣食足而知荣辱。"如果我们缺乏物质基础则很容易导致"刑罚不足以畏其意,杀戮不足以服其心。故刑罚繁而意不恐,则令不行矣;杀戮众而心不服,则上位危矣"的困难局面。一言以蔽之,将现代工业的优点全部抹杀的观点是一种典型的具有矫枉过正倾向的看法。

本书试图说明对于环境危机、环境犯罪而言,任何激进的观点和情绪化的表达都无法合理地组织有效的应对方式。环境犯罪的防控与惩治工作的难点就在于环境污染的主要来源是我们的经济活动,在经济活动中产生适量的污染因素是具有社会相当性的,是应当可以被容许的,问题的关键在于"度"的把握,而不是采取快刀斩乱麻式的简单化对策。

二、环境犯罪语境下的宽严相济

(一)"宽"与"严"的基础——环境犯罪的因果关系研究

因果关系是刑法学领域中最为重要的基础理论问题之一。对任何犯罪的认定都要求存在因果关系,否则刑法就会变成专制与暴政的工具。在宽严相济刑事政策下研究因果关系问题是独具价值的,只有某一种犯罪行为与犯罪结果之间的因果关系有了明确的界定标准,我们才可能考虑所施加的刑罚是"宽缓"还是"严厉"的问题。

因果关系是人们耳熟能详的词汇之一,在刑法语境下的内涵是:"一种引起与被引起的关系。其中的'引起'者是原因,'被引起'者是结果,而因果'关系'本身不包括原因与结果,只包含两者之间的引起与被引起的关系。不过,讨论因果关系时,又不可能完全脱离原因与结果本身。"[1]刑法学领域内对于此概念的基本内涵没有大的分歧,但是在因果关系的具体认定方式上却有着不小

---

[1] 张明楷.刑法学(第三版)[M].北京:法律出版社,2007,第159页.

的差异,存在条件说、原因说、相当因果关系说以及必然(偶然)因果关系说等不同理论。近年来,中国刑法理论大致认为条件说基本是合理的,有学者明确主张条件说,认为因果关系的内涵是,行为与结果之间存在没有前者就没有后者的条件关系时,前者就是后者的原因;[①]有的学者在肯定了条件说的基础合理性后,认为相当因果关系说可能更为精当一些并界定了其内涵,相当因果关系是指根据社会一般人生活上的经验,在通常情况下,某种行为产生某种后果被认为是相当的场合,就认为该行为与该结果具有因果关系[②]。本书中不欲综述性地评介传统因果关系理论,由上述简介我们可以看到,虽然具体认定方式众说纷纭,但因果关系概念的意思内核是比较确定的,就是引起与被引起的关系,这是没有争议的。然而,环境犯罪的出现却极大地冲击了原有的因果关系理念,为我们的法治建设制造了极大的困难。

环境犯罪中的因果关系问题较之传统类型而言是较为复杂的,关键问题在于环境犯罪与生俱来的某些特点,如犯罪结果的隐蔽性、潜伏性、流动性,这三个特点必然会导致鉴定取样难、污染源确定难及鉴定费用高昂等问题。不止如此,与认定传统犯罪中因果关系大不相同的是,认定环境犯罪中的因果关系对科技手段的要求是非常高的,往往涉及对空气、水流、土地中的污染成分的精密测定,应该说,环境犯罪的因果关系认定是以环境科学的发展为基础的,这就意味着在有些技术条件尚未达到的情况下,我们可能很难认定环境污损行为与污损结果之间的联系,而且现实生活中这种情况并不鲜见。

本书认为,环境犯罪对于传统因果关系理念的冲击是巨大的,甚至在某种程度上可以说是釜底抽薪式的,我们可以从刑法学领域因果关系的产生历程来考量这个问题。一般认为,刑法学中的因果关系脱胎于哲学上的因果关系,是哲学因果观发展到相当程度之后的产物。因果关系出现在刑法学的视域中始于19世

---

① 张明楷.刑法学(第三版)[M].北京:法律出版社,2007,第167页.
② 马克昌.比较刑法原理[M].武汉:武汉大学出版社,2002,第202页.

第二章 环境犯罪的刑事政策

纪后半期,最先出现于德国学者布黎的《共犯与犯罪庇护的理论》,后经他本人及巴尔、宾丁、比克迈耶、麦兹格等学者不断发展和完善,而哲学因果观的发展又要归功于近代自然科学的繁荣,尤其是经典力学的提出与发展对哲学因果观的影响是显而易见的。由于经典力学在当时是唯一缜密且可论证的科学体系,并在科学实验和工业生产中都得到了广泛的证实与应用,直接导致了以决定论为核心的哲学理念,认为有果必有因,且这种因果关系是完全客观的、必然的,这一点在以唯物主义为思想基础的中国刑法通说的必然因果关系学说中得到了淋漓尽致的体现。因而,环境犯罪对于传统因果关系理念的冲击就是非常自然的了,因为它的危害机理迥然不同于传统犯罪。在传统犯罪中,无论是杀人、走私犯罪,还是渎职、反动分子分裂国家的种种行为都是以直接的、物理力的运动或曰加功来实现自己的犯罪目的,是一种宏观低速机械运动的结果;而环境犯罪却通常是累积性地污染环境,进而对人体造成伤害,并且这种伤害往往也是慢性的,并不体现为直观的动静,而是通过自然要素与人体的化学作用产生危害的。至此,我们可以清晰地看出环境犯罪与传统犯罪的最大不同之处。那么,我们对于环境犯罪就束手无策了吗?

环境犯罪为人类的刑事法治活动提出了一个棘手的难题,但是理论终究是与时俱进的,当前处理环境犯罪因果关系的主要方法有:美国的无因果关系理论及事实证明本身理论;日本的疫学因果关系理论、盖然性因果关系理论和因果关系推定说;德国的"设备责任说"。综观上述多种学说,本书认为最值得我们关注的核心要素在于"高概率推定",即行为与危害结果之间存在着极其紧密的先后关系,因此人们认定两者之间存在因果关系。本书认为,这其实也可以说是一种相当因果关系理论的现代体现,即以相对最为科学的、普遍认同的认定标准来考量环境犯罪的因果关系问题。

疫学因果关系理论是当前比较主流的认定环境犯罪因果关系的方法论,本书对于该理论也是基本认同的。值得注意的是,

环境犯罪的基本理论及刑法立法研究

实践中存在着因果关系的间接反证,即举证责任倒置的做法,但本书认为,举证责任的倒置并不是因果关系的认定方式。我们首先来考量一下疫学因果关系理论的内涵。所谓疫学,也可称为流行病学,是研究疾病流行、群体发生疾病的机理,制定预防对策的医院研究领域,其与传统临床医学最大的不同在于:"疫学是以多数人的群体为对象,调查疾病发生的状况,查明该疾病的原因、疾病扩散的经过……对作为大量现象的疾病发生的原因不做精确的分析,而只做盖然的分析。"[①]由此我们可以看到,疫学上对于流行病的发病机理的研究对于认定环境犯罪的因果关系而言是有很大的借鉴价值的,对于环境犯罪隐蔽性、潜伏性、流动性的特点而言具有相当的针对性。

此外,在疫学因果关系理论之外不得不提的是举证责任倒置(间接反证)的问题。在司法实践中,对环境犯罪的防控与惩治往往也涉及这个问题,是指由被告自证其行为与危害结果不存在因果关系。目前,一些国家的刑事立法中也出现了对举证责任倒置的确认,理由是,环境犯罪的科技色彩浓厚,因此许多生产活动的副作用、对环境与人身威胁的信息往往由从事该生产的企业所掌控,基于此,生产者应当说明自己的行为与危害结果间不存在因果关系。不少学者在讨论环境犯罪的因果关系问题时都将举证责任倒置与疫学因果关系放在一起讨论。本书并不认同这一做法,因为当我们说认定环境犯罪中的因果关系时,暗含的意思是公诉方为了惩治环境犯罪而承担因果关系的举证责任,也就是说,认定环境犯罪的因果关系的意义在于使公诉方(或被害人)能够有充分的理由起诉,使法官最终的判决具有信服力,而举证责任倒置则是为了减轻公诉方的举证责任,使被告在巨大的压力下进行自我开解。所以,两者并不应放在一起讨论,举证责任倒置应当与严格责任放在同一层面进行研究。举证责任倒置明显是为了减轻原告方的责任、加重被告方的负担,结合本书的主题,这

---

① 郭建安,张桂荣.环境犯罪与环境刑法[M].北京:群众出版社,2006,第253页.

种制度应当属于"严"的范畴中考虑的问题,而疫学因果关系理论是一种中性的、无色的理论,只是与传统因果关系理论的认定方式不同,但其基本精神实质是高度统一的。

在确定了宽严相济刑事政策的基础后,本书将在下文中讨论"宽"与"严"的问题。

(二)"严"的体现——增设环境危险犯的新解读

我们对于严厉的刑罚是毫不陌生的,在某种程度上可以说,中国自古以来对严刑是有依赖性的。新中国成立以来很长一段时间内,尤其是自20世纪80年代开始,我们对于乱世重典理念的践行是众所周知的。直到21世纪初,我们才开始对这一颇为简单化的刑事理念进行修正,确立了宽严相济的基本刑事政策。但是,仅仅确立这一较为宽泛、抽象的理念是不够的,要扭转我们重典情结必须要有具体的配套措施来佐行。因此,为了防止宽严相济刑事政策异化、倒退为以往的重典治国刑事政策,对于宽严相济刑事政策中的"严"之限度的研究是十分重要的。

近几年来,环境犯罪频频出现在公众的视野中,伴随着我们高涨的环保呼声,人们对于环境犯罪的厌恶甚至憎恨是不难发现的,官方对于环境犯罪恶性的认识也在不断深化。在2006年,最高人民检察院发布的《关于在检察工作中贯彻宽严相济刑事司法政策的若干意见》及2010年最高人民法院发布的《关于贯彻宽严相济刑事政策的若干意见》中,都将环境犯罪划入宽严两者中"严"的范畴,都表示对于环境犯罪要依法从严惩处。"两高"的决定是及时的,也是现实的,我们认为,公众不能因此就高枕无忧了,对于环境犯罪的防控和惩治要严厉虽然没有什么问题,但严厉到什么程度却是值得深思的。由于环境犯罪往往是经济活动的结果,对于民众、社会、国家而言,过于严苛地防控、惩治环境犯罪恐怕也并不完全是有利的。

目前而言,加大防控、惩治环境犯罪的力度是刑法学界的共识,在具体操作上,学者们纷纷献言,建议众多,大致可概括为:提高法定刑(主刑与附加刑均要提高)、扩大保护圈(增设旨在保护草原、湿地等自然资源的罪名)、增设故意犯、增设危险犯(又可分为一般危险犯、过失危险犯、抽象危险犯)、设立严格责任。提高环境犯罪的法定刑、扩大环境刑法的保护范围以及增设故意犯都没有太大问题,换言之,这三种建议的理论研究价值相对较小,也基本达成共识,但对于增设环境危险犯及设立环境犯罪严格责任方面则存在不少问题需要细致梳理。本书认为,鉴于环境犯罪巨大的甚至是骇人的法益侵害性,增设危险犯是可以的,然而,是增设传统危险犯还是过失危险犯?抑或增设抽象危险犯,则是需要讨论的,再者,是否应当对环境犯罪实现严格责任也需要审慎分析。

　　本书认为,增设环境危险犯的核心症结在于是否承认环境法益,在现有条件下,可以设置危险犯但不适宜设置抽象危险犯与环境犯罪严格责任,此外,我们还需着重注意加大环境监管失职罪的惩治力度。

　　以构成要件结果为判定标准,可以将犯罪分为实害犯与危险犯,这是人们熟悉、易于理解的一种犯罪分类方式。自现代刑法理论发端以来,刑罚惩治的对象主要是实害犯。伴随着社会发展,人们不断加深对犯罪结果的认识,尤其是伴随着工业化、科技化的不断推进,日常生活中的危险源也不断增多。为了更好地保护人们的生活利益,刑法理论也逐步重视刑法的预防机能,将刑法保护适度提前,将人的行为造成的危险也视为一种"结果",并以这种结果为根据惩治犯罪主体。以危险作为构成要件的犯罪,在刑法理论上被称为危险犯。[1] 本书认为,这是对危险犯的直观的、形式化的理解。危险是相对于实害而言的,实害犯是以对法益的实际损害为内容的犯罪;危险犯是以对法益侵害的危险为实质内容的犯罪。因此,危险犯之所以犯罪是因为它现实紧迫地威胁到了法益,使法益处于一种危险的境况中,对于危险犯中危险

---

[1] 陈兴良.本体刑法学[M].北京:商务印书馆,2001,第274页.

的理解,有学者指出:"危险是被判断为具有侵害法益的可能性与盖然性的状态。"①

危险一般又被分为具体的危险与抽象的危险,具体的危险是指行为对法益的威胁是非常现实紧迫的,或曰使法益被侵害的可能性达到了很高的程度,不能进行某种程度的假定或抽象,并且这种危险是构成要件的内容,需要司法者予以证明、确认;抽象的危险是指行为包含了一般的侵害法益的抽象危险,且这种危险是立法者预先的推定、拟制,并不要求达到现实化的程度,在司法活动中也无须确认,换言之,抽象的危险不属于构成要件的内容,而是行为的实质性可罚根据,在司法活动中只需要认定行为主体实行了某些预先设定的行为即可,不需要对抽象的危险予以特别的认定。成立危险犯的主观要求以故意为原则、过失为例外,在我国现行刑法中,过失危险犯的规定是极少的,原因在于认定过失犯原则上是要求存在现实的实害结果的。

在简要回顾了危险犯的相关基础问题后,我们首先要面对的问题是,我们是否需要在环境犯罪中设置危险犯?本书的回答是肯定的,原因至少有以下两点:首先是环境犯罪自身独具的某些特点要求我们提升对其防控、惩治的力度;其次是危险犯所具有的功能可以在很大程度上满足现实中加大防控、惩治环境犯罪力度的需求。环境犯罪是一种直接威胁人类生存、延续的极端犯罪类型,就结果的侵害性而言,它同时侵害了人类赖以生存的自然环境及人类自身的生命安全,环境犯罪造成的环境污损经常是难以彻底恢复原状的,这就会造成对人们持续的侵害。诚然,我们可以放弃一部分生存空间,可以移居到其他未受污染的地区,然而,地球上又有多少空间可供我们移居呢?我们又有多少资源支持不断地搬迁呢?环境犯罪对人类根本生存利益的侵害是显而易见的,况且,环境犯罪还具有流动性的特点,在大气污染、水污染的情况下,人类即使付出了高昂的代价移居他处了,被污染的

---

① 周光权.刑法各论[M].北京:中国人民大学出版社,2008,第163页.

空气和水源恐怕也会鬼魅般如影随形。此外,环境犯罪还具有令人头疼的潜伏性的特点,其危害结果往往是积累性的,因此不易被发现,而一旦东窗事发,往往是补牢已晚之时。因此,我们加大对环境犯罪的防控、惩治力度是有充分根据的,是对民众、社会甚至是对人类负责的。在这种情势下,我们若要贯彻严厉打击环境犯罪的理念必须要有相应的办法,设置环境危险犯是一种理性、成熟且具有可操作性的方案。环境犯罪往往是经济活动的伴生物,在现实经济活动中,环境行政管理的震慑力是相对有限的,对于违规企业,大都以罚款的形式予以惩罚,原因在于如果直接勒令公司解散或吊销营业执照的话,为数众多的失业者又会成为新的社会问题,这就造成了许多企业的有恃无恐,甚至在年初预算时就将罚款纳入正常的营运额度中。因此,对于环境犯罪而言,设置环境危险犯、严密刑事法网、加大环境刑法的震慑力是必要的、迫切的,我们不能再坐视"老板赚钱、群众受害、政府埋单"的荒谬局面继续上演。

在肯定了环境危险犯的存在价值后,本书将继续讨论环境危险犯的主观方面:是只有故意的行为才能成立环境危险犯罪,还是故意和过失都可以成立环境危险犯罪?

本书的主张是,环境危险犯中的"危险"不同于传统危险犯中的"危险",应对环境危险犯进行新的解读,承认环境法益是人们生活利益的重要甚至是基础的组成部分,并认为故意或过失的行为都可以成立环境危险犯罪。如此一来,便可以避免陷入某些不得不面对的理论困境。

在环境危险犯的讨论中令人颇感棘手的问题是,是否应当设置过失环境危险犯?原因在于,长久以来,刑法以惩治故意犯为原则、过失犯为例外,因为过失行为的恶性是明显小于故意行为的,只有过失行为的法益侵害性达到了较高的程度才会进入刑法的惩治范围,而且处罚过失犯罪一般要求存在客观的实害结果,而危险犯中的"危险"却是一种相对不清晰的"状态",规定过失危险犯是否过于严格,是一个可以引起广泛讨论的问题。有学者认为中国刑法典中存在过失危险犯的立法例,如《刑法》第330条妨害传染病防治罪、第332条妨害国境卫生检疫罪。本书对此判断虽然基本认同,但这似乎是学者的事后解读,估计立法者在立法时也没有注意到自己的"神来之笔"。因此,学者们在论述设置过失危险犯之时,也并没有将中国刑法典存在适例作为主要支点,而是以现代社会的某些特点作为中心论点,认为随着高科技的产业化及现代化机械的广泛应用,各种危险源增多,人们日常生产、生活中的风险增大,很多悲剧都是由于人们的过失行为造成的(尤其在涉及公共安全的领域),故而,出于防患于未然、提高人们的行为注意力、培养刑法忠诚的考虑,我们应当适度地设置过失危险犯。本书对于这一逻辑理路并没有异议,也十分认同现代社会给人们带来的高风险这一客观事实,但此逻辑论述的仅是一般的过失危险犯,而过失环境危险犯是具有某些特质的特殊危险犯。

本书认为,环境危险犯(含过失环境危险犯)不同于传统危险犯(含过失危险犯)的最大特点在于前者的"危险"可以设置精确的判断标准并被精密地测量出来。传统危险犯中的"危险"是一种推定的危险,如典型的破坏交通工具罪,行为人出于报复社会的目的隐蔽地破坏了正在等待运行的高速火车的刹车系统,但列车在驶出车站前临时进行了一次安检,发现了刹车系统被破坏的情况,从而避免了一出惨剧。在这种情况下,虽然没有惨烈的实害发生,但行为人的行为成立犯罪是没有任何问题的,因为行为人的行为将法益置于一种非常紧迫的危险之中,这是刑法学界与实务界的共识。本书对此没有任何异议,只是,这种危险毕竟是人们根据高度盖然性推定的,也许列车驶出站后由于缺乏动力,没能驶出多远就自行停止了,危险也不会发生,因为高度盖然性并不等于必然性。在本书看来,传统危险犯中的危险是指行为的危险,而不是结果的危险,与其说我们不认可危险的结果,毋宁说我们在实质上不接受的是错误的行为。

环境危险犯中的"危险"迥然相异,原因在于,对于环境的污染我们是可以通过科技化的手段予以精密地测量出来的,这就意味着,我们可以制定非常精确的危险入罪标准,例如,可以根据现代医学的标准确定水流中、空气中或土地中含有百分之几的人为污染物质对人体的正常机能而言是危险的,那么就可以依据某一行为是否达到了这种标准,从而判断这种行为是入罪还是出罪,传统危险犯显然不会具有如此精确的定量入罪标准。因此,设置环境危险犯,尤其是设置过失环境危险犯在理论上就不是那么难解决的问题了,因为它拥有客观的、物理的、可测定的污染结果,而不是泛泛地规制某些抽象的危险。故而,无论是故意还是过失,都与通行的故意犯与过失犯的处罚原则相容,并不存在令人难以接受的、惊人的理论突破,换言之,设置过失环境危险犯并不是过于严厉的措施,我们所需要的是把握好一个适度的、精确的入罪标准,而环境犯罪所具有的特点使我们可以制定这种标准。

(三)"宽"的体现——不应设置抽象环境危险犯与严格责任的考虑

前一部分讨论了加强防控、惩治环境犯罪的方法,即设置环境危险犯,严密环境刑事法网。虽然我们有加强规制环境犯罪的现实需求,但也不能一味地调高对环境犯罪的打击力度,本书认为,在现有条件下,还不适宜设置抽象环境危险犯与确认严格责任,社会的经济、消费活动毕竟是人们不可缺少的,在经济活动中我们也不得不容忍适当的危险,或曰有社会相当性的行为,即使这些行为可能会对自然环境造成一定的污损。

日本著名刑法学者大谷实教授认为,抽象危险犯的内涵是:"将在社会一般观念上认为具有侵害法益的危险的行为类型化之后所规定的犯罪,就是抽象危险犯,如违反道路交通法上所规定的限制速度的规定的犯罪。"[1]理解抽象危险犯的关键在于什么是抽象的危险,前文已提及,抽象的危险是指行为包含了一般的侵

---

[1] (日)大谷实著;黎宏译.刑法总论[M].北京:中国人民大学出版社,2009,第115页.

害法益的抽象危险,且这种危险是立法者预先的推定、拟制,并不要求达到现实化的程度,在司法活动中也无须确认,只需要认定行为主体实行了某些预先设定的行为即可,不需要对抽象的危险予以特别的认定。例如,中国《刑法》第126条规定的违规制造、销售枪支罪就是典型的抽象危险犯,此罪名成立并不需要造成任何实害后果,如果微观地考量,违规制造了数杆枪支并不是非常恶劣的行为,但是从宏观的角度考量,这种行为却对公共安全(法益)造成了不小的威胁。

有学者指出,抽象危险犯是行为犯,其应受处罚性是以符合构成要件行为对特定法益的一般危险性为基础的。[①] 本书对于这一判断表示认同,虽然也有极少数学者认为抽象危险犯并不绝对是行为犯,但对于其浓厚的行为犯色彩也是坦率承认的。本书认为,在现有条件下,设置抽象环境危险犯是过于严格的,是不可取的。

人类的生活是丰富的,人们不得不进行大规模的经济活动来满足自身多样的需求,在经济活动中产生一定的环境污损是可以被容忍的,也是具有社会相当性的,这种有限度的污损是人们可以理解并接受的。在我们已经设置了环境危险犯的情况下,由于环境危险犯的特质——可以设定精确的入罪标准,我们没有必要再设置行为犯色彩浓厚的抽象环境危险犯,否则人们在从事经济活动时不得不如履薄冰般地过于小心,这样会极大地挫伤人们的生产积极性,进而就会窒息社会的进步与发展。这也是本书不主张在环境刑法中设置严格责任的原因。

严格责任最初被英美国家应用于民事责任领域,将其引入刑事责任领域则是在20世纪初前后的事情。严格责任又被称为无过错责任、绝对责任。本书认为,严格责任与抽象危险犯的不同在于,严格责任的成立往往要求一定实害结果的发生,只要实害结果发生,并确定与行为主体的行为存在因果关系,无论行为主

[①] (德)汉斯·海因里希·耶塞克,托马斯·魏根特著;徐久生译.德国刑法教科书[M].北京:中国法制出版社,2009,第322页.

体的主观状态如何都不影响最终的定罪。对于在环境犯罪中设置此种意义上的严格责任,本书是不认同的,原因除了前述过于严格、社会成本过高之外,还有推行此种严格责任有显著的混淆刑事责任与民事责任之嫌,是对自由主义与责任主义刑法的直接挑战。事实上,严格责任自引入刑事领域以来,受到了普遍的质疑,著名的法学家 H. M. 哈特教授在其《刑法的目的》一文中,认为严格责任不仅没有"道德上的正当理由",甚至也没有"合理与超道德意义上的正当理由",并从七大方面一一剖析了严格责任的非正义性与不必要性。

在一片质疑声中,传统严格责任理论得到了不断修正,我们现在所称的严格责任的核心已经演变为犯罪主观方面举证责任的倒置,即出现了某些实害结果并存在因果关系之时,司法者一般认为行为主体是具有罪过的,但如果行为主体可以提出正当的、有力的证据进行辩护,在实践中一般不会被定罪,换言之,起诉甚至定罪时不要求公诉方提供犯罪意图的证据,但是被告提出的无犯罪意图的证据可以排除他的责任,这被称为严格责任的"程序性解释"。被修正后的严格责任实质上是一种过错推定责任,表现为主观举证责任的倒置。本书对于现代意义上的严格责任并不完全反对,不过,如果我们对于环境犯罪的规制已经做到无论故意还是过失都要承担刑事责任了,还要推行主观举证责任倒置是否有些过于苛刻了,解决这个问题我们还需要一些时间,在我们观察并总结未来一段时期内环境犯罪的整体态势之后,再来进行判断应当是更加理智的做法。

综上所述,在推行宽严相济刑事政策的语境下,我们防控、惩治环境犯罪的工作需要耐心、细致、审慎地对待,即使将环境犯罪划归到从严处理的范畴中,我们也不应采取以往那种一味严苛的做法。本书的建议是,为了附和刑事宽缓精神,我们应当调整刑罚结构,增加刑事处理的选择空间,增设资格刑并将承担某些合理的民事责任方式作为从轻的条件;为了满足严厉的要求,我们应当增设环境危险犯,并且依据环境污损所具有的可精密测定的特点,对故意及过失造成环境危险或已然造成人身、财产损害的行为都进行规制。对于是否就环境犯罪的因果关系与罪过要求推行举证责任倒置制度,本书的观点是我们需要再拿出一段时间来考量环境犯罪的整体发展态势之后再行判断,毕竟在增设资格刑与环境危险犯的情况下,再推行举证责任倒置制度不免让人有过于严厉之感。

第三章 环境犯罪的刑事立法

在世界经济飞速发展的同时,人们的生存环境也越来越恶劣,环境犯罪行为仍然存在且较为严重。为了有效避免和惩治环境犯罪,各国都制定了环境犯罪的刑事法规。作为保障法,刑法不断得到充实和改进,在保护环境方面具有突出作用。下文将以环境犯罪的刑事立法为中心,对现代社会的环境价值观、环境犯罪刑事立法理念及模式进行研究,以期为我国的刑事立法完善提供有益借鉴。

第一节 现代社会的环境价值观

一、关于环境价值观的学说概览

随着第一次工业革命的到来,伴随着生产力急速发展的同时,人类也付出了沉重的代价,那就是地球的环境遭受到严重的破坏。当我们细心地去寻找环境受破坏的根源时,我们不难发现罪魁祸首就是我们人类。

长期以来,"人类中心价值观"在人们心中根深蒂固,人们总是认为人类是自然界的主人和占有者,对自然拥有绝对开发使用权。正是在这种错误的价值观的指导下,最终导致地球生态危机的产生。

由此看来,环境价值观对环境的发展有着非常重要的影响。

那么,什么叫环境价值观呢?所谓环境价值观是人们对环境的存在状况对于人的需求是否有用或能否有利于人的发展的一种评判标准体系。主要是讨论人类是怎样看待世界,他们认为自己在地球中应扮演什么样的角色以及他们心中什么样的环境是正确或者是错误的。当我们看到某些地方的居民为了开荒耕地而砍光树木,最终使开耕之地荒芜一片的时候;当我们看到垃圾堆里的垃圾满天飞扬的时候;当我们看到世界各地的人们因为受到环境污染而带来伤害的时候,不得不提出什么样的环境价值观才是正确的。本书认为应该对以下几点给予重视。

(1)承认人类属于自然的一部分。人类生存在大自然之中,应当是生命共同体中的一员,在所有物种前,其地位是平等的,而不是自然的主宰者。

(2)实现人与自然和谐发展。人类要尊重自然界本身,遵从自然发展的规律,应该设法与自然和谐发展,而不是单纯地让自然去满足人类的需要,更不是要人类去征服自然。

(3)有循环利用的意识。21 世纪是一个变废为宝的世纪,人们常说,"垃圾是放错地方的宝物"。没错,作为新时代的人类,在环境价值观上应当有强烈的废物利用意识,把一切可利用的资源给予再次的合理利用。

(4)有强烈的保护环境意识,并且是发自内心的,并非只是表面的顺从。过去许多人只是在口头上、表面上允诺自己应如何去保护环境,可是当他们回到现实生活中时,他们的行为却与其自身的承诺并不一致。例如,某些人表示要保护环境,讲卫生,但转身之后,却又随地丢垃圾,也不注意节约用水。这些做法都不符合今天所讨论的环境价值观的标准。真正拥有正确环境价值观的人应该使自己的承诺与行为相一致,并且拥有强烈的环保意识。

在当今的社会现实中,虽然人们的环境价值观在不断地向正确的方向发展,但是,从总体上来讲,仍然需要加以引导。并且,要让人们改变环境价值观,就必须要多个领域通力合作。具体地讲,包括以下几个方面。

(1)政府要制定相应的保护环境的法律法规,对人们的行为进行规范,并且加强对环境监测,对违规的单位进行处罚。与此同时,政府也要加大宣传力度,要使环境保护的意识深入民心。

(2)企业一定要在发展经济的同时,更多地关心环境健康发展。以往"先污染,后治理"的错误思想一直使众多的工厂、企业只追求片面的经济发展而忽略保护环境的重要性,致使大量的工业废气、废水、废渣随意排放。直到今天,我们应该纠正以往的错误想法,企业应该履行"先处理,后排放"的义务,走一条"资源—产品—再生资源"的道路,建立正确的环境价值观。

(3)学校、家庭、社会应着力加紧对后代的教育,尤其是成年人要起带头作用。日本发生"水俣事件"后,全市都十分重视对后代的教育,培养孩子的生活习惯,教育孩子怎样把垃圾分成多个种类处理……无一不体现了实事求是与可持续发展的真正做法。传承前人的经验教训,积极教育下一代,从而使后代不再走弯路,这是改变现在环境严峻状况的根本。

(4)科研人员要积极研究先进技术,从多元角度对环境问题进行治理。在人们环保意识日趋强烈的同时,科学技术应是解决环境问题的重要手段之一,这样才能从多个方面对这些问题给予解决。

只有通过多个领域的共同合作,在一种无形的、潜移默化的条件下,人们的环境价值观才会逐渐地予以改善。当然,更重要的是每个人的心中都应有自觉保护环境的意识,在这种积极的思想指导下,人们的环境价值观才会建立起来。

环境价值观指导着每个人的行动,所有的人都需要端正态度,并树立正确的环境价值观,从而实现人类与自然的和谐发展。

二、人与自然协调发展的观念重塑

长期以来,我们国家尊奉着"与天斗,其乐无穷;与地斗,其乐无穷;与人斗,其乐无穷"的信条,将人与自然视为相互斗争的两面,而没有注意到人与自然相互和谐的一面,这就导致了人类与自然的对立。因此,人类不能对自然界恣意地破坏和蹂躏,否则,大自然就会毫无情面地予以报复。

三、环境价值观对环境犯罪刑事立法的影响

价值观的种类繁多,其中环境价值观对环境犯罪的刑事立法起着重要的作用。如果认为良好的"环境"在人类的生活中所起的作用微不足道,那就会视破坏环境为儿戏,从而就不会重视保护环境的法律制定;如果认为良好的"环境"不仅使人们的身心保持健康,而且有助于环境变得更美,人们就会重视环境犯罪刑事立法的制定和适用。

第二节 环境犯罪刑事立法理念

一、大陆法系国家环境犯罪刑法立法理念

大陆法系国家的环境刑事立法以德国和日本为代表。"二战"以后,德国和日本都把复苏经济作为首要发展目标,并迅速发展成为世界经济强国,因此在环境保护理念的演变上有着相似的地方。此外,由于大陆法系的成文法传统,其环境刑事立法多表现为以成文刑法典或者单行刑法的形式规定环境犯罪,这种立法模式将环境行政法与环境刑法分开设置,突出对环境犯罪的道德非难,有利于环境刑法自身体系的形成与发展,并有效地发挥刑法这一部门法在保护环境中的独立作用,也彰显了大陆法系国家刑法理论的成熟与精深。

(一)德国环境犯罪的刑法立法理念

1. 逐步确立了可持续发展的理念

20世纪50年代,德国从"二战"战败国的阴影中迅速走出,着力进行经济建设,忽视了生态环境的保护,形成了环境污染型的经济结构,到20世纪70年代,德国环境状况严重恶化,发生了土

壤和地下水污染等一系列环境公共危害事件,政府一方面斥巨资治理环境;另一方面制定了一系列的环保法律、法规来规范企业行为,充分发挥了政府在环保事业中的主导作用。20世纪90年代初,德国以基本法的形式确定了国家的环境保护目标:国家为将来之世世代代,负有责任以立法,及根据法律与法之规定经由行政与司法,于合宪秩序范围内保障自然之生活环境(《德意志联邦共和国基本法》)。这一内容以宪法的形式明确了国家环境保护的政策目标,从而将对环境的保护上升至宪法的地位。1992年联合国环境与发展大会以后,德国的《环境基本法》确立了可持续发展的理念,1997年,德国政府发布了《走向可持续发展的德国》和《德国可持续发展委员会报告》,这两个文件确定了德国21世纪环保纲要的总体框架,及至2002年,德国政府又制定了21世纪国家可持续发展的总体框架。由此可以看出德国环境治理理念的演变过程,即由最初的"先发展,再治理",到后来的"防治污染",一直发展到今天的"可持续发展理念"。这些政策举措皆以宪法为总领,国家义无反顾地承担了保护生态环境的主导职责,因此德国也以种目繁多的环保部门与法律、法规而著名。由宪政体制重视环境保护的规定,或可推知当环境受到人为破坏时,国家得以发动刑罚权之严厉性。目前,德国已拥有世界上最完备、最详细的环境保护法律体系,联邦及各州的环境法律、法规有8 000部,形成了以宪法为总领,以刑法为后盾的严密格局。

2. 体现了人本主义思想与非人本主义思想并重的理念

德国环境刑法的保护理念经历了由人本主义向人本主义与非人本主义并重的转变过程。最初的环境刑事立法并不是以环境法益本身作为保护客体,而是以人类利益为出发点,体现了人本主义思想的立法理念。以1871年《普鲁士帝国刑法》中的虐待动物罪为例,有学者指出,这是以人类为中心的,主要不是关心动物本身,而是关心人对动物的同情:它要阻止的祸害,不是动物所受的折磨,而是人在目睹动物受苦时的感情挫伤,可以说,保护动物只是以保护人类为目的的。德国环境刑法的保护理念由人本主义向人本主义与非人本主义并重的转变发生在德国以基本法的形式确立国家的环境保护责任以后,其后的环境刑事立法都体现了对生态环境本身的保护。例如1998年制定的《动物福利法》的宗旨就是"基于人类对于地球其他生命伙伴之责任"而"保护动物之生命,维护其福利"。近代德国刑法理论的通说认为刑法所保护的是双重法益,即同时保护生态环境和个人利益,这体现了人本主义思想和非人本主义思想的结合。我们可以用《德国刑法典》的规定来说明这一论断,其第325条规定:"违背行政法义务,在设备、尤其是工厂或机器的运转过程中,造成空气的改变,足以危害设备范围之外的人、动物、植物健康或其他贵重物品的,处5年以下自由刑或罚金。"

(二)日本环境犯罪的刑法立法理念

1.环境刑法体现了防治公害的目的

20世纪50—70年代,日本经历了经济发展的黄金时期,经济高速发展伴随的代价是环境状况急剧恶化并最终演变成群体性的灾难事件,最典型的就是日本的"四大公害事件",即1956年熊本县水俣湾发生的有机水银中毒事件(水俣病)、1966年新潟县阿贺野川流域发生的有机水银中毒事件(第二水俣病)、1967年三重县四日市发生的六磺酸化物污染空气事件(哮喘病)以及1968年富山县发生的镉中毒事件(痛痛病)。这些公害事件在当时引起了日本当局和民众的极大震撼,"特别是胎儿性水俣病患者的例子,凡是目睹过这种惨状的人都会感到,如果连这都不算犯罪的话,那也就没有什么犯罪可言了"[①]。在日本,危害环境的犯罪被称作公害犯罪。根据日本《公害对策基本法》的规定,公害是指与环境的破坏同时发生,而且又是以环境厅为主来管辖的事件。而

---

① (日)藤木英雄著;丛选功等译.公害犯罪[M].北京:中国政法大学出版社,1992,第4页.

在一些日本学者的著述中,公害的定义要更加广泛,不仅包括上述事件,而且还包括食品、药品、化妆品、衣物、玩具、家具、餐具以及其他各种家庭用品等可能对消费者的生命和健康造成损害和威胁的各种制品公害。[①] 应该说,日本官方和民众对环境问题的关注正是从公害对日常生活的严重侵扰开始的。1970年,《公害对策基本法》进行了重大修改,增加了"防治公害对维护国民健康和文化生活有极大重要性"的规定,从而将防治公害视为至高无上的目的,反映了环境保护优先于经济发展的立法指导思想。[②] 20世纪80年代,日本是全球二氧化碳排放量和氯氟烃使用最多的国家之一,为此政府启动了以开发新能源为中心的"阳光计划"和以节能为目的的"月光计划""地球环境技术开发计划",由此,日本政府的环境政策开始由防治公害的末端治理方式转向控制企业行为的预防治理,但是,就刑事法律来说,惩治的主要对象还是公害犯罪。

2. 环境刑事立法体现了人本主义思想的理念

尽管日本以专门的单行刑法规定了环境犯罪,但是其立法理念却体现了人本主义的思想,生态环境本身的利益并没有在立法上得到重视。对于环境刑法的保护对象问题,日本多数学者始终坚持人类中心主义观念,对于任何一个环境污染破坏行为,如果只是单纯地违反伦理或者只是形式上违背规范,是不允许国家通过刑法介入的,刑法进行某种程度的介入,必须是在该环境侵害行为显示出相当程度的利益侵害性、社会危害性时。因为国家的介入需要有正当依据,行使侵害个人自由、权利的国家权力时,作为确定的法益的前提,必须受到比例均衡原则、责任主义的制约,所以日本对于环境犯罪在立法上采取了非常谨慎的态度。[③] 不仅学者持这样的观点,立法上也尽致体现了人本主义思想的立场。

[①] (日)藤木英雄著;丛选功等译.公害犯罪[M].北京:中国政法大学出版社,1992,第1页.
[②] 付立忠.环境刑法学[M].北京:中国方正出版社,2001,第40页.
[③] 蒋兰香.环境犯罪基本理论研究[M].北京:知识产权出版社,2008,第53页.

《公害罪法》第 1 条规定,本法律与其他有关公害法令的规定相结合,通过惩罚伴随企事业活动而产生的危害人体健康的公害行为,以防治危害人体健康的公害。可见,《公害罪法》依然承袭了传统法律的价值观,将着眼点放在对生命、健康的保护上,没有把环境要素作为其真正的保护客体,只要不危及人体健康及生命,对环境的危害可不受此法追究。[①] 此外,《日本刑法典》中有关环境犯罪的条文也大多包含了"对人的生命、身体产生危险"的构成要件,例如第 208 条规定:"释放、扔弃、散发毒物或者其他有害健康之物,或者使其流出,污染大气、土壤、河流或者其他公共水域,导致对公众的生命、身体产生危险的,处五年以下惩役。"

二、英美法系国家环境犯罪刑法立法理念

英美法系国家大多没有以专门法典的形式规定环境犯罪,而是在环境行政法规中规定了有关环境犯罪的刑罚法则,一般的行政违法行为也是犯罪,这不仅是英美法系国家不成文法传统的表现,也是其犯罪观的表现。这种立法模式虽然没有成文法典那样体系化,但是并不代表英美法系国家的环境保护事业滞后,相反,这些国家普遍拥有完善的综合社会治理系统,特别注重用经济手段来实现对生态环境的补偿,这也是英美法系国家环境保护的一个最大特色,即经济手段为先,法律手段作为经济手段的补充发挥最后的惩罚功能,在保护理念上也注重对环境本身的保护。

(一)英国环境犯罪的刑法立法理念

1. 政府主导与社会参与并重,经济手段为主、刑事手段为辅

英国的环境政策体现了政府主导、全社会广泛参与的特征,并且注重用经济手段对环境进行治理与补偿,刑事惩罚仅仅处于

---

① 杨春洗,向泽选,刘生荣.危害环境罪的理论与实务[M].北京:高等教育出版社,2003,第73页.

辅助地位。1990年9月,英国政府发表了名为《共同的遗产:英国的环境战略》白皮书,该白皮书指出,政府有责任管理好环境,为环境保护提供服务。由此,英国政府十分重视政府在治理环境事业上的管理与服务职能,同时又不轻纵社会的责任,坚持"谁污染,谁付费、谁治理"的原则,并认为环境治理要依靠法律和经济两个手段,而经济手段也是经由法律予以确认的,体现了其经济补偿模式成熟化与法制化的特征。在具体的实践中,从短期来看,保护环境需要花费大量资金,但是英国政府非常善于用生态经济补偿措施来预防和控制环境污染,例如征收环保管理费与废物排放费、建立损失补偿制度以及对一些产品征收环保研究费等。由此可见,英国的环保工作有着强大的政府引导力与社会支撑力,环境立法的一个重要任务就是把这些制度与措施法制化,而处于行政法规从属地位的环境刑法则仅仅是一种威吓及事后惩治措施,在启动时间上极为滞后,也就是说,在动用刑罚手段处理环境犯罪之前,有大量的制度和措施确保能用经济手段对生态进行合理的补偿,只有污染造成了不可挽回的损失时才动用刑罚。

2. 环境刑事立法体现了非人本主义思想的理念

一般危害环境的行政违法行为也是犯罪,只要环境要素受到一定程度的危害,即使人的生命、健康与财产没有遭受损害也构成环境犯罪,所以英国的环境刑事立法就当然地体现了保护环境要素本身的立场。英国环境刑事立法还有一个重要特色就是在环境刑法中规定了合法辩护事由,用来对抗国家的刑事苛责。例如《污染控制法案》第1条规定,非经注册为运输、处理待定废弃物者,为获取利润,在其从事的商业行为中将特定废弃物运至英国任意地方,构成犯罪,处不超过第5等级范围内的罚金。但因情况紧急而运输特定种类的废弃物;行为者不知道,也无理由怀疑所运输的废弃物为特定种类的废弃物,并已采取措施辨别过而未认定为被禁运废物的,成立有效辩护。① 此外,严格责任原则也是英国尽致保护环境法益之立法理念的体现,与绝对责任不同,严格责任允许对正当和合理的错误进行辩护,但是严格责任适用于水污染案件是个例外。由于防止水污染极其重要,严格责任原则在适用水污染案件时排除了"应尽的努力"的辩护理由,从而使管制者更容易检控导致水污染者。英国用这一强硬的严格责任来控制水污染,经验证明是非常有效的,自从1989年的《水法》实施以后,严重的水污染事件减少了一半。

(二)美国环境犯罪的刑法立法理念

1.环境政策同时体现了宽容与重罚的立场

20世纪40年代开始,美国经济摆脱了萧条与停滞,进入了高速发展时期,经济的高速发展给环境带来了前所未有的压力,1970年尼克松总统签署了《国家环境政策法》,这是美国的环保基本法。该法分为两篇:第一篇阐明国家的环境政策和目标,规定了达到目标的方法以及《国家环境政策法》与其他联邦法律有关的基本问题;第二篇授权建立环境质量委员会,并规定了它的职责。这部法典也是美国现行的环保基本法,虽然该法没有涉及环境犯罪的规定,但是它确立了美国以政府为主导的环境治理格局。一方面,美国是世界上把经济手段运用于环境治理最多的国家,也是实践最成功的国家。这意味着环境污染可以通过排污权交易制度、环境税收制度、环境产业制度等经济手段得到补偿,很多危害环境的工业行为就可以通过"付费"获得合法性;另一方面,美国环境犯罪的刑罚,无论是自由刑还是罚金刑,都体现了严刑重罚的倾向。政策的宽容与刑罚的严重体现了美国自由主义立场与保守主义立场在环境立法中的共存,也体现了美国政府既重视经济发展又重视环境保护的观念,这样的思路无疑为其他各

---

① 杨春洗,向泽选,刘生荣.危害环境罪的理论与实务[M].北京:高等教育出版社,1999,第83页.

国的环境立法提供了重要的启示。美国环境刑法之所以规定如此高的刑罚,立法与司法部门的观点是:①由于环境危害行为的严重性和不可逆转性,环境法律制度好坏的判定不是考虑有多少违法者被抓到或受到多大的处罚,而是应考虑多少环境违法行为被有效地防止,因此严厉的刑罚的存在是必要的。②环境犯罪基本上属于逐利性经济犯罪,单纯民事上的或行政上的责任不足以遏制危害环境或通过环境危害公众健康或生命的行为,严厉的刑罚将是不可或缺的措施。因此,美国环境保护政策的基本立场是以宽容的经济补偿手段为主,以严厉的法律制裁手段为辅,这样的模式可以促使环境治理以最小的法律成本获得最佳的社会效果。

2. 环境刑事立法体现了非人本主义思想的理念

美国的环境刑法注重对环境要素本身的保护,体现了非人本主义思想的立法理念。例如,《新泽西州刑法典》2C:17—2 规定了引起广泛伤害或损害罪,即蓄意或明知地非法引起爆炸、决水、崩落、倒塌建筑物、释放毒气、放射性材料或任何其他有害或破坏性物质,包括有危险的废弃物和含毒素的污染物,按二级罪处罚(最高为 10 年监禁)。凡蓄意或明知地以任何方式非法引起广泛伤害或损坏的,均构成二级罪。如果轻率地引起广泛伤害或损坏的,构成三级罪(最高为 5 年监禁)。由于这种罪属于财产类犯罪,如果因这种罪行产生死亡结果的,则加处杀人罪。从法条的规定可以看出,美国的环境犯罪并不要求行为造成人生命、健康和财产损害的结果,对于造成危害人类法益结果的,有两种做法:其一是转化成杀人罪等其他罪名;其二是作为构成犯罪的选择性要件之一。

三、中国环境犯罪刑法立法理念

(一)中国大陆地区环境犯罪的刑法立法理念

1. 可持续发展理念的确立

科学发展观是党的十七大确定的我国经济社会发展的重要

指导方针,是发展中国特色社会主义必须坚持和贯彻的重大战略思想。科学发展观的核心是以人为本,其基本内涵是全面协调可持续发展,因此科学发展观的一个重要内涵就是可持续发展观。所谓可持续发展观,其基本价值就是"坚持生产发展、生活富裕、生态良好的文明发展道路,建设资源节约型、环境友好型社会,实现速度和结构质量效益相统一、经济发展与人口资源环境相协调,使人民在良好生态环境中生产生活,实现经济社会永续发展"①。我国《环境保护法》第1条规定:为保护和改善生活环境与生态环境,防治污染和其他公害,保障人体健康,促进社会主义现代化建设的发展,制定本法。该规定表明我国环境立法实行二元保护主义,即一方面保护环境,保障人体健康;另一方面要促进经济发展,以实现人类社会的永续发展。

2. 环境刑事立法体现了行政依附性以及人本主义的理念

首先,我国刑法典规定的环境犯罪大多包含了"违反国家规定""违反××管理法规"的要件,这意味着行为人构成犯罪的前提是行为违反了相关行政法规的规定,这体现了我国环境刑事立法的行政依附性。其次,在我国刑法典规定的环境犯罪的各种罪名中,绝大多数是以结果犯作为处罚对象,这从我国现行《刑法》第338条重大环境污染事故罪的罪刑设置就可以看出来。该条规定,违反国家规定,向土地、水体、大气排放、倾倒或者处置有放射性的废物、含传染病病原体的废物、有毒物质或者其他危险废物,造成重大环境污染事故,致使公私财产遭受重大损失或者人身伤亡的严重后果的,处三年以下有期徒刑或者拘役,并处或者单处罚金;后果特别严重的,处三年以上七年以下有期徒刑,并处罚金。根据这一规定,重大环境污染事故只有造成公私财产重大损失或者人身伤亡的严重后果的,才作为犯罪处理。其他环境破坏行为,如果没有造成公私财产重大损失或者人身伤亡严重后果

---

① 胡锦涛.高举中国特色社会主义伟大旗帜,为夺取全面建设小康社会新胜利而奋斗[M].北京:人民出版社,2009,第15页.

的,即使再严重,也不能作为犯罪处理,充分体现了刑法保护环境的人本主义观念。

(二)中国香港地区环境犯罪的刑法立法理念

1. 可持续发展理念的逐步确立

香港的环境政策经历了一个由"消极治理"到"积极保护"的演变过程,环境刑事立法也在这个过程中日渐成熟与完善。早在20世纪60年代末期,香港政府就已经开始关注环境污染,成立了"环境污染咨询委员会",邀请学者、工商界和工程专业界与政府的专职官员共同研究环境污染的成因与控制办法。[①] 但是,从20世纪70年代起,香港的环境观深受物欲主义的影响,剥削或改造环境以促进经济发展和增进社会财富是当时社会的主导思想,特别是香港地少人多,天然资源不足,在经济起飞时期,对环境保护的信念相当薄弱,循着西方的发展路线及经验,香港早期的发展策略以"先污染、后治理"为主,强调以取诸自然环境来促进人类社会福利及发展。大规模的移山填海,将新界农村地区城市化,以增加土地来改善人民拥挤的居住环境,充分体现了人本建设的论调。随着生态环境的日益恶化,香港政府开始做出积极呼应。20世纪80年代,香港政府发表了关于香港环境污染状况的白皮书,明确规定了环保的政策路线,有关环境保护的立法步伐也进一步加快。但是总体来说,在环境保护的初期,香港政府并不进取,欠缺一个整体的环保政策,宏观政策上的取向是在对持续经济繁荣影响最少的情况下进行环境保护。[②] 此后,随着各种环保非政府组织的兴起,这在一定程度上促进了政府的环保政策由消极向积极的转变。1997年香港特别行政区成立以后,特区政府立即表态开展21世纪可持续发展理念的研究,时任行政长官董建

---

① 刘仁文.环境资源保护与环境资源犯罪[M].北京:中信出版社,2004,第247页.
② 卢永鸿.中国内地与香港环境犯罪的比较研究[M].北京:中国人民公安大学出版社,2005,第107页.

华于1999年在他任内第二份施政报告中,首次提到以"建设美好家园"为主题,正式将可持续发展确定为香港长远发展的战略。这标志着香港政府彻底摒弃了保守被动的环保路线,伴随而来的是环境立法以及原有环境法规的修订,用刑罚来惩治破坏环境的行为也逐渐得到了社会的认同。从观念上来讲,"环境犯罪"与"环境刑法"的观念在香港民间最初并不像在内地那样被普遍接受,究其原因,主要有以下几点:①社会主导的观点认为,一般破坏及污染环境的行为是违法行为而不是刑事罪刑;②环境保护及污染控制的法例之刑事本质,因在分类上不属于刑事法例而不明显;③在刑事检控泛滥的环境司法实践下,普遍的理解(或误解)是对环境犯罪者单处罚金而并非刑事处罚;④认为环境犯罪非一般暴力或危害社会的罪刑,其本质是违反法规的刑事罪行,并不具有"真正刑事"性质;⑤因法官对严惩污染行为有所保留,故此对违反环境法例的污染者及法人极少判处有期徒刑,即使判处罚金,也是非常低的。自1997年以后,环境刑法在香港地区的发展局面随着法院对污染者开始判处监禁(缓刑)而出现了突破,更在2000年首次判处监禁,这意味着以严刑来保护环境在制度上开始得到确认。[①] 事实上,公众对危害环境犯罪危害性的认识,较过去大为提高,且已认识到危害环境行为刑事化处理的正当合理性。正如有香港学者指出,由于危害环境行为的实施者大多是公司或者从事经营者,民事制裁往往被行为主体理解为一种合理的成本投入,从而将其转嫁到消费者身上,利用包括监禁在内的刑事制裁比民事制裁对危害环境行为的遏制作用更大。同时,将危害环境而导致伤亡或者损害视作传统意义上犯罪,并处以相同的刑罚,会产生更好的威慑效果,可以教育公众树立良好的发展观和环境意识,也能提高对危害环境犯罪的警惕性。

---

① 卢永鸿.中国内地与香港环境犯罪的比较研究[M].北京:中国人民公安大学出版社,2005,第113页.

2. 环境刑事立法体现了保护环境法益的理念

自从危害环境行为被刑事立法化以后,香港司法机关就积极主动地对危害环境的行为进行刑事追究,主要表现在:根据环境行政立法规定的刑事条款对环境危害者施以刑罚;按传统刑法规定的相关犯罪对忽略人类健康及对环境危害后果或危险的主体进行起诉、惩治。[①] 由于香港地区的环境刑法从属于行政法规,轻微的危害环境的行为也是犯罪,整体上来说体现了保护环境法益的理念。例如,《水污染控制条例》第11条规定,排放废弃物进入香港水域的水管制区,或者排放(可以是直接排放或与已进入水域的其他物质相结合)任何物质进入水管制区的内水,阻碍水域合理流向,导致或可能导致水域污染的,构成犯罪。

(三)中国台湾地区环境犯罪的刑法立法理念

1. 从"先速富,后清理"到"增长与环保并重"

20世纪60年代之后,我国台湾地区的生态环境随着经济的蓬勃发展每况愈下,台湾当局在20世纪50—70年代制定的以追求高经济增长为目标的自由化经济政策在换取了物质财富的同时,也使生态付出了高昂的代价。于是台湾当局遂转变经济发展政策,把控制环境污染列为最终目标之一,把原来"先速富,后清理"的经济发展政策,调整为"增长与环保并重,以增长促环保,在环保中求增长"这一带有经济、社会双重性的经济政策。[②] 台湾地区的环境保护肇始于1986年的杜邦事件。当时,美国杜邦公司打算在彰化县鹿港镇建厂生产二氧化钛,当地居民群起反对,上街游行示威,并有各地大学生及社会人士前往声援,终于成功阻止了杜邦公司的建厂计划。此次事件以后,台湾民众环保意识的

---

① 杨春洗,向泽选,刘生荣.危害环境罪的理论与实务[M].北京:高等教育出版社,1999,第54页.

② 颜军民.台湾的环境污染与治理[J].台湾研究集刊,1991(2).

觉醒立刻反映在政府的环保立法上。但是,此次事件只是民众环保意识的觉醒,并不是台湾当局采取积极环保作为的开端,自台湾"行政院"环保署于1987年成立以后,台湾地区有关环保法规的制定才真正进入了一个以现代环保意识为基础,同时具有政策性的突破阶段,其中刑罚的制裁手段获得正面肯定,是一个最显著的特色。[1]

2. 环境刑事立法体现了维护行政规范权威与人本主义的理念

首先,台湾地区的环境刑罚罚则以不遵从行政命令作为刑事处罚的前置性条件,反映了刑法维护行政权威的立场。例如,"饮用水管理条例"第17条规定,以不符合公共给水水源标准的水源供作饮用水使用,经制止而不遵行者以及饮用水水质不合水质标准,经禁止供饮用而不遵行的,处1年以下有期徒刑,并处新台币6万元以下罚金;致人重伤的,处5年以下有期徒刑,并处新台币15万元以下罚金;致人死亡的,处7年以下有期徒刑,并处新台币30万元以下罚金。如此前置性规定强调了行政机关在处罚环境犯罪行为中的权威作用,客观上延迟了刑罚权的介入,也就是说,如果已经采取应变措施或者已经遵从行政机关停工或者停业命令,即使造成人体受侵害,也并不构成环境犯罪。其次,台湾地区的环境刑事立法体现了保护人本法益的理念。由上述法条规定可以看出,台湾地区的环境刑事立法,有三个层次的处罚强度:第一个层次是"违背行政命令,经制止而不遵行的,处……";第二个层次是"致人重伤的,处……";第三个层次是"致人死亡的,处……"。这样的刑事制裁体系实际上将行政权威和人的生命、健康、财产利益作为保护对象,而并没有把环境当作一个独立的保护对象,也就是说,刑事立法并没有正视环境犯罪所侵害的环境利益,只有对环境媒介的破坏侵害了人的利益时,才会动用刑

---

[1] 徐玉秀.主观与客观之间——主观理论与客观归责[M].北京:法律出版社,2008,第337页.

事制裁,因此环境刑法中对危害环境行为的处罚都是以保护人身安全为目的,忽略了对环境要素本身的保护。

四、中外环境犯罪刑法立法理念比较研究

(一)环境犯罪刑法立法理念之比较

由于中国与世界其他各国及地区的工业化进程、环境保护政策、法律渊源有不同的发展过程与现状,在环境刑事立法理念上存在差异是不可避免的。比较研究不可盲目开展,亦不可忽视产生差异的各种影响因素。以周详的手法对环境犯罪进行比较研究时,有三个主要问题需要特别注意:第一是经济发展水平。经济发展水平会影响国家的发展战略和对环保的优先程度。通常来说,发达国家具有高度的环保意识,并且更有条件采用刑事措施,以控制污染和惩罚破坏环境的行为。相比之下,大多数发展中国家有着更强烈的发展倾向,不愿以牺牲经济发展为代价进行严格的环境执法。再者,与发展中国家相比,发达国家的刑事和环境法制更为制度化,且有更强大的刑事执法的制度能力。第二是政治制度的类型。国家政治制度的类型决定了公共意见采用刑事机制的影响程度以及公众在环境刑事司法中的参与程度。民主制度的国家不仅易受公众要求采取更强硬措施保护环境的压力的影响,而且也能为刑事执法过程中常规的公众参与提供制度上的途径。相反,在非民主国家中,环境保护由国家领导人的政策取舍所主导,而公众的影响力是非常有限的。第三是法律传统。大陆法系国家注重立法的体系化与法典化,而普通法系国家则比较重视司法程序。[①] 这些差异在一定程度上决定了各国在环境刑事立法中必将采取不同的立场,包括环境刑法与环境行政法的关系、侧重保护法益的种类等。首先,就环境刑法的性质而言,

---

① 卢永鸿.中国内地与香港环境犯罪的比较研究[M].北京:中国人民公安大学出版社,2005,第49页.

存在一个环境犯罪究竟是自然犯还是法定犯的问题。如果将环境犯罪视为自然犯,这种行为就具有天然的道德非难可能性,那么环境刑法的行政从属性就失去了依据;如果将环境犯罪视为法定犯,将足以为环境刑法的行政从属性提供合理的注脚,但是这样做的后果是忽视环境犯罪对人类生存环境侵犯的罪恶本质,不利于环境刑法独立作用的发挥。正如有学者指出,由于行政从属性的存在,环境犯罪成为典型的法定犯罪,而把环境犯罪禁锢在法定犯之中,将弱化其道德非难性,不利于人类树立起尊重自然、保护生态环境的意识,更不利于人类道德的进化。这种从属性人为地割裂了环境犯罪与环境道德的密切关系,使得两者成为互不搭界的两个领域,即一边是环境伦理学不厌其烦地坐而论道;另一边却是污染企业"英雄般"地实施危害环境的行为。这样做的后果就是将环境本身的利益和价值排除在外,实际上是行政机关与污染者合谋对环境实施的侵害后将其置于危险之中,因而是一种道德上的误导,极端不利于大生态伦理和环境道德的普及。[1] 然而有的学者对这一见解却不以为然,认为从法益的界限功能来看,环境法益不应当属于独立的、脱离人类个体或集体的法益,因为环境本身就是一个极为抽象的概念,倘若再割断其与个人法益之间的联系,则无法实现法益的人权保障功能与刑法明确性目标,并在根本上有可能影响法治国家目标的实现。

其次,就环境刑法的保护对象来说,人本主义思想与非人本主义思想的对立是有限度的。非人本主义思想是将生态界其他成员与人等视同观,认为他们的存在和人的存在等价,就这一点而言,他们相同的本质都是尊重生命、尊重存在。不同的角度在于是否纯粹从人的利益出发,因此人本主义思想与非人本主义思想的区别,只能存在于"如何规范"的层次,即作为调整制裁阶段的依据,正因为如此,即便目前非人本主义思想声称普遍被接受,所谓"自然"这个法益,却无论如何只受到规范相对的保护,这个

---

[1] 张光君.环境刑法的生态本位论纲[J].时代法学,2008(1).

相对性的限制即来自"人"这个绝对的价值。从以上分析,应该可以认为人本主义思想与非人本主义思想的冲突层次并不对等,甚至可以认为两者并不冲突。以对水资源的保护为例,无论从人本主义思想或非人本主义思想出发,水源受污染皆可认定为是实害犯,因为"环境"原是人类赖以生存的资源,和财产并无不同。因此,人本主义思想与非人本主义思想的对立并不是绝对的。从以人为本的理念出发,对任何环境要素的保护都是为了人类的福祉,但是,在环境保护观念有待提高的现阶段,提倡以环境法益为本位的保护理念仍具有极大的现实意义。

(二)中国大陆环境刑法立法理念存在的问题

我国的环境保护事业在可持续发展理念的指导下取得了长足的进步,但是在微观的刑事立法层面,依然存在着滞后于以人为本理念的地方,亦与世界先进国家存在着差距,主要表现在以下三个方面。

1. 环境法益本身没有得到很好的照顾

这个问题可以从环境刑法所保护的客体(或者说环境犯罪所侵犯的客体)中得到说明。对于环境犯罪所侵犯的客体,学界主要有7种观点,即①公共安全说,即环境犯罪侵害的是不特定多数人的生命、健康和重大公私财产的安全;②经济秩序说,即环境犯罪侵害的是社会主义市场经济秩序;③双重客体说,即环境犯罪侵害的是人与自然之间的生态关系和为环境犯罪所间接侵害的人与人之间的社会关系;④复杂客体说,即环境犯罪侵犯的是公民的所有权、人身权和环境权;⑤环境社会关系说,即环境犯罪侵害的客体包括国家环境保护管理制度、公民环境权以及与环境权有关的财产权、人身权等多方面内容的环境社会关系;⑥环境保护制度说,即环境犯罪侵犯的是国家环境保护管理制度;⑦环境权说,即环境犯罪侵害的是国家、法人、公民的环境权。[①] 从学者们对环境犯罪所侵犯客体的表述可以看出,刑法之所以将破坏环境的行为规定为犯罪,是因为这类行为危害了人类的生命、健康、财产权利以及社会的管理秩序,而这些利益均是人类权利在法律上的确认,生态环境本身的权利和价值则没有得到体现。这样的立法理念使得刑法无法体现人类利益对环境权利的让渡,从而使环境法益得不到足够的重视与保护。正如有学者指出,修订后的刑法典架构了环境刑法的雏形,这些作为环境刑事制裁集中表现形式的刑罚内容不仅囿于传统刑法理念的僵化模式,而且是单行刑法和附属刑事条款规定的汇总,缺乏一种突破性的理念追求,并没有突破传统的人本主义的思维定式。[②] 虽然刑法对环境犯罪行为科处刑罚在客观上也起到了一定的保护环境法益的作用,但这只是对人本法益保护的一种附属,或者说是一种当然结果,并不是理念上的深刻确认,立法者在划定环境犯罪圈时,只倾向于把造成死亡、人身伤害、财产损害等严重后果的破坏环境的行为入罪化,而对那些没有造成严重后果或者与人身和财产关系较远的环境破坏行为则一般不作为环境犯罪来处理,这就不可避免地使环境刑事立法有失严密,保护环境的最后一道屏障有失坚固。对于该问题,学者们结合我国的环境立法现状纷纷给出了药方,例如,增设环境犯罪过失危险犯以及设置严格责任等。这些建议的目的就是给予环境法益独立的尊严与地位,即当人们在制定环境刑法时,不应把自己当作自然和环境的使用者,而应把自己也当作是环境的成员和一部分。如此在无可避免地要权衡经济与生态的重要性时,才不会偏执于自私人类中心思想。[③]

2.刑事惩治与生态补偿缺乏配合与衔接

环境污染是工业现代化进程中不可避免的伴随代价,也是一

---

① 杜澎.破坏环境资源犯罪研究[M].北京:中国方正出版社,2000,第38页.
② 杜澎.环境刑法对传统刑法理念的冲击[J].云南法学,2001(1).
③ 郑昆山.环境刑法之基础理论[M].台北:五南图书出版公司,1998,第154页.

种必须承受的危险,社会文明发展到今天,人类无论如何再也不能容忍以牺牲栖居地为代价来换取短暂的繁荣。作为环境保护的最后堡垒,刑法无疑扮演着最"凶神恶煞"的角色,当一种危害环境的行为严重到逾越了人类的道德底线,表现出了可谴责的害恶时,刑法就挺身而出予以惩治,体现出该部门法在环保事业上的后盾作用。然而环境保护的最终目的并不是惩治犯罪,而是使人类生存的环境更加和谐、美好,因而如何恢复、补偿已经被污染的环境就成了环保的重要问题,通过刑法惩治环境犯罪的同时,也必须使用经济手段实现对生态的合理补偿。目前我国惩治环境犯罪的手段还是传统的刑罚手段,即自由刑和罚金刑,缺乏与之相匹配的经济手段对环境进行合理的恢复与补偿。这种制裁模式没有照顾到环境犯罪的特殊性以及惩治环境犯罪的目的性,以至于出现惩治了行为人,环境却没有得到恢复的尴尬局面。在人类生活日益现代化的今天,越来越多的污染源都可能对生态环境造成威胁,如果一概以刑罚规制的手段,势必会对人类的生活和社会的发展产生严重阻碍。作为更加有效的调控手段,世界上很多发达国家都采用了经济手段,对侵害环境的经济活动处以相应的经济负担,同时还对保护环境的经济活动提供便利和利益等经济手段,旨在通过经济性刺激而非极力限制自由的经济活动的方式保护环境。为此,刑法在考虑对环境犯罪设计刑罚尺度的时候,应当避免在自己的领域内自说白话,而应当立足恢复环境的目的,将刑罚惩治手段与经济补偿手段结合起来,实现环境污染的综合治理。

3. 没有体现刑法的预防功能

预防犯罪是刑法的基本功能,但环境犯罪不同于普通犯罪,它具有潜在的危险性,而且一旦造成损害就无法挽回,如果等到有实际结果的出现才动用刑法,那显然是迟了一大步,因为刑法手段并不能遏止危害结果的延续危害性。所以各国在立法时都力争贯彻重在预防的原则,例如对危险犯、行政犯、抽象危险犯等行为明确地规定为犯罪,并予以刑罚制裁。① 加之环境犯罪大多发生在经济领域,由于经济利益的巨大诱因,人类更加倾向于铤而走险向环境贪婪索取,而生态环境是一种没有任何自我意识的客观存在,从被害者的角度讲,也更容易遭受人类行为的侵害,所以刑法在规制环境犯罪时,理应比规制其他犯罪更鲜明地体现出其预防功能。而我国的环境刑法则没有很好地体现预防犯罪的功能,主要表现在刑法惩治的是结果犯,而不是危险犯。该模式在发挥其行为指引作用的时候容易造成人们的投机心理,即认为只要污染行为不造成重大环境污染事故,不致使公私财产遭受巨大损失或者人身伤亡后果的,就不是犯罪。

必须指出,刑法在充分保护环境要素的同时也必须秉承其谦抑的本性,为了达到污染防治的立法目的,决策者可能采用以下几种政策工具:第一种是政府直接进行公共投资或进行污染的改善工作;第二种是借助政府的强制力做后盾,进行命令控制,包括禁止或限制某种行为、设立标准以供遵循、进行证照许可管制、行政制裁或刑事制裁等;第三种则借助经济诱因,包括提供补贴、征收污染税费或在总量管制下允许做污染许可的交易等。② 这三种手段是相互衔接、相互配合的,刑法作为法律手段中最严厉的制裁措施,切不能太过张扬。尽管目前世界各国的环境刑事立法都呈现出犯罪化的趋势,即扩大刑法惩罚范围、加重刑罚力度,然而刑罚仅仅是环境保护的手段之一,刑罚手段不能在环境保护中扮演主要角色,而只能发挥补充、辅助的作用。总之,现代刑法应当拥有更加宽广的胸怀,摆脱个人中心主义的束缚,将那些与人类整体福祉息息相关的权益也涵括进规制的视野,而在这个过程中,刑法必不能丧失谨慎缓行的品质。

---

① 傅国忠,储槐植.初论"环境刑法"[J].当代法学,1994(2).
② 叶俊荣.环境政策与法律[M].台北:月旦出版公司,1993,第43页.

第三节 环境犯罪刑事立法模式

一、大陆法系国家环境犯罪的刑事立法模式

大陆法系国家的环境刑事立法主要有以下两种模式:其一,以日本为代表的特别环境刑法模式;其二,以德国、奥地利为典型的修订刑法的环境刑法模式。下面就以下模式给予介绍。

(一)特别环境刑法模式

日本特别环境刑法模式起源于公害。20世纪60年代日本经济迅速发展,伴随着经济的快速发展,随之导致的严重的环境污染,构成重大社会问题。大型工业设施受地方和国家支持而不断建立,从而使受害民众采取措施对抗日益增多的环境污染。

(二)修订刑法的环境刑法模式

德国现行公害法法制大体可分为营业法、水法、其他法律三类。其环境刑事立法的确立经历了一个从行政制裁到环境刑法法典化的阶段。

在行政制裁时期,1871年的德国刑法只是很零散地注意到环境的利益,例如,"虐待动物罪"(第360条第13款),其余则以行政法来制裁。虽然行政法在此使用刑法作为延时器,即"透过空白刑法对触犯用以维护公共道路、市街、广场或者水道的安全、清洁及宁静的违警法之行为"加以定罪(第366条第1款第10项);可是要保护什么事物不受伤害,这是由行政机关决定,特别是各邦的行政机关来决定。所以有理由说,这种普遍的法规技术,是将刑法扭曲为一种行政工具。正因为这样,一切以行政执行严格地为准,也就产生了许多可罚性的漏洞。为了弥补这些漏洞,20世纪50年代的法院,部分还是适用传统的构成要件。例如,将因

水域污染而造成的鱼类死亡解释为毁损（第 303 条）或违反动物保护法。相反，1860 年制定的《水务法》堪称环境保护上追求完善的一步重要改革。这部法律规定水的管理全德国一致，对水域污染则制定集中的刑罚规范。在此之后，除了 1972 年的《垃圾处理法》及 1974 年的《联邦污染防制法》等为行政法的控制工具外，总共颁布了超过 600 个保护环境的法律及规定。然而，随着法规的泛滥，却未见更大的真正环境保护效果。因此，德国立法者觉得有责任做一番全盘的改革。于是，在 1980 年制定《反环境罪法》时，试图至少能达成部分的改革思想。在附属刑法时期，即 1980 年 3 月 28 日修订公布的《环境犯罪防治法》以前，附属环境刑法繁多，如《联邦污染防制法》（第 63～65 条）、《水务管理法》（第 38～40 条）、《化学物品法》（第 27 条）及《营业法》（第 143～148 条不法启动设备）、《空运法》（第 59 条、第 60 条）、《植物保护法》（第 24 条）、《DDT 葡虫防治法》（第 7 条）。

二、英美法系国家环境犯罪的刑事立法模式

英美法系国家的刑法体系没有对环境犯罪做出明确的规定，也缺乏专门的环境刑事立法。因为英美法系的法律渊源是判例法，而不可能像大陆法系国家那样通过修订刑法典增加环境犯罪的内容，或者制定单独的环境犯罪惩治法。因此，英美法系国家的环境刑法主要以附属刑法为主，即附属在环境行政法条之中，而不采取修订刑法的方式，在具体适用上仍然以普通法及特别刑法的原理为辅助。虽然刑法的制裁模式不尽相同，但与环境行政法相比，刑法则处于次要的地位。英美两国的环境刑法在英美法系中最具代表性，概括了英美法系环境刑事立法的总体状况和发展趋势。

英美法系国家的行政机关在很大程度上具有制定环境污染行政法规的权力，因而，环境刑法的制定受到大量环境行政法规的制约，特别是英国非常支持环境保护权力的下放，因而赋予行政机关极大的自主权。行政机关对各种相互交错的环境保护可

以制订计划,并随时加以协调指导或者干预。这种模式造成刑法不能单独对环境犯罪做出界定,而附加环境犯罪条款的特别环境行政法在惩治环境犯罪方面占有绝对优势地位。例如,英国环境保护机关被赋予独立的起诉权,这种法律体系使行政机关具有很大的自决权及实施时与有关部门的合作权,只有在个别情况下,行政机关才会将诉诸刑法作为最后的措施。

英美法系国家通过附属刑法规定的环境犯罪主要有:水污染罪、大气污染罪、海洋污染罪、土地污染罪、噪声污染罪,违反防治污染义务的犯罪,非法处置危险废物(固体废物)的犯罪。此外,对破坏环境资源的犯罪也有较为详细的规定,如破坏森林、破坏野生动物、野生植物、破坏水产资源等。

(一)英国的环境刑事立法

英国的环境刑事立法起步较早,对防止损害人类生命健康的污染环境的行为,出台了制定法。19世纪初期,英国政府基于劳动卫生的考虑,率先制定了防止空气污染方面的法律。到1875年整理综合为《公共卫生法》,该法迄今仍为英国环境保护的基本法。在1858—1871年,污水导致传染病流行,政府不得不谨慎防治公众卫生问题,开始着手水污染立法。先后制定了《地下水利用法》(1865年)和《环境卫生法》(1866年),1874年最初的《河川污染预防法》得以公布。20世纪以来,英国防治环境污染的环境法律体系开始确立。在大气污染方面,主要有1956年公布、1958年加以补充的《清洁空气法》《制碱等工厂法》《放射式物质法》《汽车使用条例》等。

在水污染方面,1960年再度颁布《河流防污法》,集中了过去关于工业及住户废水管理的规定,1963年的《水资源法》对未持有倾倒许可证,以及未按倾倒许可证的要求向英国及英国以外的海域倾倒物质或者物品的行为制定了刑事罚则,该法第1条第6款规定:"据下述第7~9条的规定,如有违反上述第1款者,则为违犯行为,应受到:①即刻定罪,处以400英镑以下罚款,或处以6个月以下监禁,或罚款与监禁并处;②起诉定罪,处以5年以下的监禁,或罚款与监禁并处。"

在固体废物污染方面,1858年颁布的《垃圾法》规定不许随意倾倒废物。1967年颁布的《公民舒适法》以及1972年颁布的《有毒废物倾倒法》均对环境犯罪的刑事处罚加以规定。如英国1972年《有毒废物倾倒法》第4条规定,如果商业性质的借债者在3天之内未通知有关的管理局,废物(在通告中规定的废物)事实上已经堆放了,则是违法的。负有未做适当通告责任的人,可以通过证明,尽管他注意随时了解真实情况,但没有理由认为环境没有受到污染,都将处以400英镑以下的罚款。此外,另一种违法可能导致6个月以下监禁的简易判决,或是受到5年以下的监禁和罚款起诉。1974年《污染控制法》第31节第7条规定:"任何人引起有毒、有害物质进入水体,引起水污染的,应判处不超过2年监禁或者罚金,或二者兼有。"

综观上述英国有关法律的规定,英国的环境刑法具有以下三个方面的特点:其一,环境刑法以环境行政法中的附属条款为主;其二,环境刑法的功能强弱依赖于环境行政法的具体规定;其三,环境刑法处于辅助地位,只有在环境行政手段难以发挥有效作用时,环境刑法才得以适用。

(二)美国的环境刑事立法

美国环境刑法基本上沿用英国的立法模式,继承了判例法的立法准则。但是美国法具有其基于成文宪法所确定的三权分立,及联邦政府与地方政府(州)分权的原则。所以,美国对于公害之联邦立法主要是指,美国国会先后制定和颁布了《水污染法》(1948年),1952—1970年经五次修订后改称《清洁水法》《固体废物处置法》(1965年),后经多次修订改称为《资源回收法》《不法空气法》《有毒物质管理法》《国家环境政策法》等一系列环境法。在这些法律中具体规定了各种环境管理措施和污染防治措施。

美国环境刑法虽然涉及范围较广,但并不完备。美国环境刑法对环境犯罪的适用,属于辅助性的附属刑法。许多学者甚至怀疑刑法在环境保护上的实际价值,特别是在行为人犯罪证明上的困难。在美国环境法整体虽属次要,但美国法建立的环境环保预防程序,如环境影响评估,禁止命令;在民事程序方面的集体诉讼(或称代表诉讼)等,均可取代刑法的运作。

三、我国环境犯罪刑事立法模式的反思与完善

环境犯罪是一种严重危害自然环境和人类社会的犯罪形式,环境刑法规定了环境犯罪及其刑事责任,是一个国家打击环境刑事犯罪的有力武器。环境刑法的立法不仅要注意环境犯罪圈的划定和刑罚设置,而且还要注意立法模式的选择,因为立法模式是否科学和实用可能会影响到所创造的模式的作用发挥。环境犯罪的刑事立法不同于一般犯罪的刑事立法,必须从环境犯罪的自身特点和刑法规范的目的去考虑实际的立法模式。

(一)我国现行环境刑事立法模式及其评价

我国现行刑法典是在1979年刑法典的基础上修订而成的,相对于1979年刑法典而言,现行刑法典在环境犯罪的立法方面增加了环境犯罪的罪名,并设立专节集中规定了"破坏环境资源保护罪",同时,在危害公共安全罪、走私罪、危害公共卫生罪等章节中也有体现危害环境保护犯罪的规定。现行的环境刑法包括刑法典中关于环境保护的条款和散见于环境法律当中的附属环境刑法。这表明,随着经济和社会的发展,人们对环境犯罪的认识不断深入,刑法作为环境保护的一种手段不断得到重视。

我国刑法典的分则体系具有如下特点:按照犯罪的同类客体对犯罪进行分类,依据各类犯罪的社会危害程度对类罪进行排列,依据犯罪的社会危害程度以及犯罪之间的内在联系对具体犯罪进行安排,依据犯罪的主要客体对复杂客体的犯罪进行归类。例如,我国刑法典认为非法排放、倾倒、处置危险废物罪、擅自进口固体废物罪、非法捕捞水产品罪等环境犯罪的同类客体为破坏了环境资源保护、妨害了对环境资源的管理秩序,因此把这些犯

罪集中起来,放到破坏环境资源保护罪一节之中。

环境犯罪具有不同于普通刑事犯罪的诸多特性。例如,环境犯罪具有灾难性的危害后果,因为环境犯罪不仅破坏了人类赖以生存的环境,而且危害人的生命、健康和财产;不仅危害这一代人,而且还可能会危害下一代人;环境犯罪一旦发生,往往有很大的危害面。再如,环境犯罪有不同于普通刑事犯罪的追诉时效,因为环境犯罪尤其是污染环境的犯罪其危害结果具有长期潜伏性,危害行为与危害后果不易察觉,其发案时间常常少则几年,多则几十年,而我国现行刑法典规定的大部分环境犯罪的追诉时效为10年,现行刑法典的规定可能会导致大量的环境污染犯罪得不到追究,因此,环境犯罪的追诉实效的计算方法应当与该当之罪的法定最高刑相分离,并适当延长追诉时效。又如,环境刑法与刑事诉讼法具有强烈的一体性,为了适应惩治环境犯罪的需要,刑事诉讼规则必须有针对性地单独做出调整,要放宽立案的条件、要提高审判的管辖级别、举证责任要重新分配等。另外,环境犯罪还具有高度的行政从属性,环境犯罪能否成立,全部或部分地取决于其是否符合行政法的规定,甚至多数环境犯罪的构成要件需要由其他环境行政法规的规定来填补。现行刑法典对于环境犯罪的规定缺乏对环境犯罪特殊性的彻底关照,而实际上也不可能做到。把环境犯罪规定到刑法典当中,只是过多地注意到体系的逻辑性和完整性,而这是以牺牲环境犯罪的实际追究效果为代价的。为了有利于追究环境刑事犯罪、便于司法操作,环境刑事立法在模式上应当具有独立性。

(二)环境保护发达国家的环境刑事立法模式

由于各国的经济发展水平、政治制度的模式、科技实力状况以及历史文化传统等方面的差异,各国的立法习惯、立法技术等有着诸多不同,表现在环境刑法的立法模式上形态各异。这些国家环境刑事立法的实践比较复杂,立法模式也林林总总,但从不同角度出发,可将其分为不同类型。

根据环境刑事立法的不同表现形式，可将立法模式分为四种形式。第一种形式是由刑法典规定环境犯罪及其刑事责任。这几乎是世界上绝大多数国家都已经采用的立法模式，这种立法模式表现为在刑法典中以专章或专节的形式，或者至少设置几个条款对环境犯罪及其刑事责任做出专门的规定。如德国刑法典即是以专章的形式做出规定。第二种形式是在环境行政法规中规定有关环境犯罪。这又分几种情况，一种情况是在环境行政法规中直接规定刑事罚则，这种方式多见于英美国家，德国、日本的环境行政法规中也对此有所规定。另一种情况是在环境行政法规中规定比照刑法典的具体条款对环境犯罪予以处罚，如罗马尼亚环境行政法规中即有此类规定。还有一种情况是在环境行政法规中规定原则上要依照刑法典定罪处罚，但并不指明具体条款。如苏联的环境行政法中就有这类规定。第三种形式是创制特别环境刑法对环境犯罪及其刑罚做出规定。如日本1970年制定的《关于危害人体健康的公害犯罪制裁法》、1989年澳大利亚新南威尔士州制定的《环境犯罪与惩治法》。第四种形式是普通法系国家普遍实行的判例制度。先前环境犯罪的刑事判决，成为以后判决类似环境犯罪案件时可以援引的先例。

（三）我国环境刑事立法模式的选择

针对我国的实际情况，本书认为，我国的环境刑事立法应当从战略的高度走特别环境刑法集中立法与环境保护法律分散立法相结合的道路。所谓集中立法，是指把大部分具有稳定形态的环境犯罪和环境刑事诉讼规则规定到特别环境刑法当中去。这是因为，制定特别环境刑法的优势就在于能够集中立法，便于司法操作。虽然环境犯罪类型复杂多变，但是环境犯罪大体上还是具有相对稳定的形态的，某些犯罪也是定型的，因此应当把这些犯罪类型规定到具有相对稳定性的特别环境刑法中去。同时，针对环境刑事司法的需要，把刑事诉讼法中相关的原则、规则抽出来并加以修订，并把改造后的条款直接吸收到特别环境刑法中去。之所以要制定单行环境刑法,是因为:第一,刑事实体法与程序法本来就难以分开,加之环境犯罪是一类特殊犯罪,环境刑事实体法与程序法更具有高度的一体性,如果只修改实体性规范而相应的秩序性规定仍保持不变,则这样的修改实际上是没有太大的价值的,因为所制定的法律一般会无法适用。而如果刑事诉讼法随着环境刑法的立法而修改,不仅会修订原有的基本诉讼原则,还会破坏原有的体系,这样会使刑事诉讼法内部出现原则矛盾和体系紊乱,实不足取。第二,如果在刑法典当中做出专门的规定,则不仅总则的刑法制度要做大的调整,而且在分则当中还会出现犯罪客体的竞合,体系难以统一,造成适用不便。而且,单是一部刑法典难以解决因果关系推定等一系列程序性问题。第三,单行环境刑法的制定既可以避免在刑法典当中直接嫁接造成的不便,又能解决给刑事诉讼法带来的不便,还能以特别法的形式特别地突出环境刑法的特殊性,有利于引起一般公民的重视、便利司法实践的适用、保证环境刑法的稳定性和权威性。因此,创制单行环境刑法是必要的,也是必然的选择。

所谓分散立法,是指把在相当时间内还不具有稳定性而又非惩罚不可的犯罪规定到单行环境行政法律之中。这是因为,如果依靠一部相对稳定的法典将包罗万象、复杂多变的环境犯罪全部囊括其中,不仅刑法典做不到,而且特别环境刑法也做不到。应该注意到环境刑法的高度行政从属性和复杂多变性,把具有高度专业性的环境犯罪、形态不稳的环境犯罪和不太典型、也不常见的环境犯罪规定到环境行政法律当中去,同时具体规定罪名、罪状以及法定刑。这样既能保证特别环境刑法的稳定,又能发挥环境刑法的罪刑法定原则所要求的罪刑具体化、明确化的要求,有效地解决刑法典不得已而采用的"空白罪状"所带来的条款抽象化的问题,便于司法实践适用,提高犯罪追究率。这样的立法模式既符合我国的惩罚犯罪的实际需要,也符合世界潮流,相比较而言,不失为一种理想的环境刑事立法模式。

第四章　环境犯罪的构成及罪名体系

环境犯罪构成是衡量某种环境违法行为是否成立环境犯罪的具体标尺，包括环境犯罪客体、环境犯罪客观方面、环境犯罪主体和环境犯罪主观方面这四个方面的要件。但是，由于环境犯罪特殊的发生机理，其犯罪构成又表现出许多不同于一般犯罪构成的特征，亟待在理论上予以厘清。在环境犯罪客体方面，对环境利益与人类利益之间距离的不同认识决定了其内容和范围；在环境犯罪客观方面，关于环境犯罪的属性和环境犯罪因果关系的认定规则依然争论不休；在环境犯罪主体方面，围绕单位环境犯罪的个人模式和组织模式的理论对立尚未消除；在环境犯罪主观方面，严格责任论对传统罪责原理已提出了极大的挑战。

第一节　环境犯罪的主客体

人类的生存和发展离不开自然环境，人类在征服和改造自然的过程中获得了文明的巨大进步。然而，人类文明的辉煌是以生态环境资源遭受污染和破坏为代价的。如今，气候变暖、土地沙漠化、水资源危机、生物多样性丧失、有害物质越境转移等全球性环境问题凸显，严重破坏了人类的生存条件，引起了世界各国的高度重视，人们对保护环境日益重视，呼声日渐高涨。这股"绿色旋风"对刑法学界产生了深远影响，促使学者在社会发展与保护环境的理念交锋中探寻治理环境问题的正确方向，在环境法学与刑法学的融合中制定应对环境危机的合理举措，在传统刑法学与当代刑法学的博弈中建构独立的环境刑法学体系。

一、环境犯罪的主体

(一)环境犯罪的自然人主体

环境犯罪的自然人主体和普通犯罪的自然人主体有许多共同之处。通常来说,自然人犯罪主体,就是具备刑事责任能力且实施了危害行为的自然人。自然人犯罪主体所具备的一般条件内容是自然人的刑事责任能力。刑事责任能力是指实施危害行为的自然人在实施行为时对其行为的辨认能力和控制能力。自然人的刑事责任能力主要受到两个基本因素的制约:是否达到一定年龄和精神状况是否健全。自然人犯罪主体的特殊条件是指人的某种特殊身份。凡以特殊身份为要件的主体,称为特殊主体;不以特殊身份为要件的主体,称为一般主体。那么,环境犯罪的自然人主体,是指具备刑事责任能力、实施了危害环境行为且应当承担刑事责任的自然人。《刑法》中关于"破坏环境资源保护罪"中的所有犯罪都可由自然人实施,即只要年满16周岁且具有刑事责任能力的自然人,就可成为上述犯罪的主体。而且,除了破坏性采矿罪外,其余犯罪的主体均为一般主体。

根据犯罪类型区分自然人环境犯罪和单位环境犯罪仅具有相对的意义。但是,单位环境犯罪具有更大的犯罪能量,对生态环境和人体健康会造成更严重的危害,却是不争的事实。正是出于对单位环境犯罪所具有的严重社会危害性的考虑,现代对单位犯罪普遍采取严厉的刑事政策,单位刑事责任论也出现了值得关注的新动向。

(二)环境犯罪的单位主体

环境犯罪的单位主体,是指实施了危害环境犯罪行为,应当承担刑事责任的公司、企业、事业单位、机关和团体。在理论上,关于法人的犯罪能力,有肯定的说法、否定的说法以及不确定的说法。以前,否定说是通说;但现在,肯定说是通说。而且,出于对满足有效处罚法人环境犯罪的政策需要,近年来,在肯定说中也出现了扩张法人责任的倾向。以追求环境犯罪刑事政策的效果为契机,单位环境犯罪归责论又产生了新的发展动力。

1. 个人模式和组织模式的对立

在20世纪60年代,公害和食品危害、药物危害等成为社会问题,提高了作为规制手段之一的法人处罚的必要性。在学说上,法人通常是指:①通过其代表人的意思形成自己的意思,具有通过从业人员实施固有犯罪的能力;②代表人具有独立的人格,可以成为伦理非难的对象;③可以被科处罚金等刑罚;④是与自然人相分离的单独的社会存在,具有科处不同于自然人的刑罚的意义。鉴于上述理由,肯定见解占据了多数。根据这一立场,要特别注意就大规模企业的公害犯罪和经济犯罪而将法人作为处罚对象的场合,所以,由于日本的行政刑法肯定法人处罚,同一视理论仍有较大的市场,形成了同一视理论和组织模式分庭抗礼的现状。由于同一视理论选择了以自然人为媒介的思维路径,其被认为是一种个人模式论。因此,在日本,法人归责肯定论的主流也就表现为个人模式和组织模式的对立。

同一视理论是判定法人责任的前置理论。一方面,同一视理论是过失推定说的基础,过失推定说作为媒介将同一视理论与两罚规定联系起来。当从业人员实施违法行为时,只有先解决同一视的根据(为何将代表人对从业人员的选任、监督过失视为法人的选任、监督过失)、同一视的要件(基于何种标准、在多大范围内将代表人的过失视为法人的过失)等问题,才能追究从业人员的行为责任和推定法人的选任、监督过失责任。

另一方面,同一视理论也是贯彻责任主义的结果,它将责任主义与两罚规定联系起来。当代表人实施违法行为时,同样要先回答同一视的根据(为何将代表人的行为视为法人的行为)、同一视的要件(基于何种标准、在多大范围内将代表人的故意、过失视为法人的故意、过失)等疑问,才能追究代表人的行为责任和法人的行为责任。可见,同一视理论从结构上明确了法人责任的分化,使选任、监督责任和行为责任的区分成为可能。

2.复合模式的倡导

鉴于两种模式各有不足,为完善法人归责理论,有效抑制现代社会的法人环境犯罪,日本刑法学界又出现了一系列同时运用两种模式构建法人归责论的主张。

(1)补充说。该说主张,采用将防止法益侵害发生的制度设置作为企业固有的责任要素把握的方法,对要求身体举动和心理要素的犯罪适用组织模式不妥当时,用同一视原理补充。在企业处罚的场合,故意、过失的心理要素只能从自然人推导出;此外,由于将不存在组织的犯罪防止措施这种规范的要素作为刑法上非难的对象,顾及企业性质进行判断,在基准的明确性这点上,可以评价为是合理、现实的构想。

(2)重叠说。该说提出,以个人模式为前提,而且,为认定法人的刑事责任,就客观的成立要件和主观的成立要件两方面重叠要求作为法人的"人的结合体"的性质。那么,以推导出以自然人为媒介的法人刑事责任的理论为前提,为将自然人的行为和故意、过失作为法人自身的行为和故意、过失来把握,根据上级机关的命令这种"外部程序"以及容易实施犯罪的企业文化这种"内在程序"所形成的"组织影响力",确定自然人行为的方向,有必要对最终的行为人个人的意思决定过程施加组织的影响力。组织的意思决定带来的组织影响力要进入法人成员的行为和意思决定过程中,所以要试着考虑法人固有的性质。

(3)统合说。该说认为,根据组织模式的观点,法人处罚的积极意义在于抑制对象的扩张机能(以法人本身为处罚对象,对不能成为自然人处罚对象的法人内部从业人员,间接地且综合地推动犯罪抑制);而在参与的自然人应当被处罚的场合,由于失去了扩张抑制对象的必要性,根据同一视原理,法人处罚的积极意义在于抑制方法的扩张机能(通过处罚法人,明示来自法人的活动领域的违法行为)。为克服对要求身体举动和心理要素的犯罪类型不能处罚法人的局限,需要探求身体举动、心理要素的规范论据,尝试构想组织的行为、支持将组织的行为、故意作为法的概念来构成处罚要件。

(4)并用说。该说主张,企业法人具有多面性,在法律上被认为是和自然人具有同样的权限和能力的存在的同时,也是根据众多自然人和复杂制度所构成的组织体。新的归责原理要反映企业法人的实态,以自然人为媒介的个人模式和考虑法人固有性质的组织模式相互排斥、不能融合,在某些情形下,有必要考虑这两种模式。根据在法律上被认为是和自然人具有同样的权限和能力的存在的性质以及作为组织体的性质两个方面,为克服过去以自然人为媒介的法人归责原理具有的本质问题,没有将个人模式作为组织模式的补充,而是承认两种模式独立的存在意义且一并适用。

总之,复合模式的提倡一方面避免了个人模式对法人环境犯罪惩罚不力的可能;另一方面又消除了组织模式对法人环境犯罪处罚过剩的担忧。复合模式在刑法基本理论方面,既发展了传统的法人处罚论,在环境刑法领域,又对法人归责论做出了重大的理论贡献。因此,采取复合模式(尤其是统合说)将更有利于实现法人环境犯罪归责的正当性和实效性。

二、中国大陆地区环境犯罪客体的学说概览

由于发展程度、法治传统和立法理念等原因,我国大陆地区采取了集中式的立法模式,在《刑法》中专设"破坏环境资源保护罪"一节,主要保护人类传统利益,侧重对现实结果的否定评价。但是,学界并未因一元化的立法而对环境犯罪客体形成一致意见。

(一)环境保护管理制度说

新刑法颁布后,主流观点认为,破坏环境资源保护罪的客体

是国家环境资源保护管理制度。环境犯罪危害环境自然会危害人的生命、健康和公私财产的所有权、用益权,但从本质上将的确是侵害了国家对环境资源的保护制度。我国大陆地区新刑法将"破坏环境资源保护罪"规定于"妨害社会管理秩序罪"中,其立法旨意也表明环境犯罪主体侵害的是我国刑法所保护的环境管理和环境保护关系。这曾经是学界的通说,但随着人们对环保意识的增强和对环境犯罪的深入研究,该学说越来越受到各界的批判。

(二)环境社会关系说

从我国的刑法典来看,把"环境资源保护"作为环境犯罪的同类客体,因此,环境犯罪的同类客体是国家在保护和管理环境与资源过程中形成的各种社会关系,刑法典侧重于环境保护关系。这也在基于法律规定和传统理论的解释。近几年,有学者提出了"新环境社会关系说",即环境犯罪的保护客体是人与自然之间生态关系受到破坏所反映出来的社会关系。人与自然之间的生态关系及人与人之间的社会关系,应指人们通过实践和认识活动与生态环境之间形成的一种和谐相处的关系,以及人们在处理人与自然环境关系问题时的价值观念取向上破坏环境行为侵害客体中所蕴含的人与人之间的社会关系,是通过侵害人与自然之间的平衡状态,损害他人或整个人类的生存权和生活质量的体现。

(三)环境权说

环境权说指出,人与自然之间的关系,是一种自然平衡状态,属于纯客观的范畴,不具有主观上的目的性特征。但这种关系的价值在于通过人为来支配自然以获得资源,进而使人类的生存条件获得增益,或使之保持良好状态;如果由于某个行为致使这种平衡状态受到破坏,则人类从自然获得生存资源之后环境质量将受到破坏或有破坏之威胁。因此,破坏环境之行为通过干扰与自然之间的平衡状态,以损害他人或整个人类的生存权和生活质量,而这就是人和人之间的关系。因此,环境犯罪的客体可以表述为:人类天然拥有的要求生存和生活之安全、幸福的权利。随着环境法学研究的深入及其与刑法学融合程度的提高,该学说逐渐得到许多学者的支持。

(四)环境法益说

环境法益说借鉴大陆法系刑法的违法性理论,将"法益"作为客体的核心概念,认为,其环境法益作为环境犯罪的客体是社会生活和法制发展的结果,与犯罪构成各要素在环境犯罪认定过程中的作用来比具有一定的一致性,较之于传统刑法对人类利益的单纯保护具有内涵的多层次性和发展的必然性,符合环境刑法的有限行政化特征,有利于克服规范作为犯罪客体的局限性,有利于克服环境权作为犯罪客体的变动性和不确定性,体现了环境犯罪客体的独立性,有利于实现对环境的周全保护。

三、中国大陆地区环境犯罪客体的学说评析

学说界定的环境犯罪客体具有复合性的特征,即使是承认环境法益独立地位的"环境法益说"也概莫能外。但是,学说中也存在各自的缺陷。

"环境保护管理制度说"契合《刑法》对"破坏环境资源保护罪"的体系安排,突出了环境刑法的行政从属性,易于理解。但不足之处在于,该说法过于表面化,无法区分行政与刑事的问题,没有根据环境犯罪的本质深入挖掘环境犯罪客体的内容。环境犯罪并不是指单纯地违反了环保管理制度的行为,而是违背了人类形成的环境伦理观,侵害人类生存的权利,以及具有实质危害性的犯罪行为。据此,越来越多的国家(地区)运用刑法来惩处具有严重的环境违法犯罪的行为,处罚范围有扩大化的趋势,制裁力度有严厉化的倾向。而且,该说也不能适应发展中的环境刑法的需要,不能包括单纯以环境要素为对象的犯罪,不利于保证刑法的实用性和稳定性。

"环境社会关系说"与传统的犯罪客体理论一致,将客体定义在"社会关系"上,维系了对苏联刑法理论的传承性,能够概括现行法中的环境犯罪。问题在于:随着刑法基本理论研究的深入和对国外理论的吸收、借鉴,"社会关系说"本身已开始受到越来越大的挑战。首先,从用语上说,社会关系并非一个法律术语,而是归属于哲学、政治学或社会学的领域,这不利于刑法"专业槽"的构建,不利于确立刑法独特的话语系统。其次,在刑法学科中,"社会关系"是一个不明确也难以解释的词语。再次,"社会关系"这一提法混淆了犯罪客体的政治功能和法律功能。"社会关系说"的固有缺陷在"环境社会关系说"中依然存在。"环境社会关系说"满足于对规范的文义解释,在内容上与"环境保护管理制度说"没有区别。环境社会关系经过立法者的筛选,作为环境法的调整对象被固定下来后,就成为环境保护管理制度的一部分在开发、利用、分配、维持生态环境及自然资源的过程中发挥作用。于是,"环境社会关系说"也难以实现对"环境保护管理制度说"的根本改良。只有当生态破坏最终危及人类利益时,才值得运用刑法保护,人与自然之间的生态关系实际上被人与人之间的社会关系所统治、支配和吸收。这体现了人类对环境系统的至上性和排他性,现实功利思维取代了可持续发展观。

"环境权说"是在人权思想日渐深入人心,环境法学对刑法学的影响不断增大而产生的。首先,将环境法学中的"环境权"直接引入刑法学,没有进行恰当的语境转换。环境权是公民享有的在不被污染和破坏的环境中生存及利用环境资源的权利。对环境的整体保护思想不能完全为刑法所采纳,刑法容量和功能的有限性决定了其只能保护重要的环境利益。其次,环境权的内涵丰富,没有予以适当的限制。当今环境法学界倾向于将环境权视为一项新型人权。环境权的概念应为:环境法律关系的主体享有适宜健康和良好生活环境,以及合理利用环境资源的基本权利。由于权利和义务的不可分割性,环境权还包括环境管理权、环境监督权、环境改善权等。这一在人权大旗统领下的环境权涵盖了大部分公民基本权利和义务,其外延被无限放大,为许多学者所诟病。最后,在司法实践中,我国《宪法》贯彻实施的有限性会影响环境权的效用发挥。《宪法》第26条第1款规定:"国家保护和改善生活环境和生态环境,防治污染和其他公害。"第33条第3款规定:"国家尊重和保障人权。"可见,环境权已成为公法上的特定概念,实现了由私法保障向公法保护的转移。目前我国尚未形成独立的违宪审查制度,对"宪法司法化"的讨论还集中在话语层面,宪法条文对具体个案的宣示意义大于规范意义。在《刑法》缺少对环境权明文规定的情况下,意图通过《宪法》推广环境权恐怕不太现实,将环境权视为人权的实际价值令人怀疑。

"环境法益说"是"法益侵害说"在环境刑法学的具体应用,但也不可避免地吸收了其短处。"法益侵害说"主张,国民的利益受到侵害是违法性的原点。那么,将违法行为定义为致生法益侵害或侵害危险(侵害发生一定程度以上的可能性)的行为。法益(或保护法益)是用刑法应当保护的利益。显然,"法益侵害说"强调结果无价值,忽视了行为本身的意义和作用,对违法性的评价不充分,无法圆满解释对社会发展有益的危险行为的处罚根据。因为,"随着现代社会的不断发展,各种利益冲突的现象更加频繁和复杂,具体违法性界限的判断变得越来越困难,单纯从法益衡量的角度看待问题,有评价标准简单化之嫌"。针对包括环境犯罪在内的现代危险行为,法益侵害仅是违法行为的部分要素,必须一并考虑行为对社会伦理的背离程度,将行为无价值和结果无价值共同作为违法性的判断标准。

另外,"环境法益说",过于强调自然利益的独立价值,不利于构建和谐社会。该说以"非人类中心主义"颠覆了"人类中心主义"的传统价值观,虽有利于唤起人们的"生态良知",却不幸沦为一种道德理想。这种观点无异于要求人类主动放弃自身地位来谋求与自然的和谐共存,不仅无视人与自然之间意识的差异性以及人类相对于自然的显著优势,而且想以一种更为高尚的理性来抑制人的本性——人对自身利益和需要的满足,反而会促使人本主义的强烈回归,无助于实现人与自然的和谐。

最后,伦理观的多元化和概念的抽象性易导致该说内部的分歧,削弱了其可行性,即使将抽象的法益转化为现实的立法,论者仍会基于自身的伦理倾向从不同侧面对立法原意进行探寻。为实现刑法目的及发挥法益机能,必须在刑法立法和适用过程中尽量使法益明确化。遗憾的是,这一初衷总是成为美好的憧憬,被无休止的争论所掩盖。

第二节 环境犯罪的主观方面和客观方面

责任主义不仅要求主体就其自身行为承担责任,而且要求应当承担责任的主体具有主观上的罪过。犯罪主观方面是行为人的行为构成犯罪的必备要件,环境犯罪也不例外。不过,由于环境犯罪主体有自然人、单位和国家三种,其罪过内容就各有特点,需要分别加以研究。而且,出于对环境犯罪刑事政策实效性的追求,许多国家的环境刑法都引入了严格责任制度,突破了传统责任刑法的框架。在完善我国的环境犯罪论体系时,对此也要加以深入探讨。

一、环境犯罪的主观方面

(一)环境犯罪故意的本质

环境犯罪故意,是指行为人明知自己的行为会发生危害环境的结果,并且希望或放任这种结果发生的心理态度。环境犯罪故意论包括故意的本质、内容、类型等范畴,并根据环境犯罪主体的不同特点,对相关范畴的研究有所侧重。

环境犯罪故意是犯罪故意的下位概念,其本质与普通犯罪故意的本质相同,以区别于环境犯罪过失。关于故意的本质,在大陆法系刑法理论中,主要有以下几种学说。

1. 认识说(表象说)

其中,"可能性说"认为,为了成立故意,只要认识构成要件的结果发生的可能性就够了。然而,认为仅仅认识结果发生的可能性就够了,那么有认识过失完全能够纳入故意中来,显然是不妥当的。而"盖然性说"认为,为了故意的成立,仅仅认识结果发生的可能性是不够的,认识它的盖然性是必要的。根据结果发生的可能性的"程度"的高低,理论上区别未必的故意与有认识过失是成功的。然而,因为盖然性与可能性不过是程度的差别,所以划定其界限不仅是困难的,而且由于故意与过失在违法性或者责任的内容上有质的不同,根据量的标准,将它们区别开来,被认为是个疑问。

2. 意思说

其中,"希望说"认为,为了成立故意,意欲或者希望构成要件的结果的发生是必要的。然而像此说那样,就不能承认作为不确定的故意的未必的故意。有未必的认识的场合,几乎全部被认为是有认识的过失,实际上是不合适的。该说不能无视知的要素。"容认说"是作为对"希望说"的修正而被主张的,是现在的通说。它认为,为了成立故意,有必要认识构成要件的结果发生的可能性并容忍它的发生,而且仅此就够了。该说被评价为分别正当处理故意中的知道的(认识的)要素和意思的要素,明确了故意、过失的质的不同。然而对此说有如下的批判:证明容忍这种微妙的心理态度是不可能的;因为不问结果发生的可能性的程度如何,即认为有容认,结果与认识说同样,故意的成立范围失于宽广。

3. 动机说

动机说认为,根据对构成要件的结果发生可能性的认识,给予"反对动机的形成"的影响,将未必的故意与有认识的过失相区别。然而,此说与盖然性说的主张相比,仅仅附加只是考虑动机形成过程的说明,没有显示出新的归结。与容认说相对而言,该说没有任何作为心理态度的希望或意欲,在它认为必须成为行为的动机这一点上,可以认为是新的归结。但批评意见指出:根据将故意解释为构成要件的故意立场,动机形成过程,与故意本身没有直接的关系。

在综合比较上述学说的优劣,并结合我国刑事立法、司法现状,我国的主流理论采取了"容认说",即主张行为人认识到危害行为与危害结果,并希望或者放任危害结果发生的,就成立故意。该说之所以是科学合理的,就在于其能够从认识因素和意志因素两个方面来清楚地区分故意和过失,并将间接故意也纳入了犯罪故意的体系之中。据此,在认定环境犯罪故意时,也应当采取"容认说",使之与环境犯罪过失划清界限。而且,鉴于环境犯罪的特殊性,在不违反犯罪故意一般原理的前提下,还必须细致分析环境犯罪故意所特有的内容。

(二)环境犯罪故意的内容

环境犯罪故意同样由认识因素和意志因素组成,以下分别加以阐述。

1. 环境犯罪故意的认识因素

行为人明知自己实施的危害环境行为会发生危害环境的结果,是构成环境犯罪故意的认识因素。若行为人没有认识到或不可能认识到自己的行为会发生危害环境的结果,则根本不成立环境犯罪故意,只能认定为环境犯罪过失或无罪过的行为。

在环境犯罪故意中,"明知"的内容应当是刑法规定的某种环境犯罪构成要件的客观事实。具体内容包括:①对危害环境行为本身的认识,即对刑法规定的危害环境行为的性质、内容和作用的认识;②对危害环境结果的认识,即对行为已经产生或可能产生的危害结果的性质和程度的认识;③对其他环境犯罪客观构成要件事实的认识,即对法定的犯罪对象、时间、地点或行为手段的认识;④对环境犯罪社会危害性的认识。社会危害性是一切犯罪的本质属性,通过犯罪构成的各种主客观因素共同体现出来。因此,只要行为人认识到了环境犯罪的危害行为和危害结果,也就认识到了其行为的社会危害性。

社会危害性认识建立在普通公民健全的法律意识之上,一般人基于正常的价值观会很容易地判断某种行为是否为刑法所禁止。但是,刑事违法性是社会危害性在刑法上的宣示,是一种形式意义上的刑法不可容忍性的表现。对某种危害环境的行为,究竟是否违反了环境法律、法规,或者违反了哪部环境法律、法规,普通人难以具有明确的认识。所以,"明知"的内容可以包括对环境犯罪社会危害性的认识,但不宜包括对其刑事违法性的认识。

2.环境犯罪故意的意志因素

行为人对自己实施的危害环境行为导致的危害环境结果发生所持的希望或放任的态度,是构成环境犯罪故意的意志因素。其中,希望危害环境结果的发生是指行为人对危害环境结果的发生抱着主动追求的心理,体现了其对环境法律秩序和他人环境权的积极否定的态度。例如,行为人以牟利为目的,非法采伐国家重点保护的植物,明显就是希望能够占有国家所有的珍贵植物以使自身获利。放任危害环境结果的发生,是指尽管行为人不希望、不追求危害环境结果的发生,但也不反对、不排斥该种结果的发生。例如,行为人擅自进口固体废物用作原料,在追求企业利润的同时,放任了重大环境污染的结果。

(三)环境犯罪故意的类型

根据我国《刑法》第14条的规定,可将环境犯罪故意分为环境犯罪的直接故意和环境犯罪的间接故意。前者指行为人明知自己的危害环境行为必然或可能发生危害环境的结果,并且希望或放任这种结果发生的心理态度;后者指行为人明知自己的危害环境行为可能发生危害环境的结果,并且放任这种结果发生的心理态度。由于许多环境犯罪是由单位实施的,而且在理论上对国家环境犯罪还有继续探讨的空间,可以根据环境犯罪主体的不同,将环境犯罪故意分为自然人环境犯罪故意、单位环境犯罪故意和国家环境犯罪故意三种类型,分别研究其内容和特点。

关于自然人环境犯罪故意,在阐述环境犯罪故意的本质和内容时,实际上就是预设自然人为主体的。

关于单位环境犯罪故意,根据统合的单位环境犯罪责任论,主要涉及在个人模式下,如何将特定的自然人故意同一视为单位故意,使单位承担直接的行为责任的问题。对此,必须根据预防性环保的刑事政策的要求,在理论上归纳出认定单位环境犯罪故意的合理标准。所以,同一视主体的地位、权限及其行为的危险性,在根本上就决定了能否将某一自然人的故意推定为单位的故意。我国刑法理论通说认为,单位犯罪的成立,要求犯罪行为必须是在单位主体的意志支配下实施的。单位主体的犯罪意志表现在,单位犯罪必须经过单位集体研究决定或由其负责人员决定实施。

所谓单位集体研究,是指依照法律和章程设立的有权代表单位的机构即单位决策机构研究决定。单位决策机构主要有职工代表大会、董事会、股东大会等。所谓负责人员决定,是指依照法律和章程决定的有权代表单位的个人决定,主要包括企业的厂长、公司的董事长或经理等。那么,同一视主体就理所当然地包括上述决策机构和有权代表。然而,将同一视主体限制在这一范围内,实际上是根据法律、章程等形式要件决定单位犯罪故意的成否。在实践中,未经法律、章程授权的机构或个人为了单位利益,违反决策程序,决定实施危害行为的案件并不鲜见。因此,基于预防环境犯罪、改善环境质量的政策需要,在形式要件之外,还应考察具体情况下的单位机构或个人,在当时是否实际具有决定排污、进口废物或采取破坏性的方法开采矿产资源的权力。尤其是在大型企业中,组织机构分散,权力架构复杂,管理层往往临时赋予现场负责人员一定的权限。当现场人员为了单位利益实施了危害环境行为时,若以其未经"单位集体研究决定或由其负责人员决定"为由,否定单位故意犯罪的刑事责任,无异于放任了这种严重的危害环境罪行。因此,在认定单位环境犯罪故意时,除了以"单位集体研究决定"这一形式要件为原则外,还要具体分析有关责任人在行为时是否实际具有指挥、调动、分配任务的权力。换言之,同一视主体的范围不能限于高级管理人员,在特殊情况下还可扩展至部门负责人或一般工作人员。

关于国家环境犯罪故意,与单位环境犯罪故意的判断构造相似,主要涉及怎样将某国家机关或政府官员的故意视为国家故意,使国家承担原始的直接责任而非转承责任的问题。从国际罪行的产生历史来看,犯罪的主观特征表现为故意(intent),有时伴有特殊的故意(special intent),只有当某人在故意和明知(knowingly)的情况下实施的这类犯罪行为才以犯罪论处。

即对行为而言,行为人有意(means to)从事某种行为;对结果而言,行为人有意造成某种结果,或者意识(aware)到事态的一般发展会产生某种结果。这里的明知,是指意识到存在某种情况,或者事态的一般发展会产生某种结果,而知道(know)或明知应做相同的解释。《关于制止危害民用航空安全的非法行为的公约》《联合国禁止非法贩运麻醉药品和精神药物公约》《禁止并惩治种族隔离罪行的国际公约》等规定都表明,国家犯罪可在故意的心态下实施。

在环境保护方面,1994 年在巴西里约热内卢举办的第 15 届国际刑法协会上通过的《关于危害环境罪(总则适用部分)的决议》和在美国亚特兰大"运用刑罚手段保护环境国际研讨会"上通过的《环境犯罪示范法》,都明确规定环境犯罪的主观要件包括故意。所以,在对国家进行主观归责时,应当根据有关机关、组织或官员的地位、身份和职权,决定是否将其故意视为国家故意。

由于国家机关是行使国家权力的机构,其接受政府指令或自行决定实施危害环境行为的态度,完全应当看作国家故意。而且,某些非政府组织或者非法团体会在政府的暗示下实施环境犯罪,它们对环境犯罪客观事实的认识和意志也可以归属于国家。但是,相比于单位,国家是一个规模更大的共同体,而且,如今在实现国家刑事责任方面还存在许多理论和实践上的难点。因此,不宜过度扩张国家直接责任的范围,对于未经政府直接授权而实施环境犯罪的组织或私人所具有的认识和意志,不能无条件地视为国家故意。

二、环境犯罪的客观方面

各国环境刑法基于其环境政策和法益保护的需要,选择了不同的环境犯罪类型,在环境犯罪客观方面体现出各自的特点。

《德国刑法典》将环境犯罪规定在第 28 章"危害公共安全"和第 29 章"危害环境"中,前者以不特定或多数人的生命、健康和财产安全为保护法益,后者以独立的环境、生态法益为保护客体。这样,属于前者的环境犯罪就具有了公共危险罪的性质,包括第 307 条(引起核能爆炸)、第 309 条(滥用放射线)、第 310 条(预备实施爆炸或放射线犯罪)、第 311 条(释放放射线)和第 312 条(制造有缺陷的核技术设备)。值得一提的是,这些都是有关核能及放射线不当使用而对个人法益造成危险或侵害的犯罪。而后者即为本来意义上的环境犯罪,包括第 324 条(污染水域)、第 324 (污染土地)、第 325 条(污染空气)、第 325 条(制造噪声、震动和非离子辐射)、第 326 条(未经许可的垃圾处理)、第 327 条(未经许可开动核设备)、第 328 条(未经许可的放射性物质及其他危险物品的交易)、第 329 条(侵害保护区)、第 330 条(危害环境的特别严重情形)和第 330 条(释放毒物造成严重危害)。这些以环境本身为保护对象的规范,可以发挥补充规制公共危险罪条款的机能。

通过简要梳理《德国刑法典》中的环境刑法规范,可以发现:环境犯罪的实行行为包括危害人身、污染环境、破坏资源等类型;环境犯罪的危害结果不限于对个人法益或环境法益造成的实际损害;大部分环境犯罪表现为抽象危险犯或具体危险犯;空白构成要件和加重、减轻构成要件的立法方法被频繁使用。

与德国不同,《日本刑法典》没有规定名义上的环境犯罪,大量的危害环境犯罪被规定在特别刑法、行政刑法中。而且,由于特有的历史、地域和环境因素,形成了公害犯罪和环境犯罪并存的立法格局。一方面,针对由于破坏环境而危害公共安全的犯罪行为,日本立法机关是通过《日本刑法典》、《关于处罚与人体健康有关的公害犯罪的法律》(以下简称《公害罪法》)、《水质污浊防止法》、《大气污染防止法》等法律进行规制的。

例如,《日本刑法典》采取危险犯、结果犯和结果加重犯并举的方式,以求严惩环境污染对人的生命、健康法益的损害,包括泄漏煤气等及其致死伤(第118条)、污染净水(第142条)、污染水道(第143条)、将毒物等混入净水(第144条)、污染净水等致死伤(第145条)、将毒物等混入水道及其致死伤(第146条)和业务上过失致死伤(第211条第1项)。其中,第142~144条之罪是利用饮用水侵害不特定多数人的生命、身体安全的一种抽象公共危险罪,第118条、第145条和第146条之罪是有关基本犯罪的结果加重犯。而且,日本最高裁判所的判例也认可,由于工厂废液而致人死伤的,成立业务上过失致死伤罪。

除此之外,行政刑法对环境污染的规制也是极为广泛的,对违反排放基准的行为引入"直罚规定",不经行政机关发出改善命令而直接适用刑罚,已成为处罚这类犯罪的常态手段。另一方面,鉴于法益保护早期化的考虑,《关于废弃物的处理及清扫的法律》(以下简称《废弃物处理法》)、《自然公园法》、《森林法》等对生态环境给予了更为周全的保护。例如,《废弃物处理法》对一般废弃物的处理(第6~8条)、工业废弃物的处理(第11~12条)、废弃物的输入和输出(第10条、第15条)、禁止丢弃(第16条)和禁止焚烧(第16条之2)等行为规定了罚则,最高可被处以5年以下惩役或1000万日元以下罚金。

日本环境刑法具有以下特征:多元的刑法渊源丰富了环境犯罪实行行为的既遂形态,形成从危险犯到结果加重犯这一轻重有序的阶梯;相比人类中心法益,更加重视对生态、环境法益的保护;由于处罚的严厉化和扩大化,环境犯罪危险犯化的趋势愈发明显;受制于现行立法格局,行政独立型的环境犯罪的大量出现不太可能。

在我国,所有的环境犯罪都被规定在《刑法》中,分则中的放火罪、决水罪、爆炸罪、投放危险物质罪、以危险方法危害公共安全罪(第114~115条)和危险物品肇事罪(第136条)都有可能间接破坏环境。而且,《刑法》分则第三章第二节"走私罪"中的"走私废物罪"(第339条第3款)在侵害我国对外贸易管理制度中的禁止境外废物进境的监管制度的同时,也会破坏我国的生态环境和侵犯公民的环境权。但是,以环境权为次要客体或附随客体的犯罪,并不总是会发生侵犯环境权的后果,并不当然适用环境刑法的基本原理。这些犯罪更多地还是属于传统刑法的核心领域。

因此,《刑法》中狭义的环境犯罪,是指"破坏环境资源保护罪"一节中规定的15种犯罪,即污染环境罪(第338条),非法处置进口的固体废物罪(第339条第1款),擅自进口固体废物罪(第339条第2款),非法捕捞水产品罪(第340条),非法猎捕、杀害珍贵、濒危野生动物罪(第341条),非法收购、运输、出售珍贵、濒危野生动物、珍贵、濒危野生动物制品罪(第341条第1款),非法狩猎罪(第341条第2款),非法占用农用地罪(第342条),非法采矿罪(第343条),破坏性采矿罪(第343条第2款),非法采伐、毁坏国家重点保护植物罪(第344条),非法收购、运输、加工、出售国家重点保护植物、国家重点保护植物制品罪(第344条),盗伐林木罪(第345条第1款),滥伐林木罪(第345条第2款)和非法收购、运输盗伐、滥伐的林木罪(第345条第3款)。

据此,我国现行环境犯罪体系的主要内容在于:①环境犯罪的既遂形态以行为犯和结果犯为主;②环境犯罪的危害行为表现为污染环境、破坏自然资源和危害生态安全;③环境犯罪的危害结果表现为造成重大环境污染事故、致使公私财产遭受重大损失、严重危害人体健康等各种严重后果;④以国家环境保护制度为客体的保守立法造成了环境犯罪体系的封闭。

综上所述,德国、日本的环境刑法规定了各种各样的犯罪类型,从违反排放基准直至造成致人死伤的严重结果,在可能产生危害环境后果的各个阶段对生态环境及处于其中的人类进行全面的保护。而我国的环境刑法仅选取了极为有限的 15 种犯罪,惩罚重点在于严重污染环境和破坏资源的行为,没有对整个生态系统予以有效的刑法保护。从机能化的观点来看,在以预防为主的刑事政策指导下,通过对环境法益的前置保护能够较好地发挥环境刑法遏制环境犯罪的机能;从体系化的视角分析,在承认预防性环保的刑事政策的合理性的前提下,通过将该刑事政策的价值目标引入环境刑法,可以构建更加具有实效的环境犯罪体系。基于以上观点,我国现行立法并不能称为机能化、体系化的环境刑法。

在现行法中,根据环境刑法规范的保护目的以及危害行为和危害结果的组合形式,可将环境犯罪分为三种类型:污染型环境犯罪(第 338 条、第 339 条第 1 款、第 339 条第 2 款),破坏自然资源型环境犯罪(第 342 条、第 343 条、第 345 条第 1～3 款)和危害生态安全型环境犯罪(第 340 条、第 341 条、第 344 条)。

其中,惩罚污染型环境犯罪的目的在于预防污染环境犯罪,减少或消除严重环境污染现象的发生;惩罚破坏自然资源型环境犯罪的目的在于预防破坏自然资源的犯罪,保护自然资源的生态价值和财产价值;惩罚危害生态安全型环境犯罪的目的在于预防危害生态安全的犯罪,维护生物多样性和生态系统的平衡、稳定。这些目的既是环境犯罪的分类标准,也是环境刑法分则体系化过程中应当遵循的原则。

然而,上述体系并不能完全满足我国环境犯罪刑事政策的预期目标,对环境犯罪的惩罚效果很可能凌驾于对环境犯罪的预防效果之上。因此,我国环境刑法亟待完善。立法者在选取环境犯罪的危害行为时,应该使之与危害环境事态的发展阶段匹配,并创造出具有不同层次危害性的犯罪类型,形成完整的环境犯罪体系。在对环境犯罪进行体系化的过程中,环境犯罪的本质属性始终是一个无法回避的问题。

第三节 国内外环境犯罪的罪名体系及比较

罪名体系是罪名之间共性特征的概括与总结,以形成相互之间的逻辑层阶关系。根据行为方式和保护价值的不同,罪名的基本类型可以划分为:污染环境犯罪、破坏自然资源犯罪、侵害动物类群犯罪、妨碍环境管理犯罪以及其他危害环境的犯罪。

一、环境犯罪的罪名体系设计

环境犯罪的罪名体系进行上述分类的理由在于:

首先,污染环境犯罪和破坏自然资源犯罪是现代环境刑法的两大基本犯罪类型。两种犯罪类型的区别在于:第一,行为方式不同。前者是人类进入工业社会以后,工业大规模扩张超过了环境能承载的自我净化能力的最终结果,其实质是人类社会向自然界的一种输出行为;后者是人类从自然中非法攫取物质,导致资源数量减少或功能丧失,其实质是自然界向人类社会的一种输入行为。第二,危害性的体现方式不同。与污染环境的直接性和突发性相比,破坏自然资源所造成的结果是局部的或间接体现的,甚至需要数十年的时间才能逐步显现,但危害性并不亚于环境污染,如对森林资源的破坏会逐步显现为自然气候的异常、各种磁场、离子场、光场等方面的混乱,从而增加自然灾害的发生频率和破坏力。

其次,侵害动物类群犯罪有独立规定的必要性。尽管侵害动物类群犯罪本质上也属于破坏自然资源犯罪,但对即将灭绝的生物类群给予更为充分的刑法保护,将唤起人类的环境道德良心。人类的道德关怀应当拓展到整个自然界,对非人类的生命物的关怀体现了人类广阔的道德胸怀和更高的道德情操,这正是现代环境刑法伦理性特征的体现。将侵害动物类群犯罪的罪名独立归类,反映出人类对地球生命的尊重与自省,这与单纯从为维护人类延续发展需要而对自然资源进行保护的基本立场有较大差别。

再次,应将妨碍环境管理犯罪单独归类。妨碍环境管理犯罪是在环境管理过程中因违反行政管理规定而对环境犯罪的产生及其社会危害性的扩散具有辅助和促进作用的犯罪类型,如虚假报告罪、拒不执行环境行政监管罪等。设置独立的妨碍环境管理犯罪有助于强化环境行政监督的效力,并能实现刑法与环境管理法律规范的有效对接,充分体现刑法在社会关系调整上的后位保障功能。

最后,应将除上述类型以外的其他危害环境犯罪归为一类。这主要是指基于广义上环境概念而发生的犯罪,如破坏遗迹类犯罪、破坏风景名胜类犯罪、破坏生活居住环境类犯罪等。

以上罪名体系的设计反映了不同罪名类型在环境治理机制中的不同功能:污染环境犯罪和破坏自然资源犯罪作为最为传统的罪名类型是环境刑事治理的主体和基础;侵害动物类群犯罪体现出环境刑事治理的发展新动向;妨碍环境管理犯罪在环境治理机制中发挥着协调刑事治理与其他治理关系的作用;而其他危害环境犯罪则反映了环境刑事治理的全面性。

二、大陆法系国家环境犯罪的罪名体系

(一)德国环境犯罪的罪名体系

德国环境刑法采用刑法典加附属刑法的模式,其环境犯罪的罪名如下:

第一,污染环境犯罪。该类罪名规定在《德国刑法典》第二十九章"危害环境罪"中,具体包括污染水体罪(第324条)、污染土地罪(第324条)、污染大气罪(第325条)、噪声污染罪(第325条)、非法处理垃圾罪(第326条)、不正当使用核设备罪(第327条)、未经许可的放射性物质及其他危险物品交易罪(第328条)。

第二,破坏自然资源犯罪。《德国刑法典》第329条规定了侵害特殊保护区罪,强调了对特殊保护区内自然资源的保护。

第三,侵害动物类群犯罪。《德国刑法典》第二十五章"应处罚的利己行为"中规定了侵害狩猎权罪、侵害渔业权罪。《德国刑法典》第329条侵害特殊保护区罪中规定了禁止猎杀、捕获受《联邦自然保护区法》保护的动物,而对侵害濒临灭绝的动植物的行为作为污染环境的情节加重犯在第330条"情节特别严重的危害环境犯罪"中予以规定。此外,德国十分重视对动物的保护,1998年制定的《动物福利法》将虐待动物规定为犯罪。

第四,其他危害环境的犯罪。《德国刑法典》第304条损害公共财物罪,规定了对重点保护的自然遗迹、艺术品、公共纪念碑等公共物品损害的刑事责任。

(二)日本环境犯罪的罪名体系

日本环境刑法采用的是综合立法模式,包括刑法典的规定、特别刑法以及附属刑法,其环境犯罪的罪名体系如下:

第一,污染环境犯罪。该类罪名以1970年特别刑法《公害法》中第2条规定的公害罪为核心,但具体罪名还是来自附属刑法和刑法典的规定。在水污染罪方面,《日本刑法典》第十五章"有关饮用水的犯罪"规定了污染净水罪、污染水道罪、将毒物混入净水罪,1998年《水污染防治法》第30~35条规定了污染水体的行政犯,1973年《防治海洋污染法》第55条规定了污染海洋罪;在大气污染犯罪方面,1995年《大气污染防治法》第33~37条和《防治恶臭法》第23条规定了大气污染罪;在噪声污染犯罪方面,1995年《噪声控制法》第29条规定了噪声污染罪;在固体废物污染犯罪方面,1974年《废除物处理和清扫法》第25条1995年《恶臭防治法》第23条分别规定了固体废物污染的犯罪。

第二,破坏自然资源犯罪。1988年《森林法》第197条规定了盗伐林木罪、第202条规定了森林放火罪、第203条规定了森林失火罪,1950年《矿业法》第191条规定了非法采矿罪。

第三,侵害动物类群犯罪。1972年《野生动物保护和狩猎法》第21条规定了非法狩猎罪,1986年《渔业法》规定了非法捕捞罪。

第四,妨碍环境管理犯罪。妨碍环境管理犯罪体现为对以上环境管理行为的违反,如《水污染防治法》《大气污染防治法》和《噪声控制法》都规定了未按规定申报或虚假申报罪。

(三)英美法系国家环境犯罪的罪名体系

英美法系国家的环境刑法主要以附属刑法为主,即附属在环境行政法条文之中,而不采取另行修订刑法的方式。在很大程度上英美法系国家的行政机关具有制定环境污染标准的权利,环境刑法的制定受到大量环境行政法的制约。行政机关对各种相互交错的环境保护可以制订计划,并随时加以协调指导或干预。这种模式造成刑法不能单独对环境犯罪做出定义,而附加环境犯罪条款的特别环境行政法在惩治环境犯罪方面占有绝对的优势地位,因而成为环境刑法的主流。英美法系在环境犯罪上的附属刑法模式,形成英美法系国家环境犯罪罪名的广泛性和全面性的特点。

以美国为例,在污染环境犯罪方面,有控制大气污染的《清洁空气法》、控制水污染的《饮用水安全法》和《清洁水法》、防治废物污染的《资源保护与回收法》和《有毒物质控制法》;在破坏自然资源犯罪方面有《多重利用持续产生法》《森林和牧场可更新资源规划法》和《自然保护区法》;在侵害动物类群犯罪方面有《濒危物种法》等。在附属刑法模式下,相关的罪名即是来自对上述行政管理法规中禁止性和义务性规范的违反而规定的刑事罚则。此外,妨碍环境管理类犯罪在以上各项行政法规中都有体现,如《综合环境反应、赔偿和责任法》规定在排放有毒物质前,未向联邦有关机构报告或者提供虚假、误导信息的,或者未向环保局通报未经批准的储存、处理、处置有毒物质的场地的,或者故意毁坏或者伪造记录材料的为犯罪行为;《联邦杀虫剂、杀菌剂、杀鼠剂法》规定了故意违反各种药剂注册登记规定的犯罪;《清洁空气法》将做虚假陈述、不按要求进行汇报、毁坏环保局的监测设备、不向政府交纳有关费用的作为犯罪处理等。

三、中国环境犯罪的罪名体系

(一)污染环境犯罪

污染环境犯罪是指自然人或单位非法向环境输入大量物质或能量,超过了环境的自净、调节机能,引起环境质量下降,破坏或足以破坏生态平衡或危害人类正常生存和发展条件的行为。我国污染环境犯罪的罪名包括:重大环境污染事故罪(第338条)、非法处置进口固体废物罪(第339条第1款)、擅自进口固体废物罪(第339条第2款)。此外,考虑到走私废物的行为对环境犯罪的产生或社会危害性的扩散具有辅助和促进作用,其侵害的主要客体已经不是海关管理秩序,而是对环境的侵害,因此《刑法》第152条走私废物罪应纳入环境犯罪的罪名体系之中。基于同理,走私国家禁止进出口货物、物品罪中的有关走私珍稀植物、珍稀植物制品的犯罪行为和走私珍贵动物、珍贵动物制品罪,也应归于相应的环境犯罪罪名类型之中。

(二)破坏自然资源犯罪

破坏自然资源犯罪是指自然人或单位在开发利用自然资源的活动中,非法从自然界取走某些物资、物种,改变或破坏自然环境的原有面貌、形状,超过了自然环境的自我调节及平衡机能的行为。破坏自然资源犯罪的罪名包括:非法占用农用地罪(第342条),非法采矿罪(第343条第1款),破坏矿产资源罪(第343条第2款),盗伐林木罪(第345条第1款),滥伐林木罪(第345条第2款),非法收购、运输盗伐、滥伐林木罪(第345条第3款),非法捕捞水产品罪(第340条),非法采伐、毁坏国家重点保护植物罪(第344条),非法收购、运输、加工、出售国家重点保护植物、国家重点保护植物制品罪(第344条),走私国家禁止进出口货物、物品罪(第151条第2款)。

(三)侵害动物类群犯罪

侵害动物类群犯罪突出了生态中心主义的特点。在我国刑法上,侵害动物类群犯罪的罪名包括:非法捕捞水产品罪(第 340 条),非法狩猎罪(第 341 条第 2 款),非法猎捕、杀害珍贵、濒危野生动物罪(第 341 条第 1 款),非法收购、运输、出售珍贵、濒危野生动物、珍贵、濒危野生动物制品罪(第 341 条第 1 款),走私珍贵动物、珍贵动物制品罪(第 151 条第 2 款)。

(四)妨碍环境管理犯罪

环境管理关系具有双向性,但我国刑法上对被管理人服从管理的义务没有规定罪名,仅从渎职犯罪角度对环境管理人的职务行为规定了相关罪名,如刑法典中的违法发放林木采伐许可证罪、环境监管失职罪、非法批准征用、占用土地罪。此类罪名本质上属于妨碍环境管理犯罪,但若在立法体系上将其归为环境犯罪的罪名体系之中,是否会对刑法典中渎职类犯罪的立法模式产生消极效果,还需要进一步研究。

(五)其他危害环境的犯罪

刑法典分则第六章第四节中的故意毁坏名胜古迹罪、盗掘古文化遗址、古墓葬罪都应当属于其他危害环境的犯罪。根据我国《环境保护法》第 2 条的规定,本法所称的环境,是指影响人类生存和发展的各种天然的和经过人工改造的自然因素的总体,包括大气、水、海洋、土地、矿藏、森林、草原、野生生物、自然遗迹、人文遗迹、自然保护区、风景名胜区、城市和乡村等。因此,此类罪名属于涉及其他环境要素的罪名。

四、中外环境犯罪的罪名体系比较

(一)污染环境犯罪

各国污染环境犯罪的罪名设置方式有两类:第一类是设置具

体性罪名。一些国家根据具体的环境要素和特定危险物质规定了详细的罪名,如俄罗斯在规定了污染大气罪、污染水体罪、污染海洋罪、毁坏土地罪之外,还规定了关于放射性、生态危险物和废料、微生物或毒素、动物疫情和植物虫害的犯罪;此类分项设置罪名的国家还有德国、日本和英美。分项设置具体罪名的优点是比较具体和明确,容易突出重点,但缺点是罪名过于烦琐,罪名的包容性不强,可能会导致立法的滞后。第二类是设置概括性罪名。一些国家将污染环境犯罪分为两项概括性罪名:一项是污染环境罪,包括了针对不同环境要素污染犯罪;另一项是废物犯罪,包括了施于废物的各种行为。我国在污染环境犯罪的罪名设置上兼具以上特点。我国刑法典中的重大污染事故罪包括了污染土地、水体、大气和固体废物污染的行为,属于概括性罪名;还单独规定了非法处置进口的固体废物罪和擅自进口固体废物罪。此外,我国刑法典中的危险物品肇事罪尽管不属于严格意义上的环境犯罪,但也涵盖了部分国外废物犯罪的部分罪名。

(二)破坏自然资源犯罪

各国根据本国的资源情况的不同,在罪名设置上的侧重点不同。例如,巴西作为热带雨林大国,在其环境犯罪法中专门设置了"危害植物罪"一节,规定了12种与植物保护有关的犯罪,其对植物生态的刑法保护在全世界范围内是最为全面的,而俄罗斯则注重对海洋自然资源的保护,将侵害大陆架和专属经济区的行为规定为犯罪。此外,德国和美国都非常重视对自然保护区的整体性保护,均规定了侵害自然保护区的相关罪名。

与上述国家相比,我国也根据本国资源的实际情况,设立了相应的破坏资源类犯罪,例如,刑法典中特别规定了其他国家鲜有规定的非法占用农地罪。但总体而言,仍缺少对草原资源、湿地资源等自然资源的刑事保护,并且也无对自然保护区整体性保护的刑事规定。此外,我国刑法典中盗伐林木罪和滥伐林木罪的犯罪对象范围要小于俄罗斯刑法中的非法砍伐树木和灌木罪,也无日本森林法中规定独立的森林放火罪、失火罪和毁坏森林罪。

(三)侵害动物类群犯罪

各国将非法捕捞和非法狩猎犯罪作为侵害动物类群的基本罪名。在此基础上,德国强调对保护区内动物的特殊保护,德国将对保护区内动物的侵害作为侵害保护区罪的情节犯。对于珍贵、濒危的动物的保护,《德国刑法典》第330条将其作为污染环境犯罪的情节加重犯,俄罗斯刑法典将其规定为非法狩猎罪的一种情节,而我国则将其单独成罪。相比之下,我国单独成罪的立法方式更能强化对珍贵、濒危的动物的刑事保护力度。此外,各国的动物保护观念较强,都设置了虐待动物的罪名,但我国则缺少相应罪名。

(四)妨碍环境管理犯罪

在妨碍环境管理犯罪上,采用附属刑法的国家往往将妨碍环境管理程序的行为规定为犯罪,如日本和美国在相关的环境管理法规中规定了未按照规定申报、虚假申报、不缴纳相关费用等罪名。我国规定了环境监督失职罪以及一些针对具体环境管理活动的渎职犯罪,对于行政相对人在行政管理活动中的违法行为,一般只通过环境管理法调整,在刑法上没有规定具体罪名。

(五)其他危害环境的犯罪

在其他危害环境的犯罪上,德国将对人文环境的侵害行为规定为犯罪,如《德国刑法典》第二十七章"损害财物的犯罪"第304条规定了对重点保护的自然遗迹、艺术品、公共纪念碑等公共物品损害的刑事责任。我国也规定了相关侵害人文环境的犯罪,但主要限于古迹和古文化的范围,并且相关罪名也未规定在破坏环境管理秩序罪的专节之中。

五、我国环境犯罪的罪名体系存在的问题

根据现阶段环境犯罪的预防和控制需要,结合国外环境刑法的罪名设置情况,我们认为,我国环境刑法罪名体系存在如下问题。

(一)罪名体系化程度不高

罪名在刑法典中所处的章节是罪名体系化的外在体现。我国环境犯罪的主要罪名规定在刑法典分则第六章第六节"破坏环境资源保护罪"之中,此外,第三章第二节"走私罪"、第六章第四节"妨碍文物管理罪"中也涉及了部分环境犯罪罪名。罪名的分散规定会导致罪名之间关系的松散化,这不仅会在一定程度上淡化环境犯罪的客体特征,而且也会对环境犯罪的体系化治理产生负面影响。与我国相比,其他成文法国家在刑法典中对环境犯罪的规定都比较集中,德国在刑法典中通过专章方式。这种集中立法的优点在于能构建较为全面的环境犯罪罪名体系,并形成层次分明、重点突出的环境犯罪罪名结构,从而揭示不同罪名的差异性以及在环境刑事治理中所发挥的作用。当然,强调环境犯罪罪名的体系化也存在着一定弊端,即可能出现过度扩大环境犯罪体系的范围,将与环境有关的犯罪全部纳入其中,从而导致刑法的整体结构被破坏。因此,在强调环境犯罪罪名体系化的同时,必须从刑法立法体系的宏观角度把握环境犯罪罪名体系化的范围。

(二)罪名规制范围较窄

罪名的范围大小是建立罪名体系的基础。作为后位保障法,环境刑法的罪名设置应当与环境管理法所包含的环境要素对应一致。我国《环境保护法》第2条从广义上规定了环境的概念,即是指影响人类生存和发展的各种天然的和经过人工改造过的自然因素的总体,不仅包括大气、水、海洋、草原、野生生物等自然环境,也包括了人文遗迹、风景名胜区等人文环境,甚至还包括了城

市、乡村等社会环境在内。然而，环境刑法却采用了最狭义的环境概念，相关罪名所针对的对象是自然环境，不包括人文环境和社会环境，而且即使是自然环境，也未能涵盖《环境保护法》所提出的全部自然环境要素，未能将诸如草原、湿地、自然保护区等自然环境要素包括在内。此外，过窄的罪名设置，也导致环境刑事治理与行政治理之间相互脱节，处于空白地带内的环境管理行为因缺少必要的刑罚后盾保障而导致其执行力降低，造成环境治理整体机制效能的减弱。因此，有必要结合环境管理法规中关于环境要素的规定，对相关环境犯罪罪名进行增补完善。

（三）罪名针对性不强

我国1979年刑法典中没有规定环境污染犯罪，而是通过附属刑法以类推方式适用1979年刑法典第115条"违反危险品肇事罪"，而在1997年刑法典修订时，也没有关注环境污染形式之间的差异和不同的社会危害，仍然采用混合罪名的方式，导致重大环境污染事故罪成为一个涵盖面非常广的罪名，包括了不同的污染源对不同对象的污染行为，如将污染水体、大气、土地和固体废物污染、放射性污染、气体污染等混同在一起。因此，有学者认为不同的污染行为的实施方式或中介物质不同，行为特征和自身的性质也不同，没有必要将所有的污染行为合并在一起。

事实上，重大环境污染事故罪的罪名并没有涵盖所有严重污染环境的危害行为，如噪声污染、电磁辐射污染等，而且就已经涵盖的罪名而言也无法根据污染对象的不同进行差别处置，例如，海洋污染有污染源多，污染源扩散范围大，污染持续性强，对水生鸟类、鱼类等危害严重等特点，针对日本等沿海国家，将污染海洋的犯罪独立于水污染犯罪，而我国海洋污染已经达到了相当严重的程度，广东沿海、渤海湾等多次出现污染导致的赤潮，但对海洋污染的刑事治理却仍然等同于内水污染。这种高度统一的罪名是否能适应现代社会来自不同领域内的环境风险和不同的治理要求，确实值得疑问。

此外,重大环境污染事故罪也没有区分不同污染对象对人类所造成的不同影响。水体、大气、土地等与人类生产、生活最密切相关的环境要素,较为容易受到污染,且污染后果难以在短期内消除,会严重影响人们的正常生活;而放射性污染、固体废物污染发生的概率相对较小,且污染后果可以通过技术手段予以有效控制。为更有针对性地预防和控制相关环境犯罪,有必要在罪名上体现出不同污染对象在法益侵害程度上的差别。

(四)罪名结构单一

从犯罪治理的整体性角度,设置具有犯罪预防功能的罪名,对于提升犯罪治理的整体效果具有重要意义。我国环境刑法中的罪名都是针对已然的环境危害,要求必须出现实际的环境危害结果,属于一种事后惩治。对于事前预防和事中控制,仍然依靠行政处罚,如我国《环境保护法》第35~37条规定,对于拒绝环境保护行政主管部门检查、谎报相关申报事项、不按国家规定缴纳超标准排污费等违反环境保护法律规定的行为,环境监督管理部门可根据不同情节,给予警告或罚款。注重事后惩治是传统刑法中结果本位立法理念的体现,也是刑法谦抑性原则的表现。

但是,当今社会经济、技术、科技的高速发展,使得环境污染的危害系数大大增加,环境侵害所产生的风险变得更不确定,此时,过多强调结果本位的立法理念,无助于对环境侵害的有效治理。从国外立法经验上看,在环境刑法上采用附属刑法模式或以附属刑法为主的混合模式或特别刑法模式的国家,刑事规范和行政规范结合较为紧密,都有关于妨碍环境管理犯罪的规定,刑罚介入环境违法的时间较早,因而,可以有效抵御环境侵害所带来的系统性风险。

我国在环境刑法上虽然也采用混合模式,但刑法规范与环境保护法规范之间存在脱节现象,加之刑法介入时间较为滞后,难以提高环境治理的整体效果。立法理念应与社会发展保持相对一致,在风险社会的时代背景下,应适当扩张环境刑法的犯罪圈,提前刑法介入环境违法的时间,将一些可能引发重大环境危害的前期行为犯罪化,增加诸如"妨碍环境管理罪"之类的带有明显预防功能的罪名,从而体现对环境犯罪的整体性与根源性治理。

第五章 污染型环境犯罪

很多危害环境的行为会对水体、土壤、大气造成严重的破坏和污染,使环境质量出现大幅下降,这些污染还可能会威胁到人类的健康和生命。所以,各国环境刑法非常重视对污染型环境犯罪的预防和处罚。我国于1997年修订《刑法》时将污染型环境犯罪进行了法定化,在之后也在一直对其进行修改和完善,但是目前还有很多理论上以及实践上的问题需要进一步讨论和解决。

第一节 污染型环境犯罪概述

污染型环境犯罪是对各种严重污染环境的危害行为的统称,属于环境犯罪的一种类型。想要对各类污染型环境犯罪进行详细具体的分析,首先应该对污染型环境犯罪有一个整体上的把握,对这个问题进行基础性的宏观了解。

一、污染型环境犯罪的概念

(一)刑法中的"污染"概念与环境法中的"污染"概念

刑法中的"污染"概念来源于环境法中的"污染"概念。一般认为,环境污染是指人类在生产和生活活动中,向环境中排入了超过环境自净能力的物质或能量,使得环境化学、物理、生物等性质发生变异,从而导致环境质量下降,破坏了生态平衡或者危害了人类正常生存和发展的条件[①]。一般情况下,某种行为会直接作用于环境要素从而引起环境污染,例如大气污染、水污染等;除此以外也可能将环境要素作为一种中介而对人体形成一定伤害,例如噪音污染、强光照射等。我国《环境保护法》中规定,必须采取有效措施对生产建设或者在其他活动中产生的废气、废水、粉尘、恶臭气体、放射性物质以及噪声振动、电磁波辐射等对环境的污染和危害进行防治,所以这里的"污染"同时包括直接作用于环境要素造成的环境污染,以及将环境要素作为中介而对人体造成的损害。

在刑法中,"污染"这一概念也同上面提到的那样,包括直接作用于环境的以及将环境要素为中介作用于人体的。《德国刑法典》对水污染罪规定的构成要件中提出,"未经许可污染水域或对其品质做不利的改变的"才能构成该罪。德国刑法学界认为,在水污染罪的行为构成中,污染是指行为人通过某种行为造成了水的表现形态与之前"纯"的状态有所区别,尤其是指水出现浑浊、产生泡沫、产生油渍的情况。但是并非所有污染都会符合该规定中所提到的行为构成,因为规定中认定只有对水质造成"不利的改变",才会构成犯罪。例如,通过泥沙而造成的水质轻微浑浊就并不属于这里规定的污染,也就不构成犯罪。从概念的角度进行分析,被污染的水并不一定是在污染前就是干净的。一般认为,该罪中提到的对水的"不利改变",并不包括对人、动物或者植物这个范畴,但是因为对水的使用进行花费巨大的预加工、水的再利用能力的降低或者水面下降,从而对动植物的生活关系造成了危害等情况,污染土地罪、污染空气罪中所说的"污染"同样可以进行类似的理解。

(二)刑法中的"污染"概念与环境犯罪刑事政策、环境刑法目的

虽然刑法中"污染"概念是将环境法中的"污染"概念作为前

---

① 周珂.环境与资源保护法[M].北京:中国人民大学出版社,2010,第132页.

提的,但需要注意的是刑法中"污染"的概念并不和环境法中完全相同。环境犯罪刑事政策和环境刑法也会对刑法中"污染"这一概念的界定有一定的制约,同时还会在一定程度上对环境法中的"污染"概念进行限制和修正。

一方面,环境犯罪刑事政策的重点是预防环境犯罪,其主张的是刑法应当在危害环境的结果或人身损害的后果发生之前介入,这样可以尽早地进行环境修复。在这样的主张下,由于污染环境而致人死伤的犯罪构成,在环境刑法中的生存空间就相当有限,因为通常在发生这样的结果之前刑法就会介入并进行适当干预。由此可以看出,环境犯罪构成正在发生转变,从结果构成逐步向行为构成转变,"污染"是其核心概念也逐渐将环境的生态价值和精神价值作为重点。

另一方面,其实环境刑法的最终目的是保护人,通过保护人的环境权益来保护人,也就是将现代人类中心主义的伦理观作为根据,根据环境刑法对环境权益保护其实是保护人应当享有的环境权。由此可见,显著轻微的污染行为并不属于环境刑法的规制范围内,同时刑法谦抑原则同样会对责任前置原则产生一定制约,所以这里所说的"污染"概念不是仅指对污染物排放标准的单纯超越。也就是说,如果某种行为对环境的物质转移或能量交换超过了污染物排放标准,并不可以直接将其定义为已经构成"污染",应该将其是否具有不利改变环境的现实可能性作为一项重点考察标准。

综上所述,刑法中所说的"污染"是指违法向环境排放明显超过其自净能力、再生能力的物质或能量,足以或已经造成环境质量的明显降低,使生态环境遭受严重破坏,侵害人的环境权的行为。污染型环境犯罪是指,行为人违法排放明显超过环境自净、再生能力的物质或能量,并且足以或已经造成了环境质量的明显降低,对生态平衡造成了严重破坏,对人的环境权产生了侵害,应该受到相应刑罚和处罚的行为。

二、污染型环境犯罪的构成特征

(一)污染型环境犯罪的客体

环境犯罪的客体为环境权,这可以理解为环境犯罪侵犯了对人们享有的环境享受权,同时还可能侵犯与犯罪相关人们的生命权、健康权和财产权。可以看出,环境犯罪不仅对环境的生态功能和财产功能产生了破坏,人们在自然环境中所享有的精神权利以及物质权利也遭受了一定侵害。所以,根据现代人类中心主义的环境伦理观和环境犯罪的刑事政策,污染型环境犯罪的客体同样应该界定为环境权,也就是说污染环境的犯罪行为对人们的环境享受权以及相关的生命权、健康权和财产权造成了侵害。其中,环境享受权是主要客体,是基本环境权;相关的生命权、健康权和财产权是次要客体,它们均属于派生环境权。因此,本质上污染型环境犯罪属于侵犯个人利益的犯罪。

我国《刑法》分则将环境犯罪纳入"妨害社会管理秩序罪"一章,也就是说按照该分类,环境犯罪是对国家利益或社会集体利益造成了侵犯的犯罪行为,因为社会管理秩序的概念有着十分广泛的内涵与外延。在广义层面上讲,社会管理秩序是指国家对社会各个方面进行管理而形成的稳定有序的社会状态。但是,我国《刑法》分则对危害、破坏或侵犯有关社会秩序的行为进行了专门的分章规定,所以狭义层面上的社会管理秩序就是妨害社会管理秩序罪所侵犯的同类客体,也就是说国家对社会日常生活进行科学有效的管理,从而建立的一套有条不紊的社会秩序。所以,从妨害国家有效进行环境保护、防止危害环境现象的发生的角度来看,环境犯罪可能会侵犯国家利益;从破坏人与自然关系的稳定、协调的角度来看,环境犯罪有可能会对社会利益造成侵犯。因为要重视秩序保护,刑法理论通说将污染型环境犯罪的客体进行定义是,规定必须要包括"国家环境保护制度"的相关内容。但是可以明显看出,通说观点并不符合现代的环境伦理观和环境犯罪刑事政策。实际上,污染型环境犯罪虽然对国家利益、社会利益形成了侵犯,但其实真正受到了侵犯的是一定区域内自然人的权利。所以没有对个人权利进行有效保护,也就无所谓现代刑法的真正意义和价值了。由此可见,应对环境危机的一种重要的方法就是加强对个人被害进行救济的重视,鼓励被害人要积极采取适当的方法进行维权活动,使自身利益得到保障。

(二)污染型环境犯罪的客观方面

1. 违反环境法的有关规定

环境刑法大多数情况下会采用空白罪状的立法方式,所以违反环境行政法的规定是构成环境犯罪的前提,这通过以下几个方面的内容得以表现。

(1)违反适当保管、配合调查、采取应急措施、进行真实的报告、记录、申请等行政命令。

(2)违反矿产资源、水产资源、野生动物资源等自然资源的管理规定。

(3)违反土地、森林、草原等相关方面的管理规定。

(4)违反相应的行政许可排放污染物。

(5)未经相应的行政许可随意排放污染物。

除此以外,美国《清洁空气法》授权环保署制定了《联邦空气质量标准》《联邦统一有害污染物排放标准》《新污染源实施标准》,以此对所有静止的如建筑物、安装设备和运动的空气污染源进行有效的控制,以此有效地消除酸性沉降物,对臭氧层进行相应的保护。根据该法而制定的实施计划包括国家大气环境质量标准、联邦统一污染物排放标准、新污染源实施标准、酸性沉降物管制办法和臭氧层保护。下列情况均属于违法行为:超过国家大气质量标准或是联邦统一污染物排放标准进行的排放;新建或改造污染源超过相应的标准进行排放的;超标向外排放超标准排放SO_2;超标排放或产生对臭氧层产生影响的物质;没有按照要求向环保署提交相应的报告；不遵守环保署的行政命令。

2.实施了污染环境的危害行为

污染环境的危害行为，是指行为人向环境排放超过其自净、再生能力的物质或能量。

(1)行为人排放的是污染物或者是可以产生污染的某些能量

一般情况下，污染物会通过和生物体或其他环境要素进行接触、吸入、渗入从而产生的一些化学、物理反应，以此产生有害物质或者是通过破坏细胞结构对生态环境造成一定程度的危害，从这个角度来说，前者包含后者。我国还没有对污染物进行明确的细分规定，所以在实践过程中要注意对污染环境的污染物进行鉴别。按照性质进行划分，可以分为化学性污染物、物理性污染、生物性污染物；按照对象进行划分，可以分为土壤污染物、大气污染物、水体污染物；按照产业进行划分，可以分为农业污染物、工业污染物、交通污染物、生活和旅游污染物；按照来源进行划分，可以分为天然污染物、人为污染物。而且，根据《控制危险废物越境转移及其处置巴塞尔公约》的精神和附件中的危险废物类别及其特性清单，具有一种或多种包括易燃性、爆炸性、腐蚀性、传染性和毒害性等特性的生产性废物和生活性垃圾都属于污染物。

(2)污染行为包括直接污染和间接污染

直接污染，是指危险废物等特殊污染物直接作用于环境要素从而产生的环境污染；间接污染，有害物质间接作用于环境要素对环境造成的污染。在德国刑法理论中，通过污染物质直接对水造成一定污染的行为，以及有害物质通过间接途径对水造成污染的行为都属于引起水污染的行为。例如，通过乡镇城市排水工程排放有害物质、通过工业和矿山等工程对外排放的废水、通过农业和畜牧业对外排放的废水等都属于对谁造成污染的行为，如图5-1所示。根据当前的德国刑法规定，土地污染可以分为两类：一类污染是直接通过土地得以表现的污染，另一类是间接的通过其他法律禁止的行为而对土地造成的污染。

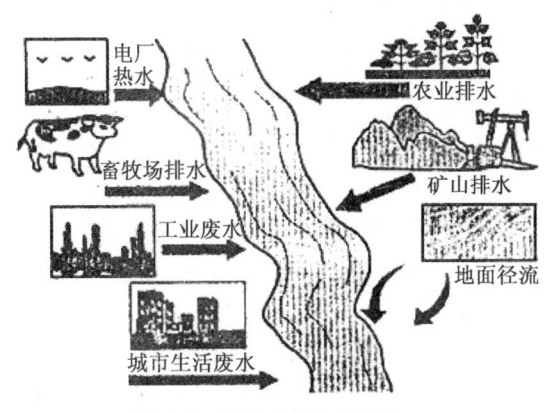

图 5-1 引起水污染的行为

(3)污染行为可以作为或不作为的方式实施

一般情况下,行为人通过积极作为的方式对环境造成损害,通常都是通过主动向环境排放某种污染物而造成后果,但在一些情况下也会因为行为人不履行某种行为而导致污染的发生和扩大。可以理解为,清除污染物、完全恢复环境的原貌并不是行为人作为义务的判断根据,关键是行为人是否采取了合适的措施防止污染的发生和扩大。

3.产生了一定的污染环境结果

从内容上看,污染环境的结果包括了对环境的不利影响,这表现在环境质量的显著降低,生态平衡遭到一定破坏;还包括对人的不利影响,表现在人的环境享受权,相关的生命权、健康权和财产权受到了一定侵害。从程度上看,污染环境的结果一方面包括了对环境要素的侵害和危险,另一方面包括了其对环境权的侵害和危险。这里提到的危害是指对环境造成了污染的具体危险状态,并不包括抽象意义上的危险,由此环境结果犯可以分为两种,即实害犯和具体危险犯。

在环境刑法中,直接规定环境实害犯的条文通常以致人死伤结果或严重污染环境后果的发生为构成要件,例如我国《刑法》中的污染环境罪、擅自进口固体废物罪,日本《公害罪法》中的排放有害物质罪的结果加重犯等。除此以外,不是已经而是足以引起以上这些结果的行为,同样属于无法容忍的罪行。例如,《德国刑法典》中的污染空气罪中规定,足以对设备所属的区域之外的人的健康造成伤害以及对动物、植物或者其他贵重物品造成损害的行为,就属于犯罪行为,所以该罪也表现为一种结果危害构成。

4.污染环境行为与污染环境结果之间存在因果关系

污染环境犯罪的因果关系只存在于上述结果犯罪构成中,也就是说污染环境行为和污染环境的实害结果或危险结果之间必须具有合乎规律的、引起与被引起的关系。应该在借鉴环境侵权因果关系论的基础上,从环境刑法机能化的角度对破坏自然环境犯罪和污染环境犯罪之间的因果关系进行适当的修正,以此为基础归纳出更具实用性的认定规则。从环境犯罪的行为构成的角度来说,对于这种因果关系的判定并非必要,只要行为人在没有正当化原因的情况下,违反行政命令或者是超标排放,就构成犯罪。

(三)污染型环境犯罪的主体

在我国刑法中,污染型环境犯罪的主体包括自然人主体和单位主体。刑法规制的重点是单位实施的污染环境犯罪,这同时也是进行相关理论研究的热点。

(四)污染型环境犯罪的主观方面

污染型环境犯罪的主观方面一般可以分为故意和过失两种罪过形式,大部分情况为过失。对于这个问题,刑事推定更有严格责任的引入,因此在下文就不再涉及严格责任问题。

第二节 污染环境罪的定罪量刑

污染环境罪是《刑法修正案(八)》对原重大环境污染事故罪

修正后确立的罪名。从重大环境污染事故罪逐渐到现在的污染环境罪,可以看出我国在不断地对环境刑法进行改进和完善,同时还可以看出我国的刑事立法观念也在进行革新。但是现行的污染环境罪仍然存在一定不足,尤其是在构成及适用方面。

一、污染环境罪的概念和构成特征

污染环境罪,是指行为人违反国家规定,排放、倾倒或者处置有放射性的废物、含传染病病原体的废物、有毒物质或者其他有害物质,严重污染环境的行为。

(一)污染环境罪的客体

按照通说的观点,污染环境罪的客体为国家环境保护制度,但是这种观点下的客体定义和原重大环境污染事故罪并没有明显区别。按照更适当的定义方法,应该将人的环境作为该罪的客体。因为国家规定环境保护制度的根本目的在于保护国家公民的享有的环境权,所以该罪的本质主体是公民的环境权。

(二)污染环境罪的客观方面

污染环境罪的客观方面表现为行为人违反相关的国家规定,实施了严重污染环境的行为,主要内容包括以下四个方面。

第一,行为人必须是违反了国家规定的,也就是行为人违反环境行政法有关禁止污染环境或命令防止污染的各项规定。只要这一条件通过《刑法》予以确认,相应的行为就具备了刑事违法性。

第二,行为人必须是已经实施了排放、倾倒或处置污染物的行为。这里的排放,是指将污染物以泵出、喷出、溢出、倒出、泄出等方式注入环境系统的行为;这里的倾倒,是指通过一定运输工具将污染物丢弃、放置或倒入生态环境中的行为;这里的处置,是指通过焚烧、填埋或其他可以对污染物特性造成改变的方法对污染物进行处理的行为。

第三,行为人必须释放的是放射性的废物、含传染病病原体的废物、有毒物质或其他有害物质。放射性的废物,是指含有放射性核素或是遭到放射性核素的污染,其浓度或活度超出了国家规定的相关清洁解控水平,并且预计不会再投入利用的物质,这类废物的主要来源是核燃料生产过程、反应堆运行过程等;含传染病病原体的废物,是指含有病毒、细菌、原虫等传染病病原体的水、土壤或生活物质;有毒物质,是指具有毒害性,对人体、生物或环境造成了严重危害的物质;其他有害物质,是指除了以上提到的集中物质外,可能对人体或环境要素造成一种或多种包括传染性、腐蚀性、爆炸性、毒害性等特性的危害的物质。一般认为,这里所说的污染物,不仅包括《国家危险废物名录》中所列举的废物,同时应该将《控制危险废物越境转移及其处置巴塞尔公约》的附件作为有效参照,同时还要具体结合物质特性,对某一物质是否属于污染物进行判定。由此可见,污染物同时包括危险废物和非危险废物,工业废物以及生活垃圾,固态废物、液态废物以及气态废物,单一形态的废物以及混合形态的废物。

第四,行为人的行为必须造成了严重污染环境的后果。严重污染环境的后果包括使环境质量出现了显著的降低,生态平衡遭到了明显破坏,人体健康甚至生命受到了威胁等。

(三)污染环境罪的主体

污染环境罪的主体为一般主体,即年满16周岁、具有刑事责任能力的自然人和单位,这种主体结构也造成了不同主体之间存在的罪过构造差异。

(四)污染环境罪的主观方面

污染环境罪的主观方面是过失,也就是行为人本来应该预见到自己实施的行为可能会对环境造成严重的污染,但却因为行为人自身的疏忽大意而没有预见到这一结果,或者已经预见到结果却轻信严重结果可以避免。需要强调的是,行为人对严重污染环境的后果是出于过失,但是行为人实施的违反国家规定和实施污染的行为,可以是过失也可以是故意。

二、污染环境罪的司法认定

(一)基于《刑法修正案(八)》的解读

对于污染环境罪的修正,有三处较为突出的亮点。第一,对污染物作用的领域进行了扩大,将污染行为作用的环境要素从土地、水体、大气拓展为所有的环境要素;第二,对污染物本身的外延进行了扩张,将原文中的"危险废物"使用"有害物质"的名词进行了替代;第三,降低了入罪标准,将原文中的"造成重大环境污染事故,致使公私财产遭受重大损失或者人身伤亡的严重后果"进行概括,直接精简为"严重污染环境"。

1. 扩大了对污染物作用的领域

对于污染物作用的领域的修正应该给予积极评价,将单一的土地、水体、大气领域进行了扩大,这就使得曾经在此领域范围外但同样对环境造成污染的行为也可以进行相应的刑事处罚,有利于进一步开展环境保护。同时,很多国家和地区通过环境刑法对各种各样的环境要素开展了十分广泛的保护,没有充足的理由限制污染领域。但因为这样,不少人对单一罪名模式产生了一定质疑,认为不同环境要素遭受污染的机理和方式不同,但是单一罪名模式将其定为同一罪是缺乏科学性的。例如大气、土地、水体,三者呈现出的是完全不同的物理形态,其所含化学成分也各不相同,它们的环境容量和自净容量也各不相同,受危害的机理也存在很大差异。大气的扩散性和流动性强,并且其流动范围不受地域范围的限制,一旦受到污染就很难恢复原状或是有效地进行治理;土地具有固定性,所以其受污染的范围有一定限制,污染的扩散速度也相对比较慢,但同样是十分难以治理的一种污染;水体也具有流动性,但其流域有一定限制,水体受到污染后会以较快的速度进行扩散,相对来说这种污染比较容易治理。除此以外,污染的行为方式以及中介物质也有所不同,其带来的社会危害程度也存在差异。通过烟道、管道等设备或者是爆炸这类事故可以产生大气污染,这种危害结果可能在一国或多国发生。土地污染一般通过人力或是运载工具的倾倒、处置等方式产生,该种危害结果只会在一国境内发生。一般情况下,将管道、容器、运载工具等作为中介,进行排放、倾倒、处置等行为,从而造成水体污染,该类危害结果一般只会在一国境内或另一国境内产生。因此,很多人认为单一罪名模式并不科学,而是应该以环境要素为准分立罪名。但是,不像德国有《违反秩序法》,日本有《水质污浊防止法》,我国并没有类似的行政刑法,我国目前处于刑事立法一元化、刑法容量有限化和继续有限犯罪化的立法现状,想将污染环境罪进行细分变为若干个罪名并不具有相应的可操作性。为了解决以上提到的问题,目前最有效的方法就是通过制定司法解释来明确不同污染行为的认定规则。

2. 修正填补了原条文用语的漏洞

《国家危险废物名录》中只有固体废物和液态废物,如果将"危险废物"直接理解为固态废物和液态废物,则描述明显并不充分,对于释放气态废物污染环境的行为无法依法进行处罚。同样的,在这种解释下释放非危险废物造成环境污染的行为,并不会构成该罪的成立。这种解释方法并不符合有关国际公约、条约的规定,同时还不能对我国目前的恶性环境犯罪案件的高发态势起到有效的抑制作用。通过这次修正,将原文中的"危险废物"改为"有害物质",就是对原文的一种补充和完善,也就是包括了具有所有有害特性的、所有形态的物质,有效加强了环境刑法的严密性,也在一定程度上加大了对本罪的处罚力度。

3. 关于第三点修正的对立观点

针对第三点修正,有两种处于对立面的观点。一种观点是肯定了该修正,该观点的支持者认为将原文改为"严重污染环境的"就可以构成犯罪,是将本罪由双重结果犯变为单一结果犯。这样可以有效地降低入罪门槛,可以更加突出环境权益具有的独立价值,同时还可以更为显著地表达环境刑法对环境的人文关怀。另一种观点对这一修正持否定态度,因为《刑法修正案(八)》第46条最核心的修正是删去了《刑法》第338条中"致使公私财产遭受重大损失或者人身伤亡的严重后果"的规定,将原文中的"造成重大环境污染事故的"改为"严重污染环境的"。从中可以看出,犯罪构成要件在该法案的修正前后并没有出现根本的变化,而修正后该罪的客观方面同样还是强调行为的严重后果。实际上该修正只是将原文中"公私财产遭受重大损失或者人身伤亡"的"严重后果"和对环境本身的损害全部纳入"严重污染环境"这一描述中去。对于否定该修正的观点,可以具体从以下几个方面分析。

第一,"严重污染环境"同时包括了对环境要素的不利改变以及对人的损害,也就是符合了本章对"污染"这一概念的定义。该修正认为只要是行为人对环境造成了严重污染的后果,不论其是否造成了公私财产遭受重大损失或者人身伤亡以及程度如何,都不会对定罪造成影响。这种观点并不正确。

第二,对于结果要件的修正,其真正重要的并不是删除"致使公私财产遭受重大损失或者人身伤亡的严重后果",而是应该对"造成重大环境污染事故"这一点取消相应的限制。事故具有一定意外性和突发性的特征,同时污染具有长期性和累积性的特征。原法律条文中,对于事故以此进行了条件限制,这就导致那些并没有造成重大事故的或是累积性的严重污染环境的行为并不能受到相应的处罚。所以对于该条文修正的重点是取消对"事故"的限制,而不是删除"致使公私财产遭受重大损失或者人身伤亡的严重后果",应该对事故型公害的结果要求进行相应弱化,这样才能真正意义上的降低入罪门槛,同时,造成财产重大损失或人身伤亡严重后果依旧是本罪的构成要件。

第三,对于"严重污染环境"这点的表述并不清晰,并不符合罪刑法定原则的要求。和原文相比,修正后的结果过于简洁,这种不具体、不明确的描述方法反而不利于定罪。原条文的目的是对由于事故型公害产生的危害结果进行相应处罚,其重点是对人身、财产等物质利益的保护,所以在实践中相对容易认定;修正后的条文还要规制生活型的环境污染,也就是并不直接作用于人对人的生命、健康造成损害,但是却对环境造成破坏、污染。这就导致原来司法解释中的标准不可以再继续沿用,而是需要引入排放限值、排放浓度等污染评价标准,制定更为合适的全新的司法解释,对"严重污染环境"的认定标准进行明确。

(二)污染环境罪与投放危险物质罪

投放危险物质罪,是指行为人故意投放毒害性、放射性、传染病病原体等物质,对公共安全造成一定危害的行为。投放危险物质的行为一般情况下会引起严重污染环境的后果,所以其与污染环境罪有一定相像的地方,而且,实践中也有以投放危险物质罪处罚污染环境行为的判例。

2007年11月至2009年2月,江苏省盐城市标新化工有限公司董事长胡某、生产负责人丁某,在明确知晓本企业属于环保部门相关规定中的"废水不外排"企业,并且明确知晓在氯代醚酮生产过程中会产生含有有毒有害物质的钾盐废水,却在这样的情况下将大量公司废水排放到公司北侧的五支河内,并且任污染物质流经蟒蛇河,对本市城西、越河两个自来水厂取水口造成了污染,这一行为导致2009年2月20日该市20多万居民饮用水停水达66小时40分,造成了高达543.21万元的直接经济损失。于2009年8月14日,盐城市盐都区人民法院一审判定胡某和丁某犯投放危险物质罪,分别判处有期徒刑10年和6年。二人对审判结果不服,提起上诉。2010年4月20日盐城市中级人民法院裁定驳回上诉,维持原判。

最高人民法院在《人民法院年度工作报告(2009年)》中也针对该案专门提到,这次判决是人民法院首次对故意违规排放污染物造成重大环境污染事故发生的被告人,按照投放危险物质罪对其追究刑事责任。这一举动可以有效地加大对环境资源犯罪的严厉惩治,可以进一步加强对环境资源的司法保护。虽然该案的判决有很多正面意义,但是对于这一判决仍存在一定值得商榷的地方。例如,如何将污染环境罪与投放危险物质罪进行准确的区分;如何对污染环境罪进行准确的量刑。下面就第一个问题进行一定讨论。

污染环境罪和投放危险物质罪之间有很多区别,具体有以下几个方面。

第一,客体不同。污染环境罪的主要客体是环境权,也就是人所享有的环境权以及相关的生命权、健康权、财产权;投放危险物质罪的主要客体是公共安全。这是指并不特定或多数人的生命、健康和重大公私财产的安全,但附随客体也可能是环境权。

第二,客观方面不同。污染环境罪的客观方面表现为违反国家规定,释放放射性的废物、含有传染病病原体的废物、有毒物质或其他有害物质,严重污染环境的行为;投放危险物质罪则表现为将毒害性、放射性、传染病病原体等物质投放于供不特定或多数人食用、饮用的食物中,供人、畜等使用的河流、池塘、水井等公共场所,危害公共安全的行为。

第三,既遂形态不同。污染环境罪属于结果犯,投放危险物质罪属于危险犯。

第四,主体不同。污染环境罪的主体包括符合条件的自然人和单位,投放危险物质罪的主体则仅包括符合条件的自然人。

第五,主观方面不同。污染环境罪的主观方面表现为过失,投放危险物质罪的主观方面表现为故意。

由此可以看出,划分两罪的关键在于是否违反国家规定、是否属于单位犯罪、是否持过失心态。应当认为,行为人在低于国家排放标准或按照行政许可的要求对外释放污染物时,即使对公共安全造成了一定程度伤害,也并不会构成污染环境罪,一般可能构成过失投放危险物质罪;行为人经过集体研究决定或决策机关授权,在公共场所或面向公众的食物中投放危险物质,即使该行为造成了严重的环境污染,投放危险物质罪和污染环境罪也并不成立;行为人违反国家相关规定多次向外界释放污染物,并且放任严重污染环境后果的发生,并不会构成污染环境罪,但是可能构成投放危险物质罪,也可能构成以危险方法危害公共安全罪。由此可见,投放危险物质罪和污染环境罪之间存在客体、行为对象和行为方式几个方面的重合部分,并且对主观罪过认定一直是比较困难的,这就导致两者很容易被混淆。如果只从客观方面的角度分析,污染环境罪是在环境领域发生的一种对外释放有害物质的公害行为,和投放危险物质罪存在特别法和普通法的关系。所以,如果行为人并不构成污染环境罪,通过投放危险物质罪进行论处,是符合重法优于轻法的适用规则的。也就可以看出对于以上案例中的判决是正确的。但是这种判断是在建立模糊污染环境罪的主观方面的基础上推理得出的,所以从全面角度来说并不能作为支持该判决的论据。总之,在我国现行法律中,按照罪过形式将投放危险物质的行为分为两种犯罪,但是没有明确的刑事规制对故意污染环境的行为进行分类,并且还缺乏全面严谨的方式对危险方法危害公共安全罪进行规定,这就导致当犯罪行为涉及严重污染环境行为的定性时,很可能出现定罪的混乱。而想要解决这一现状只能不断地完善立法来实现。

(三)污染环境罪的共同犯罪

根据我国刑事立法、司法和刑法理论的一贯主张,一般都只处罚共同故意犯罪,而对于共同过失犯罪的,并不按照共同犯罪进行论处,而是会对相关行为人分别追究其刑事责任。但是也会有特殊的情况发生,有时会突破了这一原则进行论处,例如最高人民法院《关于审理交通肇事刑事案件具体应用法律若干问题的解释》第5条第2款之规定及有关判例。和交通肇事罪相同,污染环境罪也属于过失犯罪,并且该罪的判定也出现过肯定重大环境污染事故罪成立共犯的判例,下面就污染环境罪的共犯问题进行一定讨论。

2008年11月,江苏省东海县人民法院对"6·2"重大环境污染事故案依法做出判决,以重大环境污染事故罪论处,判处被告人徐某拘役4个月、罚金3万元;判处被告人朱甲拘役4个月、罚金3万元;判处被告人茆某罚金3万元;判处被告人朱乙罚金3万元;判处被告人王某某罚金2万元。对于被告人徐某、朱甲、茆某、朱乙的违法所得162 120元,按照法律规定予以没收,上缴国库。法院经审理查明,被告人王某负责的响水亿达化工有限公司在生产医药中间体过程中,会产生主要成分为二硫化碳的有毒化学废弃物,二硫化碳具有刺激性臭味,由该物质可能引起中毒从而造成呼吸中枢麻痹引起的死亡。为了对该有毒废弃物进行合适的处理,响水亿达化工有限公司和连云港铃木组废弃物处理有限公司就该废弃物签订了委托处理合同。签订合同后,连云港铃木组废弃物处理有限公司发现该批废弃物不易燃烧,处理这批废弃物需要耗费较高的成本,遂安排被告人徐某通知响水亿达化工有限公司要终止该笔业务。之后,被告人徐某、茆某、朱甲、朱乙为了通过非法处理该笔废弃物赚取利润,在明知该废弃物有毒并不具备相应的处理资质的情况下,对该批废弃物在违反国家规定的情况下进行了私自处理。2008年5月底,被告人徐某、茆某和被告人王某达成相关协议,被告人王某支付了162 120元处理费用,从响水亿达化工有限公司的厂房中运送出近90t有毒化工废弃物。被告人朱甲、朱乙并未对该批有毒化工废弃物进行任何处理,直接将其抛洒在东海县曲阳乡、安峰镇及沭阳县茆圩乡境内。经过相关部门的称量,该批化工废弃物抛洒在东海县境内共计66.33t,抛洒在沭阳县境内共计22.6t。该批化学废弃物随后被及时发现并进行了相应的科学处置,所以并未造成人身伤亡的严重后果。经过科学有效的价格鉴定,对该批废弃物进行合理处置所需的费用为355 720元。在案发后,被告人朱乙到相关部门投案自首。被告人王某在经费上积极配合有关部门处理善后工作,响水县亿达化工有限公司共支付处理费用489 870元。经审核,

▲ 环境犯罪的基本理论及刑法立法研究

法院认为被告人徐某、朱甲、茆某、朱乙、王某违反国家规定,向土地、水体倾倒有毒物质,并且造成了严重环境污染事故,导致产生了大量公私财产的损失,被告众人的行为已经构成重大环境污染事故罪,所以判定他们为共同犯罪。在本案中,虽然因为废弃物被及时发现并得到了妥当处理所以没有造成人身伤亡,但为了防止污染的扩大,以及消除已经产生的污染,相关部门采取了一系列必要、合理的措施,从而导致发生30万元以上费用损失,所以判决认定被告人构成重大环境污染事故罪。

在该案判决中,并未对各被告因为什么理由被判定构成重大环境污染事故罪的共同犯罪,所以只可以从刑法解释论上探讨共同过失犯罪成立的可能性。根据《刑法》的规定,通常直接采取否定说;但是近年来,时有出现承认共同过失犯罪的司法解释和判例,这就导致肯定说也逐渐呈现出有力化趋势。实际上,对于共同过失犯罪是否承认这一问题,主要是要看对正犯的概念、共犯的本质和构成要件以及过失犯的构造的把握。肯定论者也认识到了这点:"从立法论上来说,主张过失的共同正犯的观点具有合理性。①认定是否成立共同正犯的重要结局,在于是否适用部分实行全部责任的原则。故意犯和过失犯都有各自的实行行为,从现实上看两人以上既可能共同实施故意犯罪,也可能共同实施过失犯罪,既然对故意犯的共同实行行为能够适用该原则,就没有理由否认对过失犯的共同实行行为适用该原则。②之所以对共同正犯适用该原则……从主观方面而言,是因为两人以上都具有有责性,而且具有意思联络。但意思的联络不应当限定为犯罪故意的联络,只有就共同实施构成要件的行为具有一般意义的意思联络即可。因为一般意义的意思联络也完全能够起到相互促进、强化对方不履行注意义务的作用,从而使任何一方的行为与他方行为造成的结果具有因果性,因而任何一方对他方造成的结果,只要具有预见可能性,就必须承担责任。"①但是,刑法上的意思联

---

① 张明楷.刑法学[M].北京:法律出版社,2007,第324页.

络是以心理层面上的意思沟通作为其基础的,而心理层面的意思沟通则要通过刑法上的意思联络进行法律评价。就像肯定论者,对犯罪故意的意思联络和一般意义上的意思联络进行区分,在此基础上,要求故意的共同正犯要具备犯罪故意的意思联络,而过失的共同正犯具备一般意义上的意思联络,这种说法明显是缺乏说服力的。既然故意犯和过失犯的实行行为都是适用于部分实行全部责任的原则,那就没有必要在意思联络这一关键要素上进行区别对待了。由此可以看出,这种观点实际上就是在对共同注意义务进行分析时忽视了意思联络的问题,最终导致仅仅将客观构成要素作为依据而承认了共同过失正犯。实际上不论对共同注意义务的内容如何理解,在大部分场合,都可以通过相互监督过失同时正犯来解决。这样,承认共同过失犯罪的实践价值,就只是在于处理少数难以查明原因行为的案件,就使在事实上和危害结果并没有因果关系的人也要承担相应的刑事责任。但在这种情形下,也可以按照刑法谦抑原则对共同过失责任否认,通过强化行政责任或民事责任的方式加强对法律秩序的维护。

从上面的讨论可以看出,从立法论和解释论的角度来说,都不应该承认共同过失犯罪的成立。因此,对于两人以上构成了污染环境罪的,也不应该按照共犯进行论处,而是应该按照其各个相关行为的具体行为以及造成的危害程度逐一进行合理的定罪量刑。

三、污染环境罪的不足及完善

(一)明确罪过形式

重大环境污染事故罪法定化之后,对于其罪过形式一直存在争论,"过失说"是罪过形式的通说,但除此之外还存在"故意说"和"混合罪过说"两种观点。即使重大环境污染事故罪已经法定化,但是环境污染的问题却没有得到根本上的解决,所以就会有人持"故意说"和"混合罪过说"的观点,希望通过说明该罪是故意犯罪的方式来加大打击力度,从而更好地解决环境污染问题。但是从《刑法》配置的法定刑来看,污染环境罪的主观方面表现为过失。但是,在实践中,出现过故意释放有毒有害物质污染环境的案例,这就导致无法将罪责性合理的适应,从而只可以将行为人以投放危险物质罪定罪论处。由此看来,有必要在《刑法》中增设故意的污染环境罪,同时应该规定将其与投放危险物质罪相协调的法定刑。可以通过引证罪状的方法帮助进行罪过形式的明确,在第338条第1款规定故意的污染环境罪,第2款通过规定"过失犯前款罪的"来区分两种犯罪。

(二)增设危险犯形态

为了提前对公民享有的环境权进行保护,应该增设污染环境罪的具体危险犯。需要注意的是,如果增设了故意的污染环境罪,就应该规定故意的环境犯罪更为危险犯化,因为过失的环境犯罪都已危险犯化,不这么做会引起处罚的不协调。

(三)规范量刑制度

从上文的案例中可以看出,我国污染环境犯罪定罪和量刑立法仍然很薄弱。所以不仅要对刑法典进行合理的修正,同时应该对污染环境犯罪的量刑制度进行规范。2010年10月1日,《人民法院量刑指导意见(试行)》(以下简称《指导意见》)开始正式实施,但是在该文件的"常见犯罪的量刑"部分中,并没有污染环境罪的相关内容。根据对各种罪名在审判实务中的适用频率的调查和统计显示,以2009年全国法院审结的一审刑事案件为例,交通肇事罪、故意伤害罪、强奸罪等15个罪名,基本占全国法院审结的一审刑事案件的90%左右[1],所以污染环境罪并不属于这里说到的高频率适用的罪名,也就没有在该文件中进行相关说明。但是在《指导意见》中有关于量刑的指导原则、量刑的基本方法和

---

[1] 熊选国.《人民法院量刑指导意见》与"两高三部"《关于规范量刑程序若干问题的意见》理解与适用[M].北京:法律出版社,2010,第194~195页。

常见量刑情节的适用等规定,这些都可以用于污染环境罪,这有助于对污染环境罪在宏观上进行量刑的规范。除此以外,《关于审理环境污染刑事案件具体应用法律若干问题的解释》《标准规定(一)》等和污染环境罪有关的司法解释也在不断地完善中,这就可以在微观上对本罪进行科学的量刑规范,有利于量刑规范化改革,可以进行更为公平公正的量刑。

第三节 非法处置进口的固体废物罪的定罪量刑

因为固体废物越境转移而导致被转移国家或地区的环境受到严重污染,是一个全球范围内各个国家都十分关注的问题。我国建立了以《固体废物污染环境防治法》为核心的法律制度,希望以此对污染转移带来的损害进行防治,从民事责任、行政责任和刑事责任各个方面对实施该行为的行为人追究相应的法律责任。

一、非法处置进口的固体废物罪的概念和构成特征

非法处置进口的固体废物罪,是指行为人在违反国家规定的情况下,将境外的固体废物进境倾倒、堆放、处置的行为。本罪的构成要件如下所述。

(一)非法处置进口的固体废物罪的客体

按照通说的观点,国家防治固体废物进口污染环境的管理制度为本罪的客体,但是该罪属于污染型环境犯罪,如果进口固体废物并不能造成环境的不利改变环境或者损害人的健康或生命,就不应该通过刑罚进行处罚。由此可见,防治固体废物污染环境的制度的根本目的还是保护人的利益,是想通过人与自然的和谐相处从而保护人应该享有的权利。作为直接客体的国家防治固体废物进口污染环境的管理制度与作为同类客体的环境权实际上在内容上是一致的。

(二)非法处置进口的固体废物罪的客观方面

本罪的客观方面通过行为人违反国家规定,非法处置进口的固体废物的行为表现,包括以下四个方面的内容。

1. 必须违反国家规定

必须违反国家规定是指行为人实施的行为违反国家有关防治固体废物污染环境的一系列规定。这类规定包括《环境保护法》《海洋环境保护法》《固体废物污染环境防治法》《水污染防治法》等环境法。

2. 必须实施了倾倒、堆放或处置的行为

倾倒是指通过各种运载工具或者其他方式,随意进行固体废物的倾卸、倒放的行为;堆放是指通过某种方式将固体废物随意堆存在境内某一处的行为;处置是指违反《固体废物污染环境防治法》的规定对固体废物进行处理的行为。《固体废物污染环境防治法》第88条第6款中规定,处置是指将固体废物通过焚烧或其他可以对其物理、化学、生物特性进行改变的方法,从而实现减少已经产生的固体废物数量、缩小固体废物体积、减少或者消除其危险成分的活动,或者是将固体废物放置于符合相应的环境保护规定要求的填埋场的活动。如果没有按照该法中描述的方法对固体废物进行适当处理,就构成了非法处置进口的固体废物罪的处置。还有观点提出,销售也可以算作是特殊的处置行为。在实践中有行为人通过销售的方式对固体废物进行非法处置,但是在行为人进行销售行为的过程中,肯定也会产生违法堆放或未按要求处理废物的行为,所以该行为同样属于上述的处置的范畴。需要注意的是,本罪中处置的含义不同于作为行为方式之一的处置,前者是一种广义上的处置,其包括倾倒、堆放以及狭义上的处置。

3. 必须释放的是进口的固体废物

固体废物,是指在生产、生活和其他活动中产生的丧失原有利用价值或者虽未丧失利用价值但被抛弃或者放弃的固态、半固态和置于容器中的气态的物品、物质以及法律、行政法规规定纳入固体废物管理的物品、物质。[①] 一方面,该罪中的固体废物的来源必须是境外,对于我国境内的固体废物并不在本罪的规制范围内。不是本罪的规制对象。按照《关于废物进口环境保护管理暂行规定的补充规定》第1条的相关规定显示,废物进口是指一切废物通过任何贸易方式以及捐赠、无偿提供等方式进入我国境内。对于境内的固体废物的非法处置行为,按照该行为导致的环境污染程度进行定罪,可以是污染环境罪或者投放危险物质罪。另一方面,固体废物必须属于限制进口的固体废物种类。我国《固体废物污染环境防治法》中第24条以及第25条有相关规定,我国禁止将境外的固体废物在我国境内进行倾倒、堆放、处置,禁止进口不可以作为可用原料或不可以通过无害化方式加以利用的固体废物,对于那些可以作为原料的固体废物按照实际情况对其进行限制进口和自动许可进口的分类管理。

4. 无须发生严重污染环境的后果

本罪属于行为犯,也就是说只要行为人实施了法律中规定的违法行为,就意味着有可能将类型的危险性现实化。在本罪中,并不会对实际发生危害环境的结果进行要求,但是要通过调查明确行为人的处置行为有没有可能引起污染环境的危险。由此可见,本罪的危害性实际上是蕴含于行为方式以及对象中的。

(三)非法处置进口的固体废物罪的主体

本罪的主体为一般主体,是指年满16周岁、具有刑事责任能

[①] 《固体废物污染环境防治法》第88条第1款。

力的自然人以及单位,在实践中该罪的犯罪主体多为单位。

(四)非法处置进口的固体废物罪的主观方面

本罪的主观方面变现为故意,这是指行为人明确知晓自己实施的行为属于非法处置进口固体废物的行为,并且其主观意识上希望或是放任该行为发生。一般情况下,行为人对违反国家规定、行为的性质和方式等内容有着清晰的认识。

二、非法处置进口的固体废物罪的司法认定

(一)非法处置进口的固体废物罪与污染环境罪

二者都属于污染型环境犯罪,具有一样的直接客体,两者的主要区别包括以下五个方面内容。

第一,违反国家规定的内容存在差异。非法处置进口的固体废物罪违反的内容是国家禁止将境外的固体废物进境倾倒、堆放、处置的规定,污染环境罪违反的是环境行政法中对于禁止污染环境或命令防止污染的各项相关规定。

第二,行为方式不同。前者实施的行为是违反国家规定进口固体废物并将其在境内进行倾倒、堆放或处置,后者实施的行为是违反国家规定将境内的污染物进行排放、倾倒或处置。

第三,行为对象不同。前者的行为对象为境外限制进口的可用作原料的固体废物,而后者的行为对象是在境内的具有放射性、含传染病病原体的废物、有毒物质或其他可能引起相同后果的有害物质。

第四,既遂形态不同。前者属于行为犯,而后者则属于结果犯。

第五,主观方面不同。前者属于故意犯,而后者则属于过失犯。

（二）非法处置进口的固体废物罪与走私废物罪

走私废物罪，是指行为人违反海关法规中的相关规定，有意通过逃避海关监管的方式，将境外固体废物、液态废物和气态废物运输到境内，且情节严重的行为。非法处置进口的固体废物罪与走私废物罪分别在《刑法》中有规定，都涉及了运输固体废物进境的问题，所以应该将两者进行准确的区分。两者的主要区别通过以下六个方面得以表现。

第一，行为客体不同。前者的客体为人所享有的环境权，而后者的客体则是国家对运输废物进境的监管制度。

第二，违反国家规定的内容有所区别。前者违反国家规定的内容为相关法规中对于禁止将境外的固体废物进境倾倒、堆放、处置的内容，而后者违反的在我国海关法、环境法中规定的关于运输废物进境的管理规定。

第三，行为方式有所差异。前者实施的行为是将合法进口污染物在境内进行倾倒、堆放或处置的，后者实施的行为是刻意逃避海关监管，将境外废物非法运输入境。这点区别正是这两种罪名本质上的区别。

第四，行为对象不同。前者的行为对象为国家限制进口的可作为原料的固体废物，而后者的行为对象则是国家禁止进口且不可以作为原料的固体废物、液态废物和气态废物以及限制进口的可用作原料的固体废物、液态废物和气态废物。

第五，既遂形态不同。前者属于行为犯，而后者属于情节犯。情节犯是指行为人所实施的行为必须在达到一定情节严重的程度时才能判定其构成犯罪。

第六，主观方面不同。二者的主观方面表现为故意，但存在具体内容上的区别。前者是行为人对于进口的固体废物进行非法处置有清晰的认识和容认；后者是行为人对违法将境外废物运输进境的行为有清晰的认识与容认。

三、非法处置进口的固体废物罪的不足及完善

（一）扩大行为对象

非法处置进口的固体废物罪和走私废物罪之间存在密切相关性。《刑法》中对非法处置进口的固体废物罪进行专门规定的目的，是对境外固体废物在境内非法处置这一行为进行惩治；《刑法》中对走私废物罪进行专门规定的目的，是对行为人通过逃避海关监管的方式将境外废物运输进境的行为进行惩治。由此可以看出，这两种罪名完全可以配合使用，形成合力对于防治废物越境转移起到有效作用。但是废物不只有固体形态，同时还包括液态废物以及气态废物，在《刑法修正案（四）》中对走私固体废物罪的走私对象进行了修正，将固体废物扩展为所有形态的废物，为了适应这种修正应该将本罪的行为对象扩大到所有形态的废物。

（二）规范量刑制度

我国《关于审理环境污染刑事案件具体应用法律若干问题的解释》中第1~3条对"公私财产遭受重大损失""严重危害人体健康"和"后果特别严重"进行了规定，但是却没有将基本犯罪构成的危害程度的判断方法进行明确规定。

第四节 擅自进口固体废物罪的定罪量刑

为了防止固体废物越境转移带来的危害，还可以通过追究行为人擅自进口固体废物罪的刑事责任的方法进行有效控制。针对这种防治方法，《固体废物污染环境防治法》和《刑法》都在立法上对刑事责任追责进行了确认。但是对于擅自进口固体废物罪还存在需要改进和完善的方面。

一、擅自进口固体废物罪的概念和构成特征

擅自进口固体废物罪,是指行为人在没有得到国务院有关主管部门许可的情况下,擅自进口固体废物当作其原料,从而出现了重大环境污染事故,导致公私财产受到了重大损失或是严重危害到了人体健康的行为。

(一)擅自进口固体废物罪的客体

按照通说的观点,本罪的客体是国家防治固体废物进口利用而污染环境的管理制度。需要注意的是,这里涉及了有效利用固体废物的方法问题,以及有效遏制固体废物越境转移的方法问题。随着近年来的发展,尤其是在我国加入世贸组织后,在货物进口管理方式上已经产生了很大的转变,为此,《对外贸易法》也进行了较大的修改,相应的,《固体废物污染环境防治法》中对于废物进口管理方式的规定也进行了相应的调整。就目前的形势来看,我国在客观上有需求进口一部分再生资源性废物,但是在这些废物进行进口之前必须要对其可能造成的环境污染问题进行全面、科学的评估,否则这种进口行为只可能对经济发展和环境保护造成不利影响。由此可以看出,从表面上看本罪的客体是国家防治固体废物进口利用而污染环境的管理制度,但本质上其侵犯的是公民享有的环境权和相关的生命权、健康权和财产权。

(二)擅自进口固体废物罪的客观方面

本罪的客观方面表现为行为人在没有得到国务院有关主管部门许可的条件下,擅自进口固体废物作为其原料,以此对环境造成严重污染后果的行为。本罪的客观表现方面通过以下四个方面内容得以表现。

1. 必须未经国务院有关主管部门许可

这里所说的国务院有关主管部门,主要是指中华人民共和国

环境保护部,但是除此之外还包括国务院其他相关的行政主管部门,包括商务部、海关总署、国家工商行政管理总局等。未经主管部门许可,是指不符合申请进口固体废物的条件、虽然符合规定中的条件但没有进过主管部门审查批准、伪造、变造申请文件或逾期未补办进口废物经营审批手续等违反进口废物审批程序的情形。

2. 必须实施了擅自进口固体废物用作原料的行为

行为人没有得到国务院有关主管部门的许可擅自进行进口固体废物行为的,就可以判定已经构成本罪的危害行为;行为人按照法律规定办理了进口许可手续并进行固体废物的进口,即使该进口行为造成严重污染环境的后果,也不构成本罪。对于本罪来说,行为人擅自进口固体废物的目的是将其作为原料,因此该罪的行为手段可以分为两个部分,即手段行为和目的行为。前者指的是行为人未经许可擅自进口境外固体废物的行为,后者是指将进口废物作为原料的行为。

3. 必须进口的是属于限制进口的、可用作原料的固体废物

我国《固体废物污染环境防治法》中对于可以用作原料的固体废物有具体规定,对其实行的是限制进口和自动许可进口的分类管理;对于限制进口目录中的固体废物,要在经过了国务院环境保护行政主管部门会同国务院对外贸易主管部门审查许可的情况下才可以进口;对于自动许可进口目录中的固体废物,要在按照法律规定办理了自动许可手续的情况下进口。需要注意的是,对于擅自进口上述固体废物用作原料的行为,也不一定是会构成犯罪的行为;按照《固体废物污染环境防治法》第78条第1款的规定,只有行为人擅自进口属于限制进口的固体废物用作原料的行为,才会被认定罪名成立。

4. 必须造成重大环境污染事故,致使公私财产遭受重大损失或者严重危害人体健康

本罪属于结果犯,也就是指只有行为造成了上述严重结果

的,才构成本罪;如果行为人实施的行为造成了特别严重结果的,则构成本罪的结果加重犯。

(三)擅自进口固体废物罪的主体

本罪的主体是一般主体,即包括年满 16 周岁、具有刑事责任能力的自然人和单位。在实践中,本罪的犯罪主体大多为单位。

(四)擅自进口固体废物罪的主观方面

本罪的主观方面表现为故意,这是指行为人对于擅自进口固体废物用作原料会引起的环境遭受严重污染的结果有着清晰的认知,并且在主观意识上希望或放任这种结果的发生;行为人擅自进口固体废物的目的是用作原料,而不是将废物用作他用;如果行为人表面上是宣称进口固体废物用作原料,但实际上确实想将其移为它用谋取利益,则该行为并不构成本罪。有一些学者提出,本罪在主观方面表现应该是过失。这里所说的过失是针对进口固体废物导致的严重危害后果而言,对于未经国务院有关部门许可擅自进口固体废物用作原料的行为属于故意。在这种观点下,擅自进口固体废物罪会成为一种带有特殊性的污染环境罪,那么我国《刑法》第 338 条和第 339 条第 2 款就会形成一般法和特别法的关系。但是并没有必要在《刑法》中对污染环境罪进行重复规定,这种观点并不具备操作性。

二、擅自进口固体废物罪的司法认定

(一)擅自进口固体废物罪与非法处置进口的固体废物罪

这两个罪名的区别可以通过以下四个方面得以表现。

1. 刑事违法性不同

擅自进口固体废物罪违反的内容为国务院有关主管部门的许可,即不符合申请进口固体废物的条件、虽然符合条件但没有经过主管部门审查批准、伪造、变造申请文件或逾期未补办进口废物经营审批手续等;后者违反的则是国家防治固体废物污染环境的相关规定,也就是禁止将境外的固体废物在境内进行倾倒、堆放、处置的规定。

2. 行为方式不同

前者的行为方式是行为人违反法律规定擅自进口固体废物用作原料,后者的行为方式表现为合法从境外进口固体废物并在境内将其倾倒、堆放或处置的行为。

3. 既遂形态不同

前者为结果犯,后者是行为犯。前者是行为人的活动必须造成重大环境污染事故,并且导致公私财产受到了严重的损失或是人体与健康受到严重损害的结果,才构成本罪;后者则是只要行为人有进口固体废物并在境内将其倾倒、堆放或处置的行为,就构成该罪。

4. 主观方面不同

这两项罪名的主观方面都表现为故意,但是在具体内容方面有所区别。前者是行为人对违法擅自进口固体废物用作原料会造成严重污染环境结果有清晰的认知,且固体废物必须做原料;后者是行为人对合法进口的固体废物进行非法处置有清晰的认知,对进口固体废物的目的没有具体限制。

(二)擅自进口固体废物罪与走私废物罪

两者之间的区别可以从以下六个方面体现。

1. 客体不同

前者的行为客体是人所享有的环境权,后者的行为客体是国家对运输废物进境的监管制度。

2.刑事违法性不同

前者是在没有得到国务院有关主管部门的许可的情况下进口固体废物,违反的是相关部门的许可;后者是在违反海关法、环境法中关于运输废物进境管理的规定的背景下实施进口行为。

3.行为方式不同

前者的行为方式是擅自进口固体废物作为其原料的行为,后者的行为方式为在逃避海关监督、检查的情况下,运输境外废物进境的行为。

4.行为对象不同

前者的行为对象是国家限制进口可用作原料的固体废物;后者的行为对象范围更广,包括国家禁止进口的不能用作原料的固体废物、液态废物和气态废物以及限制进口的可用作原料的固体废物、液态废物和气态废物。

5.既遂标准不同

前者属于结果犯,后者属于情节犯。

6.主观方面不同

前者的主观方面表现为行为人对违法擅自进口固体废物用作原料会造成严重污染环境结果的清晰认知;后者的主观方面表现为行为人对违法运输境外废物进境的清晰认知。

第六章　破坏自然资源型环境犯罪

自然资源是人类赖以存在的重要物质条件,其对人类的生存和发展有着不可或缺的作用。人们通常认为自然资源包括土地、土壤、水、森林、草地、湿地、原生动植物等,随着认识的深入以及经济社会的发展,人们将空气等环境要素也归为自然资源类。当前,自然资源型环境犯罪仍普遍存在,下文将主要对破坏土地资源罪、破坏森林资源罪、破坏矿产资源罪进行详细介绍。

第一节　破坏自然资源型环境犯罪概述

一、破坏自然资源罪的概念

破坏自然资源罪并不是一个具体的犯罪,而是一个类罪,是刑法理论上对破坏自然资源犯罪的统称。厘清破坏自然资源罪的概念,应当注意以下两个基本问题。

第一,破坏自然资源罪属于环境犯罪的范畴。自然资源是环境的重要组成部分,破坏自然资源的犯罪行为是环境犯罪的表现之一,因此,破坏自然资源罪实际上是环境犯罪的子概念。

第二,破坏自然资源罪的概念有广义和狭义之分,导致区分的关键因素在于犯罪对象的范围不同。广义的破坏自然资源罪的犯罪对象包括一切自然资源,因此,本书认为,广义的破坏自然资源保护罪是指行为人在开发利用自然资源的过程中,违反国家自然资源保护法规,破坏或足以破坏自然资源,构成犯罪的行为。但是,从我国以及世界各国的刑法立法看,一般将一些较为特殊的动植物资源从自然资源中抽离出来,将针对这些动植物资源的犯罪行为单独列出,作为危害生态平衡的犯罪类型与破坏自然资源罪并列立法,如德国、日本、俄罗斯等国家的刑法罪名体系中,基本都采取了将破坏生态平衡的犯罪独立出破坏自然资源罪的立法模式。[①] 我国刑法立法基本也可划入此种模式。本书认为,主要理由有如下所述的两点。一是为了保障生态系统的平衡而强调对生物物种的特殊刑法保护。生态平衡是包括人类在内的整个生物圈保持正常生命维持系统的先决条件,而在一般情况下,生态系统的结构复杂性和生物种类的多样性对生态系统的平衡来说具有至关重要的影响,生物资源对于生态环境而言是第一要素,因此对于危害某些特殊生物物种的行为应当予以特殊保护。二是为了唤醒人类的环境道德良心,体现现代环境伦理观。一些较为特殊的动植物资源虽然也属于自然资源,但是相对而言具有稀缺性,有的甚至面临灭绝的危险,对这些生物物种的特殊刑法保护将唤醒人们的环境道德良心,特别是将对这些物种实施的犯罪独立成罪,体现了人类对非人类生命物的尊重和对生物物种保护的自省,是现代环境伦理观的切实体现。将一些特殊动植物资源独立出破坏自然资源罪的对象之后,对破坏自然资源罪的概括即为狭义的概念,结合我国的刑法规定,狭义的破坏自然资源罪是指行为人在开发利用自然资源的活动中,违反我国有关自然资源保护法规,非法开采或者利用土地、矿产、森林资源,改变或者破坏土地、矿产、森林资源的原有面貌、形状,破坏或者足以破坏土地、矿产、森林资源的行为。

二、破坏自然资源罪的构成特征

(一)破坏自然资源罪的客体

我国刑法理论界的通说认为:"犯罪客体是指刑法所保护而

[①] 赵秉志.环境犯罪及其立法完善研究[M].北京:北京师范大学出版社,2011,第70页。

为犯罪行为所侵害的社会主义社会关系。"[1]由此可见,破坏自然资源罪的犯罪客体就是我国的环境资源刑法所保护的被犯罪行为所侵犯的环境社会关系。有论者在论及破坏自然资源罪的犯罪客体时指出:"破坏自然资源的犯罪行为必然会危害和侵犯法律所保护的环境法益即环境权和环境生态安全。"[2]本书认为,此种关于破坏自然资源罪的犯罪客体的观点其实是环境犯罪的客体,而并非破坏自然资源罪直接客体的单独总结。破坏自然资源罪的犯罪对象是自然资源,由于自然资源的自身特点和重要意义,国家通过了一系列法律对其予以保护,并由此确立了自然资源的保护制度。所谓自然资源的保护制度,是指国家为了保护自然资源的合理开采和使用,保证社会的可持续发展而通过的有关法律和行政法规对其进行规制的一种制度。本书认为,破坏自然资源罪侵犯了这种保护制度,因此破坏自然资源罪的直接客体即是国家对于自然资源的保护制度。

(二)破坏自然资源罪的客观方面

犯罪的客观特征,是指犯罪活动的客观外在表现,即主观犯罪心理活动的外在化,其在事实特征上包括危害行为、危害结果以及危害行为和危害结果的因果关系三项内容。由此可见,破坏自然资源罪的客观方面有以下三个方面的内容:一是破坏自然资源罪的行为方式;二是破坏自然资源罪的客观危害结果;三是破坏自然资源罪的客观行为和危害结果之间的因果关系。

第一,破坏自然资源罪的行为主要表现为违反国家有关保护自然资源的法律法规,擅自开采或者使用自然资源,滥用、改变或者采取破坏性的手段开采自然资源,导致自然资源遭受破坏的行为。国家有关保护自然资源的法律主要有:《土地管理法》及其实施条例、《水土保持法》及其实施条例、《矿产资源法》及其实施条例等,破坏自然资源行为主要违反的是上述法律法规。具体而

---

[1] 高铭暄.刑法学[M].北京:法律出版社,1983,第106页.
[2] 郭建安,张桂荣.环境犯罪与环境刑法[M].北京:群众出版社,2006,第352页.

第六章 破坏自然资源型环境犯罪

言,破坏自然资源罪的行为方式主要有非法占用耕地、林地等农用地,改变农用地用途,擅自开采、超范围开采或者采用破坏性手段开采矿产资源,盗伐、滥伐森林或者其他树木等。

第二,破坏自然资源罪的客观危害结果。破坏自然资源犯罪必须达到法定的犯罪结果或者达到法定犯罪情节才能成立。具体而言,可以分为三种情形:一是数量结果,如盗伐林木罪、滥伐林木罪规定的"数量较大的""数量巨大的"要件;二是情节要求,如非法采矿罪、非法收购、运输盗伐、滥伐的林木罪规定的"情节严重的""情节特别严重的"要件,破坏性采矿罪规定的"造成矿产资源严重破坏的"等;三是数量结果与直接后果并列的情形,如非法占用农用地罪规定的"数量较大,造成耕地、林地等农用地大量毁坏的"要件。

第三,破坏自然资源罪的客观行为和危害结果之间应具有因果关系。当危害结果发生时,如果要使行为人对该结果负刑事责任,就必须查明其所实施的危害行为与该结果之间具有刑法上的因果关系。对于如何判断这种因果关系,西方国家的刑法理论中有条件说、原因说、相当因果关系说等诸多观点[1],我国大陆刑法理论通说观点与西方国家不同,认为对于具体案件的因果关系的判断,只能以马克思主义哲学的基本理论作为指导,通过具体分析的方法解决,而并不存在超越现实的统一标准。相对于污染型环境犯罪而言,由于危害结果的客观性、即时性和可量化性,破坏自然资源罪的危害后果的确定较为容易,而按照我国刑法理论通说关于因果关系判断的因果关系的客观性、因果关系的相对性、因果关系的具体性和多样性以及因果关系的时间顺序性的四个基本命题进行判断[2],破坏自然资源危害行为和危害后果之间的因果关系的判断也并不存在太大的困难。

---

[1] 马克昌.犯罪通论[M].武汉:武汉大学出版社,1999,第226页。
[2] 李光灿等.刑法因果关系论[M].北京:北京大学出版社,1986,第81页。

(三)破坏自然资源罪的主体

根据刑法规定和刑法理论,所谓犯罪主体,是指实施危害社会的行为并依法应负刑事责任的自然人和单位。自然人和单位均可以成为犯罪主体,但是在我国《刑法》中,有的犯罪只能由自然人构成,有的犯罪只能由单位构成,还有的犯罪既可以由自然人构成也可以由单位构成。根据我国《刑法》第 30 条规定:"公司、企业、事业单位、机关、团体实施的危害社会的行为,法律规定为单位犯罪的,应当负刑事责任。"由此可见,单位犯罪,法律有规定的才负刑事责任。而根据我国《刑法》第 346 条的规定,所有的破坏自然资源罪都可由单位构成,因此,破坏自然资源罪的犯罪主体既可以是自然人也可以是单位。其中,破坏自然资源罪的自然人主体是指达到刑事责任年龄、具有刑事责任能力而实施了破坏自然资源行为、应负刑事责任的自然人,破坏自然资源罪的单位主体是指法律上具有独立财产、能够独立承担责任而实施了破坏自然资源行为、应负刑事责任的公司、企业、事业单位、机关、团体。

(四)破坏自然资源罪的主观方面

破坏自然资源罪的主观方面是指行为人实施破坏自然资源行为时,对其破坏自然资源的行为及其可能发生的自然资源被破坏的结果所持的心理态度。依据传统的刑法理论,犯罪主观方面可以分为故意和过失两种,根据破坏自然资源犯罪的特点,我国《刑法》规定,破坏自然资源罪的主观方面只能是故意,而不能由过失构成。除了极少数具体的犯罪只能出于直接故意之外,大多数破坏自然资源罪既可以是出于直接故意的心理态度,也可以是出于间接故意的心理态度。前者是指行为人明知自己的行为必然或可能发生自然资源被破坏的结果,并且希望这种结果发生的心理态度;后者是指行为人明知自己的行为可能发生自然资源被破坏的结果,并且放任这种结果发生的心理态度。

三、破坏自然资源罪的种类

破坏自然资源罪的种类,是指结合被行为人破坏的不同自然资源种类而做的不同破坏自然资源犯罪类型的划分。从学理上看,破坏自然资源罪主要有破坏土地资源罪、破坏矿产资源罪、破坏森林资源罪、破坏草原资源罪、破坏水资源罪、破坏野生动植物资源罪等。而根据我国《刑法》的规定,破坏自然资源罪主要有:非法占用农用地罪,非法采矿罪,破坏性采矿罪,盗伐林木罪,滥伐林木罪,非法收购、运输盗伐、滥伐林木罪。由此可见,我国《刑法》规定的破坏自然资源罪主要包括破坏土地资源罪、破坏森林资源罪和破坏矿产资源罪三大类。

第二节 破坏土地资源罪

一、破坏土地资源罪的概念

在确定破坏土地资源罪之前,应该说明这里的破坏土地资源罪是一个广义的概念。它包括刑法第三章破坏社会主义经济秩序罪中的非法转让、倒卖土地使用权罪,第六章妨害社会管理秩序罪中的非法占用耕地罪,第九章渎职罪中的非法批准征用、占用土地罪和非法低价出让国有土地使用权罪,以及根据新修订的《土地管理法》中规定的非法占用土地罪、滥用土地罪。我们将这些犯罪行为都归纳为破坏土地资源罪,是考虑到这几个罪尽管规定在不同的章节中,犯罪行为的主体以及破坏方式也不尽相同,但这些规定最终的目的是保护土地资源不受侵害,如非法批准征用占用土地罪,该罪针对的是土地管理部门的国家工作人员的渎职行为,目的是保证国家工作人员认真履行职责,但是如果没有国家工作人员的渎职行为,土地就不会被非法的占用和滥用,土地资源的数量因此也不会减少,因此,尽管该罪针对的是国家工作人员,但最终保护的是土地资源,所以可以将这些罪归入破坏土地资源罪中,统称为破坏土地资源罪。此外,污染土地的行为,也是对土地资源的破坏,因此,严重的污染土地,造成严重后果的行为,也应当属于危害土地资源的犯罪行为。

一般来说,对自然资源的利用大都以行政法律法规的形式出现,因此破坏自然资源罪具有行政从属性。所以破坏自然资源罪的概念的确定,必须依据国家有关自然资源的法律法规的规定。破坏土地资源罪的概念因此要依照《土地管理法》的规定来确定。根据《土地管理法》的规定以及刑法关于犯罪概念的规定,破坏土地资源罪是指违反土地管理法规,未经批准或者采取欺骗手段非法占用土地或者买卖、或以其他非法形式转让土地、或非法批准征用占用土地、非法低价出让国有土地或违反法律规定,不当使用耕地致使耕地被破坏,或因开发土地,造成土地沙化、盐渍化、水土流失情节严重的行为。

二、破坏土地资源罪的特征

(一)破坏土地资源罪的客体特征

破坏土地资源罪侵犯的客体为法律所保护的环境法益,具体就是环境权和环境生态安全。根据土地管理法的规定,我国实行使用土地的单位和个人,有保护、管理和合理利用土地的义务。土地的所有权和使用权受法律保护,任何单位和个人不得侵犯。土地必须依法使用和转让。破坏土地资源的行为,即非法占用土地、买卖土地或者以其他形式非法转让土地、破坏耕地的行为、非法批准征用占用土地的行为以及土地管理部门的国家工作人员违背土地法规定非法批准征用、占用土地的行为都是对法律所保护的环境法益的侵犯。

(二)破坏土地资源罪的主体特征

根据土地管理法的规定,除自然人外,单位可以成为非法占用和非法转让土地的主体。因此破坏土地资源罪的犯罪主体既可以是单位又可以是个人。单位可以是国有制单位和城市集体所有制单位,也可以是农村集体所有制单位和乡村企业。根据新《刑法》第30条的规定,单位泛指公司、企业、事业单位、机关、团体等。此外,国家工作人员也可成为破坏土地资源罪的主体。

(三)破坏土地资源罪的主观方面

破坏土地资源罪的主观方面为故意,即行为人明知自己占用、转让土地或滥用耕地的行为会发生或可能发生一定的危害后果,是法律所不允许的,但为了一定的经济利益,而故意实施。

(四)破坏土地资源罪的客观方面

根据土地管理法的规定,土地的使用和转让必须经主管部门批准,耕地不得滥用。因此破坏土地资源罪的客观方面表现为行为人违背有关法律的规定,破坏土地资源的各种行为。具体表现为:行为人未经批准或者采用欺骗手段非法占用土地;买卖或以其他非法形式转让土地;或者在耕地上挖土、挖沙、采石、采矿致使耕地丧失种植条件的或因开发土地,造成土地沙化、盐渍化、水土流失等情节严重的行为,或者是国家工作人员滥用职权非法批准征用、占用土地的行为。

三、破坏土地资源罪的具体各罪

根据破坏土地资源的具体行为不同,即客观方面的不同,破坏土地资源罪可以分为以下几个具体罪名。一是非法占用农用土地罪,其指违反土地管理法规,非法占用耕地、林地等农用土地改作他用,致使耕地、林地被大量破坏,数量较大的行为。二是非法批准征用、占用土地罪,非法低价出让国有土地使用权罪,其指国家工作人员徇私舞弊,违反土地管理法规,滥用职权,非法批准征用、占用土地,或者非法低价出让国有土地使用权,情节严重的行为。三是非法转让、倒卖土地使用权罪,其指以牟利为目的,违反土地管理法规,非法转让、倒卖土地使用权,情节严重的行为。即未按国家法律规定的程序办理征用或划拨的手续的行为,或者未按规定权限办理审批手续的土地转让的行为。四是非法占用土地罪,其指国有单位、城镇集体所有制单位、城乡居民未经批准或者采取欺骗手段非法占用土地,情节严重的行为。五是滥用土地罪,其指违反土地管理法规,因不当使用土地,致使造成土地沙化、盐渍化、水土流失等情节严重的行为。此外,污染土地,造成严重后果的行为,也应当是危害土地资源的犯罪行为。我国刑法中规定的重大环境污染事故罪中就包括了污染土地的行为。该罪在上一章中已论述,本章不再重复。下面就各破坏土地资源罪的概念和特征进行分析。

四、刑法中规定的危害土地资源的犯罪

(一)非法占用农用土地罪

1.非法占用农用土地罪的概念及特征

(1)非法占用农用土地罪的客体特征。非法占用农用土地罪侵犯的客体是环境权和环境生态安全。国家制定了专门的法律进行规范土地资源的利用,其主要目的就是保护土地资源不受侵害,防止土地被滥用而导致环境生态的安全受到侵害。例如《土地管理法》对于土地的使用,规定了严格的审批制度;任何单位和个人进行建设需要占有土地的,必须依法申请批准;国家保护耕地,严格控制耕地转为非耕地;禁止占用基本农田发展林果业和挖塘养鱼等。因此,违反上述法律规定,非法占用耕地、林地等农用土地的行为,必然违背了国家对土地资源保护的宗旨,侵犯了环境权和环境生态安全。

犯罪的对象为耕地、林地等农用土地。根据我国《土地管理法》第4条的规定,我国土地分为农用地、建设用地和未利用地。农用地是直接用于农业生产的土地,包括耕地、林地、草地、农田

水利用地、养殖水面等。建设用地是指建造建筑物、构筑物的土地,包括城乡住宅和公共设施用地、工矿用地、交通水利设施用地、旅游用地、军事设施用地等。未利用地是指农用地和建设用地以外的土地。

(2)非法占用农用土地罪的客观方面特征。非法占用农用土地罪的客观方面表现为行为人违反土地管理法、森林法、草原法的规定,非法占用耕地、林地等农用土地,并将耕地、林地等农用地改作他用,致使大面积耕地、林地被破坏的行为。耕地本来是用来从事粮食植物和经济作物种植的土地,如果将耕地改作他用,是对耕地资源的浪费,也会使本来有限的耕地的数量不断减少,影响正常的农业生产。林地是森林资源赖以生存的土地,对林地的占用,致使森林资源被破坏、江河流域植被减少、环境恶化、水灾频发,给国家和人民的财产造成很大的损失。首先,行为人具有违反土地管理法规的行为。土地管理法规,不仅指《土地管理法》,还包括其他法律中有关土地管理的规定以及国务院有关土地管理的行政法规。例如,森林法、草原法、矿产资源法等法律中就有很多关于土地管理的规定,这些规定都属于我国土地管理法规的组成部分。国务院根据上述法律制定的实施细则等行政法规也属于土地管理法规的范围。其次,行为人具有占有耕地、林地等农用地改作他用的行为。这具体就是指行为人未经依法办理农用地转用批准手续,土地征用、占用审批手续,非法占用耕地、林地、草地等农用地,在被占用的农用地上从事建设、采矿、养殖等活动,改变土地利用总体规划规定的农用地的原用途。如非法占用耕地,在耕地上非法进行建设或建设其他设施,开垦林地、草地种植庄稼、占用林地挖塘进行水产养殖等。最后,行为人非法占用耕地改作他用,必须达到数量较大,造成耕地、林地大量毁坏的程度,才能构成本罪。

(3)非法占用农用土地罪的主体。非法占用农用土地罪的主体,既可以是自然人,也可以是单位。从实践中发生的毁坏耕地、林地资源的行为看,很大一部分是单位实施的。

(4)非法占用农用土地罪的主观方面。非法占用农用土地罪行为人主观上所持的心理态度是一种故意。即行为人明知自己所进行的行为是违背法律的,但为了追求自己的经济利益,而置国家法律于不顾,通过采用欺骗手段获得批准或未经批准,或超出批准范围非法占用耕地、林地等农用土地,在耕地、林地上进行开采、开发、建设等,致使大量耕地、林地等农用土地被破坏。过失不构成本罪。

2. 非法占用农用土地罪的处罚

根据《刑法》第342条以及《刑法修正案(二)》的规定,非法占用耕地、林地等农用地改作他用,数量较大,造成耕地、林地等农用地大量毁坏的,处五年以下有期徒刑或者拘役,并处或者单处罚金。这一处罚是针对自然人实施本罪而言。如单位犯本罪的,则要按照第346条规定来处罚。该条规定,单位犯本罪的,对单位判处罚金,并对其直接负责的主管人员和其他直接责任人员,依照该条的规定处罚。从第346条规定来看,对单位犯本罪的,采取的处罚原则是双罚制,即既要处罚单位本身,还要处罚其主管人员和直接责任人员。尽管法律规定的很明确,但是实践中出现的情况往往很复杂。例如单位的某些人员在未取得单位主管人员的同意下,而以单位的名义实施了占用耕地的行为,且这种占用是为了单位的利益,那么这种情况是按照单位犯罪来处理还是以自然人犯罪进行处罚呢?如果按照单位犯罪来处理,那么作为单位的直接负责的主管人员并不知情,按照主客观统一的原理,对单位的直接负责的主管人员进行惩罚就有悖于罪刑法定原则。如只惩罚直接责任人员,其所作所为并不是为自己。如只惩罚单位,而单位作为一个拟制的人格,它的行为只能通过其代表来实施,自身并没有真正实施行为的能力。因此对于实践中出现的单位犯罪应当认真分析,以免定罪量刑出现错误。

(二)非法转让、倒卖土地使用权罪

1. 非法转让、倒卖土地使用权罪的概念及其特征

(1)客体特征。非法转让、倒卖土地使用权罪侵犯的客体是国家有关土地使用权合法转让的管理制度。土地管理法规定,土地一律归国家所有,任何单位和个人不得侵占、买卖或者以其他形式非法转让土地。国有土地和集体所有的土地的使用权可以依法转让。买卖或者以其他形式非法转让土地的,由县级以上人民政府土地行政主管部门没收非法所得,对违反土地利用总体规划擅自将农用地改为建设用地的,限期拆除在非法转让的土地上新建的建筑物和其他设施,恢复土地原状,对符合土地利用总体规划的,没收在非法转让的土地上新建的建筑物和其他设施;可以并处罚款;对直接负责的主管人员和其他责任人员,依法给予行政处分;构成犯罪的,依法追究刑事责任。因此,违背上述规定,进行非法转让或倒卖的,必然会侵犯国家对土地使用的管理制度。

(2)客观方面特征。本罪在客观方面表现为违法土地管理法的规定,非法转让、倒卖土地使用权,情节严重的行为。首先,行为人具有违反土地管理法规的行为。土地使用权,是指土地使用者在法律规定的范围内对依法使用的土地的占有、使用、收益、处分的权利。依据土地管理法的规定,土地使用权的获得,土地使用者必须依法提出申请,由有权部门进行审查批准,一般是被申请使用的土地应当专属专用,如果转让必须经过有关机关批准,才能进行,否则为非法。其次,具有非法转让或者倒卖土地使用权的行为。土地管理法规定,任何人不得买卖土地。非法转让就是将依法获得的土地,未经国家有关部门的批准,擅自转让给无权使用的人或单位的行为。非法买卖就是违反土地管理法的规定,从他人手中买入土地使用权或将自己拥有的土地使用权卖给他人,从中牟利的行为。行为人只要实施了非法转让或非法买卖

土地使用权二者之一,就可构成本罪。

此外,非法转让、倒卖土地的行为还必须情节严重才能构成。如情节轻微,即使有非法转让、倒卖土地的行为也不能以犯罪论处,只能依照土地管理法的规定予以处罚。

(3)主观方面特征。本罪在主观方面表现为故意,而且以牟利为目的。即行为人明知违法但为了牟取利益而故意实施。这种明知表现为不仅对危害后果的明知,而且是对行为违法性的明知。特别是对行为违法性的明知尤为重要。

(4)主体特征。本罪的主体为一般主体,既可以是自然人,又可以是单位。

2.非法转让、倒卖土地罪的刑事责任

根据《刑法》第228条及231条的规定,自然人犯本罪的,情节严重的,处3年以下有期徒刑或者拘役,并处或者单处非法转让、倒卖土地使用权价额5%以上20%以下罚金;情节特别严重的,处3年以上7年以下有期徒刑,并处非法转让、倒卖土地使用权价额5%以上20%以下罚金。单位犯本罪的,对单位判处罚金,并对其直接负责的主管人员和其他直接责任人员,依照自然人的规定处罚。这里"情节特别严重"是指:非法转让、倒卖基本农田10亩以上的;非法转让、倒卖基本农田以外的耕地20亩以上的;非法转让、倒卖其他土地40亩以上的;非法获利100万元以上的;非法转让、倒卖土地接近上述数量标准并具有其他恶劣情节的,如造成严重后果等。

(三)非法批准征用、占用土地罪,非法低价出让国有土地使用权罪

1.非法批准征用、占用土地罪,非法低价出让国有土地使用权罪的概念及其特征

(1)客体特征。两罪侵犯的客体是双重客体,既侵犯了环境法益,也侵犯了国家机关的正常活动。国家为保护、开发土地资

源,合理利用土地,切实保护耕地,在法律中规定了严格的土地管理制度,规定了各级政府对征用、占用土地的批准权限,规定了出让国有土地使用权以及土地使用权价格进行评估应遵循的规则、程序。国家机关工作人员徇私舞弊,违反土地管理法规,非法批地和低价出让国有土地使用权,将会导致宝贵的土地资源的流失。因此两罪侵犯了国家的土地管理制度和国家机关工作人员职务行为的廉洁性、正当性。同时由于这些人的滥用职权,土地资源被滥用,造成了土地资源的破坏,因此,该罪也侵犯了法律所保护的环境法益。

(2)客观方面特征。土地管理人员徇私舞弊罪在客观方面表现为,行为人徇私舞弊,违反土地管理法规,滥用职权,非法征用、占用土地,或者非法以低价出让国有土地使用权,情节严重的行为。徇私舞弊,就是出于私情而弄虚作假。滥用职权就是无权批准而仍然非法批准征用、占用土地;或超越自己的职责权限,滥用权力,批准征用、占用法定权限允许批准数额以上的土地;不按照土地利用总体规划确定的用途批准用地的;或者违反法律规定的程序批准占用、征用土地的;或以大大低于土地使用权市场价格的行为出让国有土地使用权等的行为。征用,是指国家为了公共利益的需要,对集体所有的土地实行的无偿收归国家使用。非法征用,就是违反土地管理法规进行征用。非法占用,是指违反土地管理法,无权使用而非法使用的行为。非法低价出让国有土地使用权,指在出让国有土地使用权时,违反国家法律规定低价出让。

(3)主体特征。本罪的犯罪主体为特殊主体,只能是国家工作人员。这与其他危害土地资源罪的主体构成特征有所不同。

(4)主观方面特征。本罪在主观方面只能是故意,即行为人明知自己无权批准或已超越了自己的权限而为了徇私情或谋私利,故意违反法律,非法批准征用、占用;或为了徇私情或谋私利故意以低于市场的价格出让国有土地的。

2.非法批准征用、占用土地罪,非法低价出让国有土地罪的刑事责任

《刑法》第 410 条规定,国家机关工作人员徇私舞弊,违反土地管理法规,滥用职权,非法批准征用、占用土地,或者非法低价出让国有土地使用权,情节严重的,处三年以下有期徒刑或者拘役;致使国家或集体利益遭受特别重大损失的,处三年以上七年以下有期徒刑。根据解释的规定,非法批准征用、占用土地"致使国家或集体利益遭受特别重大损失",是指下列情形:非法批准征用、占用基本农田 20 亩以上的;非法批准征用、占用基本农田以外的耕地 60 亩以上的;非法批准征用、占用其他土地 100 亩以上的;非法批准征用、占用土地,造成基本农田 50 亩以上,其他耕地 10 亩以上严重毁坏的;非法批准征用、占用土地造成直接经济损失 50 万元以上等恶劣情节的。非法低价出让国有土地使用权"致使国家和集体利益遭受特别重大损失",是指以下情节:出让国有土地使用权面积在 60 亩以上,并且出让价额低于国家规定最低价额标准的 40%的;造成国有土地资产流失价额在 50 万元以上的。

第三节 破坏森林资源罪

一、破坏森林资源罪的概念

破坏森林资源的行为是一种违反自然资源保护法律法规的行为,这里主要是指国家颁布的《森林法》。根据《森林法》的规定,国家对森林资源实行保护性措施:对森林实行限额采伐;进行勘察设计、建筑工程设施、开采矿藏,应当不占或者少占林地,如必须占用或者征用林地的,要获得有权部门的批准;禁止毁林开荒和毁林采石、采砂、采土以及其他毁林行为;禁止在幼林地和特

种用途林内砍柴、放牧;对于防护林和特种用途林中的国防林、母树林、环境保护林、风景林,只准进行抚育和更新性质的采伐;特种用途林中的名胜古迹和革命纪念地的林木、自然保护区的森林,严禁采伐;采伐林木必须持有采伐许可证,并要按照许可的范围采伐;审核发放采伐许可证的部门,不得超过批准的年采伐限额发放采伐许可证。如果违背《森林法》的上述规定而实施了法律所禁止的行为,就是违法行为,如情节严重的则构成犯罪。

根据《森林法》的规定以及刑法关于犯罪概念的规定,破坏森林资源罪可归纳为违反森林保护法规,盗伐、滥伐林木或者非法收购非法采伐的林木情节严重或者以其他非法方法破坏森林资源的行为。

二、破坏森林资源罪的特征

(一)破坏森林资源罪的客体特征

破坏森林资源罪侵犯的客体具有双重性,同时侵犯所有权和环境权以及环境生态安全。如盗伐林木罪,它既侵犯了他人财产所有权,又破坏了森林资源,影响了森林资源在维护环境生态安全方面应发挥的作用,因此,破坏森林资源罪又危害了环境权和环境生态安全。

(二)破坏森林资源罪的客观方面

因为这里的破坏森林资源罪是广义的破坏森林资源罪,所以它的客观方面的内容比较丰富。具体有如下表现:违反森林资源保护法规,盗伐、滥伐林木;非法采购盗伐、滥伐林木;或者通过放火以及其他方法毁坏林木;或者有关国家工作人员非法发放森林采伐许可证、木材运输证件、批准出口文件、允许进出口证明书的行为;伪造林木采伐许可证、木材运输证件、批准出口文件、允许进出口证明书等。盗伐就是违反森林保护法规,未经有关部门批准采取秘密的手段,砍伐森林资源的行为。滥伐就是违反森林保护法规,未经有关部门批准并核发采伐许可证,或虽持有许可证,但违背采伐许可证所规定的地点、数量、树种、方式而任意采伐的行为。非法收购是指没有合法的木材经营许可证而收购盗伐、滥伐的林木的行为。对于有些破坏森林资源的行为,要求数目较大或情节严重。

(三)破坏森林资源罪的主体

破坏森林资源罪的犯罪主体,为双重主体,也就是单位和自然人都可以成为本罪的主体。有些犯罪行为的主体为特殊主体,即国家工作人员。

(四)破坏森林资源罪的主观方面

破坏森林资源罪的主观方面表现为故意。就是行为人明知自己的行为是法律所不允许的,但为了经济利益而故意实施之,以致破坏森林资源,破坏国家森林保护和管理制度。

因为破坏森林资源罪的客观方面表现不同,可以将破坏森林资源罪分为下面几个不同的罪:盗伐林木罪,滥伐林木罪,非法收购盗伐、滥伐林木罪,放火烧毁森林罪,违法发放林木采伐许可证、木材运输证件、批准出口文件、允许进出口证明书罪,买卖林木采伐许可证、木材运输证件、批准出口文件、允许进出口证明书罪,伪造林木采伐许可证、木材运输证件、批准出口文件、允许进出口证明书罪等。

三、刑法中规定的危害森林资源的犯罪及其相关性犯罪

(一)盗伐林木罪

1.盗伐林木罪的概念及其特征

盗伐林木罪是指违反国家森林法及其他森林保护法规,以非

法占有为目的,擅自砍伐国家、集体、个人所有、他人承包经营管理的森林或者其他林木;或者擅自砍伐本单位、本人承包经营管理的森林或者其他林木;或者在林木采伐许可证规定的地点以外采伐国家、集体、他人所有、他人承包经营管理的森林或者其他林木,数量较大的行为。本罪具有以下特征。

(1)盗伐林木罪的客体特征。上面提到破坏森林资源罪都侵犯了环境权和环境生态安全,当然盗伐林木罪也不例外,但盗伐林木罪同时也侵犯了公私财产权。这是从不同的保护角度来考虑的。在1979年的刑法中将该罪规定在侵犯社会主义经济秩序罪一章中,那时规定这一罪考虑更多的是森林的经济价值,因此保护的也主要是经济利益,而不是从保护环境和资源的角度出发。现在新刑法将其规定在破坏环境资源保护罪中,已经考虑到破坏森林资源对环境、对人类生存和发展的影响,考虑到了森林的环境价值。当然注重森林资源的环境价值并不等于对它的经济价值就弃之不顾,而只是注重的侧重面不同罢了。现在规定的盗伐林木罪保护的侧重点就是它的环境价值。根据森林法的规定,森林、林木、林地的所有者和使用者的合法权益,受法律保护,任何单位和个人不得侵犯。采伐必须有采伐许可证,不得擅自采伐,而盗伐林木的行为是在未取得任何合法许可的情况下,采取秘密的手段盗窃国家、集体以及他人森林及林木的,因此该行为既侵犯了环境权和环境生态安全,又侵犯了公私财产权。该行为侵害的对象是国家的森林资源,具体指的是国有或集体所有的森林或者其他林木,包括个人承包经营国有或集体所有的森林、林木;私人所有并经营管理的成片林木也是国家森林资源的一部分,也可成为本罪侵犯的对象。

(2)盗伐林木罪客观方面特征。本罪在客观方面表现为行为人以非法占有为目的或以赢利为目的,违反森林保护法规,以非法占有为目的,擅自砍伐国家、集体、个人所有、他人承包经营管理的森林或者其他林木;或者擅自砍伐本单位、本人承包经营管理的森林或者其他林木;或者在林木采伐许可证规定的地点以外采伐国家、集体、他人所有、他人承包经营管理的森林或者其他林木,数量较大的行为。盗伐的主要表现就是在有关部门没有批准的情况下,行为人采取自认为别人不知道的秘密手段进行砍伐。

(3)盗伐林木罪的主体特征。盗伐林木罪的主体既可以是自然人,又可以是单位。根据目前盗伐林木的情况来看,实践中单位盗伐林木的占很大的比例。

(4)盗伐林木罪的主观方面特征。盗伐林木罪的主观特征为故意,而且行为人实施盗伐行为的目的是为了赢利或非法占有。

2.盗伐林木罪的刑事责任

《刑法》第345条第1款规定,盗伐森林或者其他林木,数量较大的,处3年以下有期徒刑、拘役或者管制,并处或者单处罚金;数量巨大的,处3年以上7年以下有期徒刑,并处罚金;数量特别巨大的,处7年以上有期徒刑,并处罚金。数量较大的标准前面已提到。根据最高人民法院《审理破坏森林资源刑事案件具体应用法律若干问题的解释》的规定,"数量巨大"是指以20～50m³或幼树1 000～2 000株为起点。"数量特别巨大"是指以100～200m³或者幼树5 000～10 000株为起点。对于盗伐国家级自然保护区内的森林或者其他林木的,从重处罚。也就是在法定刑限度内,对具有从重情节的犯罪人比没有这种情节的犯罪人适用较重的刑种或较长的刑期。所谓"国家级自然保护区",是指在国内外有典型意义、在科学上有重大国际影响或者有特殊科学研究价值的、经国务院批准设立的自然保护区。

单位犯本罪的,对单位判处罚金,并对其直接负责的主管人员和其他直接责任人员,依照上述规定处罚。

(二)滥伐森林罪

1.滥伐森林罪的概念及其特征

滥伐森林罪是指违反森林法及其他保护森林法规,未经林业行政主管部门及法律规定的其他主管部门批准并核发采伐许可证，或虽持有采伐许可证，但违背采伐许可证所规定的时间、数量、树种或方式，任意采伐本单位所有的、管理的或本人所有的森林或者其他林木；或者超过林木采伐许可证规定的数量采伐他人所有的森林或其他林木的，数量较大的行为。本罪具有以下构成特征。

(1)滥伐森林罪的客体特征。滥伐森林罪侵犯的客体是环境权和环境生态安全。违法森林保护法规，滥伐森林，必然破坏森林资源，影响森林资源在维护生态环境安全方面的作用发挥。犯罪对象是国家和集体的森林或其他林木；私人所有并经营管理的成片林也是国家资源的一部分，也属于侵犯对象。

(2)滥伐森林罪的客观方面特征。该罪在客观方面表现为违反森林法的规定，滥伐森林或其他林木，数量较大的行为。滥伐森林，是指未经林业行政主管部门以及法律规定的其他主管部门批准并核发采伐许可证，或者虽然持有采伐许可证，但是违背采伐许可证所规定的时间、数量、树种、方式而任意采伐本单位所有或管理的，以及本人所有的森林或者其他林木；或者超过林木采伐许可证规定的数量采伐他人所有的森林或其他林木的行为。

滥伐森林或其他林木，必须是数量较大的才追究刑事责任。"数量较大"根据司法解释的规定，以 10～20m^3 或者幼树 500～1 000株为起点。

(3)滥伐林木罪的主观方面是故意，即明知故犯。

(4)滥伐林木罪的主体为自然人和单位。

2.滥伐林木罪与盗伐林木罪的区别

盗伐林木罪与滥伐林木罪都是故意破坏森林资源的犯罪行为，都是对环境权和环境生态安全的犯罪行为。尽管在手段上都采用的是采伐，但两者在行为表现方面存在着不同。盗伐采用的是秘密进行的方式实施采伐行为，行为人没有任何合法手续，这里主要指采伐许可证。而滥伐则是虽有采伐许可证，但不按照采伐许可证规定的时间、数量、种类、区域、方式进行采伐,或没有采伐许可证而任意采伐,该行为的实施并不一定要采用秘密的方式。当然由于盗伐是在秘密情况下进行,可能会因为仓促砍伐,常常不择手段而存在着滥伐的现象,但滥伐却不一定是采用秘密的方式进行。

3. 滥伐森林罪的刑事责任

根据《刑法》第 345 条规定以及《刑法修正案(四)》第 7 条第 1 款的规定,滥伐森林或其他林木数量较大的,要处 3 年以下有期徒刑、拘役、或者管制,并处或者单处罚金;数量巨大的,处 3 年以上 7 年以下有期徒刑,并处罚金。滥伐国家级自然保护区内的森林或者其他林木的从重处罚。"数量巨大",以 50～100m³ 或者幼树 2 500～5 000 株为起点。

单位犯本罪的,对单位判处罚金,并对其直接责任人员和其他直接责任人员,依照上述规定判处。

(三)非法收购、运输盗伐、滥伐的林木罪

1. 非法收购、运输盗伐、滥伐的林木罪的概念及其特征

非法收购、运输盗伐、滥伐的林木罪是指非法收购、运输明知是盗伐、滥伐的林木,情节严重的行为。本罪具有以下特征。

(1)客体特征。该罪侵犯的客体是环境权和环境生态安全。我国有关森林保护的法律、法规都明确规定依法所有和使用的森林及其他林木的单位和个人的合法权益受法律保护,盗伐、滥伐林木的行为是违法行为,因此,任何单位和个人非法收购盗伐、滥伐林木的行为必然违背了法律所保护的环境法益,是对环境权和环境生态安全的侵犯。本罪的对象是被盗伐、滥伐的林木,非盗伐、滥伐的林木不属于本罪的对象。

(2)客观方面特征。该罪在客观方面表现为非法收购、运输明知是盗伐、滥伐的林木,情节严重的行为。首先,存在有非法收

购和运输的行为。"非法收购"是指没有合法的木材经营许可证而收购盗伐、滥伐的林木的行为。"非法运输"是指违反规定,用汽车、轮船以及其他交通运输设备运送非法盗伐、滥伐林木的行为。其次,"非法收购和运输"的行为必须达到情节严重的程度才构成犯罪。"情节严重"是指收购、运输盗伐、滥伐的林木在 $20m^3$ 以上或者幼树 1 000 株以上的;非法收购盗伐、滥伐珍贵树木 $2m^3$ 以上或者 5 株以上的;其他严重的情形的。

(3)主观方面特征。该罪的主观方面只能是故意,即明知是盗伐、滥伐的林木而仍然收购。明知就是知道或应当知道。具有以下情形之一的,可以视为应当知道:在非法的木材交易场所或者销售单位收购木材的;收购明显低于市场价格出售的木材的;收购违反规定出售的木材的。如果只是无证收购,但不知是盗伐、滥伐的林木,属非法经营木材的行为,但不构成本罪。

(4)主体特征。本罪的主体为一般主体,自然人和单位都可以构成本罪。

2.非法收购、运输盗伐、滥伐的林木罪的刑事责任

依照《刑法》第 345 条第 3 款和修正案的规定,犯本罪的,处 3 年以下有期徒刑、拘役或管制,并处或者单处罚金;情节特别严重的,处 3 年以上 7 年以下有期徒刑,并处罚金。"情节特别严重",是指收购、运输盗伐、滥伐的林木在 $100m^3$ 以上或者幼树 5 000 株以上的;非法收购盗伐、滥伐珍贵树木 $5m^3$ 以上或者 10 株以上的;其他严重的情形的。单位犯本罪的,对单位判处罚金,并对其直接责任的主管人员和其他直接责任人员,依照对自然人的规定处罚。

(四)违法发放林木采伐许可证罪

1.非法发放林木采伐许可证罪的概念及其特征

非法发放林木采伐许可证罪是指林业主管部门的工作人员

违反森林法的规定,滥用职权,超过批准的年采伐限额发放林木采伐许可证或者违反规定滥发林木采伐许可证,情节严重,致使森林遭受严重破坏的行为。

非法发放林木采伐许可证罪的特征如下:

(1)本罪的犯罪主体是特殊主体,即国家工作人员,具体就是在县级以上地方各级人民政府中主管本地区林业工作的工作人员以及在国务院的林业主管部门中从事公务的人员。非国家工作人员不能构成本罪,而且非林业部门的工作人员也不能构成本罪。

(2)本罪侵犯的客体是国家对森林资源的保护和管理制度,同时也侵犯了环境权和环境生态安全。我国森林法规定,国家对森林实行限额采伐。由国家根据用材林的消耗量低于生长量的原则,严格控制森林的年采伐量。各省、自治区、直辖市的年采伐限额由国务院批准。除农村居民采伐自留地和房前屋后个人所有的零星林木外,采伐林木必须申请采伐许可证。根据申请的单位不同,采伐许可证分别由县级以上林业主管部门、县级林业主管部门或者其委托的乡、镇人民政府审核发放。审核发放采伐许可证的部门,不得超过批准的年采伐限额发放采伐许可证。因此,林业主管部门的工作人员滥用职权,违反法律非法发放林木采伐许可证的行为,是对国家对森林资源保护管理制度的侵害,要给予刑事制裁。同时,行为人由于非法发放林木采伐许可证,森林资源被严重破坏,因此,也侵犯了环境权和环境生态安全。

(3)本罪在客观上表现为行为人违反森林法的规定,滥用职权,超过批准的年采伐限额发放林木采伐许可证或者违反规定滥发林木采伐许可证,情节严重,致使国家森林遭受严重破坏。

此外,本罪的构成不仅要求有超额滥发采伐许可证或超越职权滥发许可证的行为,而且要求有危害结果,即情节严重,致使森林遭受严重破坏。也就是说,情节严重是构成犯罪的必要条件。根据2000年最高人民法院《审理破坏森林资源刑事案件具体应用法律若干问题的解释》中的有关规定,下列情形之一可以认定为情节严重:林业主管部门工作人员违反森林法规定,发放林木采伐许可证允许采伐数量累计超过批准的年采伐限额,导致林木被采伐数量在 10m³ 以上的;滥发林木采伐许可证,导致林木被滥伐 20m³ 以上;滥发林木采伐许可证,珍贵树木被滥伐的;批准采伐国家禁止采伐的林木,情节恶劣的;其他情节严重,致使森林遭受严重破坏的情形。

(4)本罪在主观方面,只能是一种故意,明知国家森林法的有关规定,却偏要超过本地区年采伐限额发放采伐许可证,致使森林遭受过量开采;或者明知自己未被授权,没有发放采伐许可证、木材运输证件、批准出口文件、允许进出口证明书的权力或不属于自己发放采伐许可证、木材运输证件、批准出口文件、允许进出口证明书的管辖范围,却滥发采伐许可证,致使森林遭受严重破坏。

2.非法发放林木采伐许可证罪的刑事责任

根据《刑法》第 407 条规定,构成非法发放林木采伐许可证罪的,处 3 年以下有期徒刑或者拘役。

此外,破坏森林资源的犯罪行为还有《刑法》第 114 条规定的放火烧毁森林罪,它是属于用危险方法危害公共安全的一种行为,因为在其危害公共安全的同时也会对国家森林资源造成损害,所以也可归入此类罪中。

第四节 破坏矿产资源罪

一、破坏矿产资源罪的概念及其特征

破坏矿产资源罪是指违反矿产资源法的规定,无证开采、越界开采、违章开采或者采取破坏性开采方法进行开采,造成矿产资源破坏的;或倒卖探矿权、采矿权以及以买卖、出租等方式转让

矿产资源,致使矿产资源流失和严重浪费的行为。

破坏矿产资源罪具有以下特征。

第一,破坏矿产资源罪侵犯的客体是环境权和环境生态安全。国家为了保护矿产资源,制定了专门的矿产资源保护法律法规。矿产资源法规定,禁止任何组织或者个人用任何手段侵占或者破坏矿产资源。勘查、开采矿产资源,必须依法分别申请、经批准取得探矿权、采矿权,并办理登记。开采矿产资源必须持有有权部门颁发的采矿许可证。除法律规定外,探矿权、采矿权不得转让,禁止将探矿权、采矿权倒卖牟利。国家对国家规划矿区、对国民经济具有重要价值的矿区和国家规定实行保护性开采的特定矿种,实行有计划的开采;未经国务院有关主管部门批准,任何单位和个人不得开采。禁止任何单位和个人进入他人依法设立的国有矿山企业和其他矿山企业矿区范围内采矿。开采矿产资源,必须采取合理的开采顺序、开采方法和选矿工艺。矿山企业的开采回采率、采贫矿化率和选矿回收率应当达到设计要求。在开采主要矿产的同时,对具有工业价值的共生和伴生矿产应当统一规划,综合开采,综合利用,防止浪费;对暂时不能综合开采或者必须同时采出而暂时还不能综合利用的矿产以及含有有用成分的尾矿,应当采取有效的保护措施,防止损失破坏。禁止乱挖滥采,破坏矿产资源。如果违背法律的这些规定,就是对矿产资源造成破坏,侵犯环境权和环境生态安全。

第二,矿产资源罪在客观上表现为违反矿产资源法规,无证开采、越界采矿、违章采矿或者采取破坏性方法开采矿产资源,造成矿产资源严重破坏的行为。无证开采,是指未取得采矿许可证擅自采矿。越界采矿是指擅自进入国家规划矿区、对国民经济具有重要价值的矿区和他人矿区范围采矿的行为。违章采矿,是指擅自开采国家规定实行保护性开采的特定矿种,经责令停止开采后拒不停止开采的行为。破坏性方法开采,是指采用国家及其有关部门禁止使用的开采方法采矿和禁止使用的开采顺序采富弃贫、采厚弃薄、采易弃难,或者在矿区乱开采以至造成矿产资源严重破坏和浪费或使矿藏受到严重破坏的行为。根据刑法的规定，构成破坏矿产资源罪除要求有破坏行为外，必须该行为造成了严重损害后果。否则不构成犯罪，只能给予行政处罚。

第三，矿产资源罪的主观方面只能是故意，过失不能构成本罪。即行为人明知自己的行为违背国家法律，但为了追求经济利益而置国家利益、人类利益于不顾，实施违法开采，致使矿产资源受到严重破坏。

第四，矿产资源罪的犯罪主体既可以是自然人，又可以是单位。

二、刑法中规定的破坏矿产资源的各罪

（一）非法采矿罪

1. 非法采矿罪的概念及其特征

非法采矿罪是指自然人或者单位，故意违反矿产资源法的规定，未取得采矿许可证擅自采矿的，擅自进入国家规划矿区、对国民经济具有重要价值的矿区和他人矿区范围采矿的，擅自开采国家规定实行保护性开采的特定矿种，经责令停止开采后拒不停止开采，造成矿产资源破坏的行为。

非法采矿罪具有如下特征。

(1)非法采矿罪侵犯的客体是环境权和环境生态安全。《矿产资源法》第16条规定，开采国家规划矿区和对国民经济具有重要价值的矿区内的矿产资源、上述区域以外可供开采的矿产储量规模在大型以上的矿产资源、国家规定实行保护性开采的特定矿种、领海及中国管辖的其他海域的矿产资源、国务院规定的其他矿产资源，要由国务院地质矿产主管部门审批，并颁发采矿许可证。第17条规定，国家对国家规划矿区、对国民经济具有重要价值的矿区和国家规定实行保护性开采的特定矿种，实行有计划开采；未经国务院有关主管部门批准，任何单位和个人不得开采。

第19条规定了禁止任何单位和个人进入他人依法设立的国有矿山企业和其他矿山企业矿区范围内采矿。因此,如果任何单位或者个人违背上述规定而进行采矿的,必然会对矿产资源造成破坏,危害矿产资源的安全,侵犯环境权和环境生态安全。

本罪的对象是矿产资源,是指存在于地壳内部或表面的,呈固态、液态或气态的地质作用的金属、非金属矿产、燃料矿产和地下热能等矿物聚集体。

(2)非法采矿罪的客观方面,表现为违反矿产资源法的规定,无证采矿或有证滥采,造成矿产资源破坏的行为。首先,行为实施了非法采矿行为,具体有三种行为方式:一是无证采矿,即未经法定程序取得任何采矿许可证而擅自采矿的。其具体包括:无采矿许可证开采矿产资源的;采矿许可证被注销、吊销后继续开采矿产资源的;超越采矿许可证规定的矿区范围开采矿产资源的;未按采矿许可证规定的矿种开采矿产资源的(共生、伴生矿种除外);其他未取得采矿许可证开采矿产资源的情形。这里的矿是指国家所有的任何矿区,并不仅指《矿产资源法》第16条规定的范围。二是越界采矿,就是擅自进入国家规划矿区、对国民经济具有重要价值的矿区和他人矿区范围采矿的。这里擅自进入既包括无证进入上述特定矿区,又包括有采矿许可证,但非开采上述矿区的许可证而进行开采的行为。三是违章开采,即擅自开采国家规定实行保护性开采的特定矿种,经责令停止开采后拒不停止开采,造成矿产资源破坏的行为。上述三种情况只要具备其一,即构成非法采矿的行为,造成矿产资源破坏的,就构成犯罪。其次,该行为经责令停止开采后拒不停止开采,致使造成矿产资源破坏的后果。

(3)非法采矿罪在主观上是出于故意。即明知未取得合法采矿许可证,不得开采或者不得进入特定矿区,不得开采特定矿种,但为了谋取非法利益或非法占有的目的,而故意实施这种行为。

(4)构成本罪的主体既可以是自然人,也可以是单位。

2.非法采矿罪的刑事责任

对犯非法采矿罪的,根据《刑法》第343条规定,造成矿产资源破坏的要处3年以下有期徒刑、拘役或者管制,并处或者单处罚金;造成严重矿产资源严重破坏的,处3年以上7年以下有期徒刑,并处罚金。根据2003年最高人民法院《关于审理非法采矿、破坏性采矿刑事案件具体应用法律若干问题的解释》,"造成矿产资源破坏"是指非法采矿造成矿产资源破坏的价值,数额在5万元以上的;"造成严重矿产资源严重破坏"是指非法采矿造成矿产资源破坏的价值,数额在30万元以上的。

(二)破坏性采矿罪

1.破坏性采矿罪的概念及其特征

破坏性采矿罪是指违反矿产资源法的规定,采取破坏性的开采方法开采矿产资源,造成矿产资源严重破坏的行为。

破坏性采矿罪具有以下特征。

(1)破坏性采矿罪在客观上表现为违反矿产资源法的规定,采取破坏性的开采方法开采矿产资源,造成矿产资源严重破坏的行为。根据矿产资源法的规定,开采矿产资源,必须采取合理的开采顺序、开采方法和采矿工艺。矿山企业的开采回采率、采矿贫化率和选矿回收率应当达到设计要求。个体采矿应当努力提高矿产资源回收率,禁止乱挖滥采,破坏矿产资源。根据最高人民法院《关于审理非法采矿、破坏性采矿刑事案件具体应用法律若干问题的解释》的规定,采取破坏性的开采方法开采矿产资源,是指行为人违反地质矿产主管部门审查批准的矿产资源开发利用方案开采矿产资源,并造成矿产资源严重破坏的行为。此外,破坏性采矿罪在客观上除要求采用破坏性开采方法开采矿产资源的行为外,还必须具有因该行为的实施而使矿产资源受到严重破坏的结果存在。根据以上的规定,破坏性采矿造成矿产资源破坏的价值,数额在 30 万元以上的,属于"造成矿产资源严重破坏"。

(2)破坏性采矿罪在主观上是故意,即行为人对于实施破坏性开采矿产资源的行为及其所造成的矿产资源严重破坏的后果,是出于直接故意或者间接故意的心理态度。

(3)破坏性采矿罪的犯罪主体既可以是自然人,又可以是单位。

2.破坏性采矿罪的刑事责任

根据《刑法》第 343 条第 2 款的规定,违反矿产资源法的规定,采取破坏性的开采方法开采矿产资源,造成矿产资源严重破坏的,处五年以下有期徒刑或者拘役,并处罚金。

第七章 危害生态平衡型环境犯罪

地球是一个大的生态系统,包括人类、生物、动物以及植物,如何才能够在这个大的生态圈中和谐生存下去,不只需要人类的进步发展,更需要做到的是对生物、动物以及植物的保护、珍惜,如果不对这个系统加以保护,肆意毁坏所造成的结果就是这个生态系统遭到重创,失去平衡,进而人类自身也会受到严重的影响。本章主要讲述的是关于破坏水资源、动植物资源以及自然生态保护区构成的犯罪以及进行的惩处。

第一节 危害生态平衡型环境犯罪概述

生态平衡是指生态系统的结构和功能,包括生物的各种组成、各种数量上的状态,以及能量和物质的输入输出处于相对稳定的状态。生态平衡是能够维持整个生物圈保持正常生命系统得以发展的重要条件,能够为人类的生活和生产提供适宜的环境条件和稳定的物质资源。物种的多样性,是指地球上动物、植物、微生物的丰富性。生态系统中的物种对于多样性的物种分析上面,可以很大程度上反映出生态系统的现状、稳定性以及发展趋势。

一、危害生态平衡型环境犯罪的概念

危害生态平衡型环境犯罪也只是一种类型犯罪的概念,而非具体的犯罪。结合本类犯罪所针对的犯罪对象及犯罪所列出的特点,可将其概括为:危害生态平衡型环境犯罪,是指违反国家关于野生动植物、水产资源法律法规,破坏野生动植物资源、水产资

源或者非法买卖、运输、加工野生动植物资源及其制品，属于情节严重的行为。

二、危害生态平衡型环境犯罪的构成特征

(一)危害生态平衡型环境犯罪的客体

本罪的犯罪客体指的是国家在对水产资源以及野生动植物资源的保护管理上面。所针对的犯罪对象是水产品,国家重点保护的珍贵、濒危野生动物及其制品,国家重点保护的珍贵、濒危野生动物以外的其他野生动物资源,国家重点保护植物及其制品等。

(二)危害生态平衡型环境犯罪的客观方面

危害生态平衡型环境犯罪的客观方面主要表现在违反国家关于野生动植物、水产资源法律法规,破坏野生动植物资源、水产资源或者非法买卖、运输、加工野生动植物资源及其制品,情节相对严重的行为。具体而言,包括以下两个方面的内容。

1. 违法性前提

危害生态平衡型环境犯罪行为违反国家有关保护水产资源、野生动植物资源的法律法规。国家在关于保护水产资源、野生动植物资源上所制定的法律主要有:《野生动物保护法》《野生植物保护法》《渔业法》《水产资源繁殖保护条例》《自然保护区条例》《国家重点保护野生动物名录》《国家重点保护野生植物名录》等,危害生态平衡型环境犯罪主要违反的是上述法律法规。

2. 情节要件

我国《刑法》规定的危害生态平衡型环境犯罪,要么以"情节严重"作为成立犯罪的条件,要么以"情节严重""情节特别严重"作为加重处罚的成立条件。对于有些"情节严重""情节特别严

重",相关司法解释做出了明确规定,如最高人民法院于 2000 年 11 月 17 日发布的《关于审理破坏野生动物资源刑事案件具体应用法律若干问题的解释》(以下简称《破坏野生动物资源案件解释》)对《刑法》第 341 条规定的非法猎捕、杀害珍贵、濒危野生动物罪和非法收购、运输、出售珍贵濒危野生动物、珍贵、濒危野生动物制品罪中的"情节严重""情节特别严重"做出了详细解释,而有些"情节严重",目前尚无明确的司法解释,因此需要司法实践中结合该罪的犯罪性质和特点进行合理掌握。

(三)危害生态平衡型环境犯罪的主体

危害生态平衡型环境犯罪的主体是一般主体,包括自然人和单位。成立本罪的自然人犯罪主体,是年满 16 周岁,具有刑事责任能力的自然人。根据我国《刑法》的规定,单位可以成为全部本类犯罪的犯罪主体。

(四)危害生态平衡型环境犯罪的主观方面

危害生态平衡型环境犯罪的主观方面是指行为人实施破坏水产资源以及野生动植物资源行为时,对水产资源以及野生动植物资源被破坏的结果所持的心理态度。依据传统的刑法理论,犯罪主观方面可以分为故意和过失两种。根据危害生态平衡型环境犯罪的特点,我国《刑法》规定,危害生态平衡型环境犯罪的主观方面只能是故意,而不能由过失构成。危害生态平衡型环境犯罪既可以是出于直接故意的心理态度,也可以是出于间接故意的心理态度,前者是指行为人明知自己的行为必然或可能发生水产资源以及野生动植物资源被破坏的结果,并且希望这种结果发生的心理态度;后者是指行为人明知自己的行为可能发生水产资源以及野生动植物资源被破坏的结果,并且放任这种结果发生的心理态度。

三、危害生态平衡型环境犯罪的种类

结合我国《刑法》的规定,危害生态平衡型环境犯罪主要有:《刑法》第 340 条规定的非法捕捞水产品罪;第 341 条第 1 款规定的非法猎捕、杀害珍贵、濒危野生动物罪和非法收购、运输、出售珍贵濒危野生动物、珍贵、濒危野生动物制品罪;第 341 条第 2 款规定的非法狩猎罪;第 344 条规定的非法采伐、毁坏国家重点保护植物罪和非法收购、运输、加工、出售国家重点保护植物、国家重点保护植物制品罪。由此可见,我国刑法规定的危害生态平衡型环境犯罪主要包括破坏水产资源罪、破坏野生动物资源及其制品罪和破坏野生植物资源及其制品罪的三大分类。

第二节 破坏水产资源罪

我国的海洋、湖泊以及河流中都有很多的水产动物,其中也包括一些濒危珍贵的野生水生动物,如何才能使这么珍贵的水产不遭到破坏,也不会造成灭亡,那么针对破坏水产资源的人群是必须受到法律的限制的,以及重大的破坏是要受到法律的制裁的。下面是针对一些破坏水产资源行为的刑事处罚说明。

一、破坏水产资源行为的刑法惩治

根据《野生动物保护法》的规定,关于对珍贵、濒危的水生野生动物以外的其他水生野生动物的保护,主要是适用渔业法的规定。渔业资源是对一切的可以进行经济开发和科学价值的水生生物的总称。按照水产资源的不同,所依赖的水域也是不同的,可以分为淡水渔业资源和海水渔业资源。我国《渔业法》规定的渔业资源,是指在我国管辖的内水、滩涂、领海以及其他海域内可以养殖、采捕的野生动植物。

水产资源虽然是自然资源的组成,但是又是在自然资源中重

要的组成部分。它能够帮助人们改善生活,促进社会经济的发展,以及保持水生生态平衡,都具有十分重要的意义。如海产品还可以为人类的健康发展提供鲜美的食物和很多必要的营养物质,全世界每年从鱼类及其他海产动物取得的蛋白质即占人类蛋白质来源的6%。许多海产品还是治病的良药,目前,已知的具有抗癌潜力的化学物质的海洋生物具有500多种。然而,随着地球上人口增长的越来越多,人类对渔业资源的需求也在不断增加,对渔业资源的利用程度也在不断增强,再加上只知道利用,而忽视了对水产资源的保护,毫无节制的滥捕滥杀,致使渔业资源遭到了巨大的损失与破坏,有的渔业资源甚至面临着灭绝的危险。

我国的水产资源丰富,是世界上渔业资源丰富的国家之一。我国拥有辽阔的海洋和广阔的陆地水域,这些水域中生产着品质繁多的水生生物。我国海洋生物有2 000多种,其中鱼类有3 862种,经济价值较大的有150种,主要捕捞品种有带鱼、鳗、大黄鱼、小黄鱼等。浅海滩涂渔业资源,在低潮线下10m以内的沿岸水域和洞间带生物种类超过2 000种。即使我国的水产资源丰富,但是,由于不按自然规律办事,盲目无节制地发展捕猎能力,采取不合理的捕猎方法捕捞,我国渔业资源受到了严重破坏。

为了合理利用和保护水产资源,我国政府制定了大量保护渔业资源及其生存环境与渔业管理的法规和文件,2016年8月2号起,最高人民法院发布了《最高人民法院关于审理发生在我国管辖海域相关案件若干问题的规定》,分别就我国管辖海域的司法管辖与法律适用相关问题进行了明确。

二、非法捕捞水产品罪

《刑法》第340条规定:"违反保护水产资源法规,在禁渔区、禁渔期或者使用禁用的工具、方法捕捞水产品,情节严重的,处三年以下有期徒刑、拘役、管制或者罚金。"

根据以上规定,非法捕捞水产品罪,是指违反保护水产资源法规,在禁渔区、禁渔期或者使用禁用的工具、方法捕捞水产品,具有严重情节的行为。非法捕捞水产品具有以下特征。

（一）本罪侵犯的客体为环境法益，具体是环境权和环境生态安全

为了能够有效地保护渔业资源，能够防止造成渔业资源的枯竭，进而造成生态的失衡，我国颁布了《渔业法》以及《渔业法实施细则》《水产资源繁殖保护条例》和《渔业资源增值保护费征收使用办法》等法律、法规。《渔业法》第30条规定："禁止使用炸鱼、毒鱼、电鱼等破坏渔业资源的方法进行捕捞。禁止使用小于最小网目尺寸的网具进行捕捞。捕捞的渔获物中幼鱼不得超过规定的比例。在禁渔区或者禁渔期内禁止销售非法捕捞的渔获物。"第38条规定："使用炸鱼、毒鱼、电鱼等破坏渔业资源方法进行捕捞的，违反关于禁渔区、禁渔期的规定进行捕捞的，或者使用禁用的渔具、捕捞方法和小于最小网目尺寸的网具进行捕捞或者渔获物中幼鱼超过规定比例的，没收渔获物和违法所得，处5万元以下的罚款；情节严重的，没收渔具，吊销捕捞许可证；情节特别严重的，可以没收渔船；构成犯罪的依法追究刑事责任。"因此，违反了以上的相关法律规定，对于非法捕捞水产品的行为，必然会侵犯渔业资源生存与发展的安全，侵犯了环境法益。

本罪侵犯的对象为珍贵、濒危的水生野生动物以外的各种水产品。"水产品"，主要指的是具有一定经济价值的水生动物以及水生植物，包括各种鱼类、虾蟹类、海藻类、淡水食用水生植物类以及其他龟鳖、海参等。

（二）本罪在客观方面表现为违反有关渔业资源保护法律、法规，非法捕捞水产品，情节严重的行为

首先，行为人必须具有违反有关水产资源保护等法规的行为。主要是违反了《渔业法》及其《渔业法实施细则》等。其次，具有非法捕猎水产品的行为。具体可以表现为：

1.在禁渔区进行捕捞的行为

"禁渔区",是指国家的相关部门根据水产品资源能够自然再生的规律,在重点保护的鱼、虾、蟹、贝类、藻类以及其他重要的水生动物的产卵场、索饵场、越冬场以及洄游通道中,划定的禁止全部作业或者限制作业一定种类和某些作业的渔具数量的一定区域。

2.在禁渔期进行捕捞的行为

"禁渔期",是指国家的相关部门对某些重要的鱼虾贝类的幼体根据不同的时期,所进行禁止全部作业或者限制作业一定种类和某些作业的渔具数量的一定期限。

3.使用禁用的工具进行捕捞的行为

"禁用的工具",是指比规定的最小的网眼尺寸还小的捕捞工具以及相关法律所禁止使用的渔具。如国家规定了机轮拖网、围网和机帆船拖网眼的最小尺寸。捕捞小型成熟鱼、虾的小眼网具,只准在规定的区域和水域以及在时间上作业。"禁止的方法",主要指使用电力、鱼鹰捕鱼和炸鱼、毒鱼等严重损害水生动物正常繁殖、生长的方法。

再次,非法捕捞水产品的行为,必须在构成情节严重结果的条件下触犯本罪。根据水产资源保护法律法规的规定以及司法实践,情节严重的犯罪一般是指较大数量的捕捞;聚众非法捕捞以及非法组织捕捞;屡次触犯非法捕捞的;使用危险方法捕捞,造成水产品资源严重损害的;抗拒渔政管理、殴打渔政管理人员等。

(三)主体犯罪方面

本罪的主体为一般主体,自然人和单位都能成为本罪的主体。本罪在主观方面所表现的是故意行为,即行为人在明知其捕捞水产品是在禁止捕捞的区域或者禁止捕捞的期限内或者使用的是禁止使用的工具或方法,而仍然进行捕捞的行为。过失不构成本罪。

(四)刑罚处罚

根据《刑法》第340、346条的规定,犯本罪的,对自然人处3年以下有期徒刑、拘役、管制或者罚金;对于单位为主犯本罪的,对单位判处罚金,并对其直接负责的主管人员和其他直接责任人员,依照对自然人的规定进行处罚。

(五)与其他罪的界限

1. 与非法狩猎罪的界限

非法狩猎罪,是指违反狩猎法规,在禁止打猎、捕猎的区域、禁止捕猎的时期或者使用违法的工具以及方法进行的狩猎,破坏了野生动物的生长资源,属于情节严重的行为。两者在犯罪主体、犯罪客体以及主观方面相同。但是两者的区别在于:

一是犯罪的对象不同。非法狩猎罪侵犯的对象是除了在国家重点保护的基础上进行保护的珍贵、濒危水生野生动物以外的一般野生动物,本罪的犯罪对象是除国家重点保护的珍贵、濒危水生野生动物以外的其他水产品资源,包括具体水生的动物以及水生的植物等。

二是客观方面不同。非法狩猎罪在客观方面表现为非法狩猎的行为,即违反狩猎法规的条件下,在禁猎区、禁猎期或者使用禁用的工具、方法进行狩猎,破坏了野生动物的生存环境,具有很严重的行为情节。

2. 与非法猎捕、杀害珍贵、濒危野生动物罪的界限

行为人没有在相关部门的批准或者是故意的违反相关的法律、法规,来非法狩猎、杀害珍贵、濒危野生动物,非法猎捕、杀害国家重点保护的野生动物的行为。两者在犯罪主体以及主观方

面特征相同,区别在于:

犯罪对象以及客观等各个方面的不同。犯罪对象包括了水生动物以及水生植物,而非法狩猎、杀害珍贵、濒危野生动物罪的犯罪对象为国家重点保护的珍贵、濒危野生动物,包括陆生野生动物和水生野生动物。本罪在客观方面表现为非法狩猎的行为,即违反了狩猎的相关法规,使用一些禁止使用的相关的工具、一些不正当的途径的方法对野生动物资源进行破坏,各种情节严重的行为;而非法狩猎、杀害珍贵、濒危野生动物罪在客观方面的表现是指行为人故意无视相关法律法规,不经过有关部门进行批准的行为,肆意非法猎捕、杀害国家重点保护的野生动物的行为,对于该罪的要求,不考虑情节是否严重都可构成。

3.与盗窃罪的界限

盗窃罪,是指行为人在以非法占有为目的的前提下,故意秘密地窃取数额较大的公私财物或者进行多次秘密窃取公私财物的行为。两者在所处的主观条件下是有一些相似之处的,都是故意犯罪,盗窃罪还有非法占有的目的。不同之处在于:

一是客体不同。本罪侵犯的是环境权和环境生态安全,而盗窃罪的客体是已侵犯了公私财物的所有权。

二是犯罪对象不同。本罪的犯罪对象为以国家所重点保护的珍贵、濒危水生野生动物以外的关于其他的水产品资源,包括水生动物和水生植物,而盗窃罪是盗取了所有的公司财物为对象。

三是客观方面不同。本罪在客观方面表现为非法狩猎的行为,即违反狩猎法规,在禁猎区、禁猎期或者使用禁用的工具、方法进行狩猎,破坏野生动物资源等各种情节严重的行为,而盗窃罪所主要体现的是在客观方面表现为以秘密的方法来非法占有或者侵犯公私财物等数额较大的行为。

四是犯罪主体不同。本罪的犯罪主体可以是自然人,亦可以是自然人和单位,而盗窃罪只能由自然人构成。

第三节 破坏野生动物资源罪

在整个生态系统的平衡发展下,不只是有人类的存在,也包含了很多的野生动物,才能构成一个完整发展的生态圈。人类对于生态系统平衡的维护,首先要做到的就是保护生物资源的系统性和生物的多样性。为了保护野生动物资源的发展,我国据此制定了一些关于如何保护野生动物资源的相关法律法规。

一、危害野生动物资源行为的刑法惩治

根据我国《野生动物保护法》的规定,野生动物,指的是不论是在经济上、还是在科学的研究上面都具有重要的价值,包括珍贵、濒危的陆生、水生野生动物和有益的陆生野生动物。对于非濒危的、非珍贵的野生水生动物是由我国的渔业法进行调整的,不包括在野生动物保护法内。

如上所述,野生动物对人类在生存和发展的条件都具有重要的作用,它是人类生存和生态环境的重要组成部分,它不仅在经济的发展、科学的探索以及文化的价值上面具有很大的作用,更重要的是它能够对保护自然、维持生态平衡具有重要的意义。一方面受到自然生态规律的影响和制约,另一方面又对生态系统的发展和变化产生着影响。但是,由于大自然的不断演化以及各种物种遭受到人类的滥捕滥杀和人类活动所造成的环境污染和破坏,许多物种面临着灭绝的危险。

我国野生动物资源丰富,是世界上拥有野生动物种类最多的国家之一,占世界种类总数的10%以上。但是,我国野生动物也存在很大的灭绝问题,据统计目前我国有近200多个特有物种消失,有些已濒临灭绝,20%的野生动物面临生存危机。如野马、朱鹮、麋鹿等10多种野生动物基本灭绝。据初步统计显示,中国有300多种陆栖脊椎动物、约410种和13类的野生植物处于濒危状

态。《濒危野生动植物物种国际贸易公约》列出的640个世界性濒危物种中,中国占了156种,约占总数的24%。之所以造成野生动物灭绝,其最大的原因与我国的生态环境恶化以及人类滥捕滥杀等有很大的关联。

为了保护野生动物,防止野生动物灭绝,我国对此制定了一系列关于保护野生动物的法律法规。这些法律的颁布和实施,对于我国在保护野生动物的发展下发挥了重大的作用。此外,相对于情节严重的危害野生动物的行为,即危害野生动物的犯罪行为,我国的刑法也相应做出了规定。1979年的刑法分别规定了非法捕捞水产品罪和非法狩猎罪。此后,1988年11月8日全国人大常委会通过了《关于惩治捕杀国家重点保护的珍贵、濒危野生动物犯罪的补充规定》,专门针对危害野生动物的犯罪行为进行了规定,不断扩大刑法对危害野生动物犯罪的打击力度和广度。1997年刑法修订后,将《关于惩治捕杀国家重点保护的珍贵、濒危野生动物犯罪的补充规定》与刑法原有的规定进行了融合,规定了非法捕捞水产品罪,非法狩猎、杀害珍贵、濒危野生动物罪,非法收购、运输、出售珍贵、濒危野生动物或者珍贵、濒危动物制品罪,非法狩猎罪,以及相关犯罪,如走私珍贵动物、珍贵动物制品罪,逃避动植物检疫罪和动植物检疫人员渎职罪。

二、刑法规定的危害野生动物各罪

(一)非法狩猎、杀害珍贵、濒危野生动物罪

《刑法》第341条第1款规定:"非法猎捕、杀害国家重点保护的珍贵、濒危野生动物的,或者非法收购、运输、出售国家重点保护的珍贵、濒危野生动物及其制品的,处5年以下有期徒刑或者拘役,并处罚金……情节特别严重的,处10年以上有期徒刑,并处罚金或者没收财产。"

因此,鉴于非法狩猎、杀害珍贵、濒危野生动物等罪行,是在行为人明知会触犯法律的条件下,故意违反野生动物保护法律法

规,或者在没有经过相关部门的批准或者不按照批准,非法猎捕、杀害国家所重点保护的野生动物的行为。本罪所具有的特征如下：

1. 环境权和环境生态安全

国家在保护珍贵以及濒危野生动物的安全生长的条件下,制定了一系列法律法规,如《野生动物保护法》等。这些相关的法律法规中,明令禁止以任何单位或者个人非法对国家的重点保护野生动物进行捕杀,禁止任何单位和个人对野生动物所生存的环境和场所进行破坏。因此,对非法狩猎、杀害珍贵、濒危野生动物的行为,必然侵犯了相关法律所规定保护的权益,侵犯了环境权和环境生态安全。

本罪侵犯的对象是指在国家法律法规的重点保护下,珍贵的、濒危的野生动物,包括了陆生野生动物以及水生野生动物。珍贵野生动物指在生态发展下、科学研究上面、文化艺术传播、经济利益的友好往来等方面存在着重要价值的野生动物。濒危野生动物是指濒临灭绝的野生动物。根据最高人民法院《关于审理破坏野生动物资源刑事案件具体应用法律若干问题的解释》,"珍贵、濒危野生动物",包括列入国家重点保护野生动物名录的一、二级野生动物、列入《濒危野生动植物种国际贸易公约》附录一、附录二的野生动物以及驯养繁殖的上述物种。

2. 行为人故意违反野生动物保护条例

行为人在明知会触犯国家的野生动物保护法的条例下,还是依然触犯了相关的法律法规,非法捕猎、杀害国家的重点保护动物等行为。行为人首先要违反野生动物保护法律法规。国家在保护珍贵、濒危的野生动物上面,针对野生动物保护法的相关明细做出了更为严格的规定。《野生动物保护法》第16条规定："禁止猎捕、杀害国家重点保护野生动物。因科学研究、驯养繁殖、展览或者其他特殊情况,需要捕捉、捕捞国家一级保护野生动物的,必须向国务院野生动物行政主管部门申请特许猎捕证;猎捕国家二级保护野生动物的,必须向省、自治区、直辖市政府野生动物行政主管部门申请特许猎捕证。"第 19 条规定:"猎捕者应当按照特许猎捕证、狩猎证规定的种类、数量、地点和期限进行猎捕。"也就是说,在获得国家相关部门所批准的猎捕许可证之后,同时也要在猎捕许可证上所规定的野生动物的相关种类、数量以及地点等所限制的环境和条件下进行猎捕。否则,即使取得猎捕证,也构成犯罪。因此,本罪在客观行为上的表现可表现为两种:一是在没有取得特许猎捕许可证的情况下进行猎捕的行为;二是取得猎捕许可证之后,但是没有按照许可证上所规定猎捕的种类、数量、地点和期限等进行猎捕的行为。

3. 故意犯罪行为

本罪在主观方面为故意,即行为人明知自己所猎捕的是国家重点保护的珍贵、濒危野生动物,还依然实施猎捕的行为。本罪的犯罪主体为一般主体,自然人和单位都可成为本罪的主体。

4. 本罪与非法狩猎罪的区别

非法狩猎罪,违反了狩猎的相关法规,在时间上没有达到的捕猎期间、不允许使用的捕猎工具以及不允许进行捕猎的空间地域等进行的狩猎,破坏野生动物资源,情节严重的行为。

两者在客体上相同,都是侵犯环境权和环境生态安全,主体和主观方面也相同。两者不同之处在于侵犯的对象和客观方面不同。在侵犯对象上,本罪侵犯针对的是国家对一些珍贵、濒危的重点保护的野生动物,而非法狩猎罪侵犯的对象为一般野生动物。在犯罪的客观方面,本罪所能够表现的是不在国家法律的基础上,不遵守国家的相关保护野生动物的法律法规,没有按照规定所进行的捕猎工作;而非法狩猎罪的表现行为是行为人在使用不正当的手段以及方法,在严格要求的地域或者环境中所进行的狩猎行为。

(二)非法收购、运输、出售珍贵、濒危野生动物或者珍贵、濒危动物制品罪

根据《刑法》第341条的规定,非法收购、运输、出售珍贵、濒危野生动物或者珍贵、濒危动物制品罪,是指违反野生动物保护法律法规,非法收购、运输、出售国家重点保护的珍贵、濒危野生动物或者珍贵、濒危野生动物制品的行为。本罪具有以下特征。

1. 侵犯的客体为环境权和环境生态安全

国家为了阻断破坏野生动物的源头,能够预防出现危害野生动物行为事件的发生,有关法律明确规定,禁止出售、收购国家重点保护的野生动物或者其制品。由于因科学方面的研究、驯养繁殖、展览等特殊情况的出现,需要出售、收购以及适当的利用国家一级保护野生动物或者其制品的,必须经由国务院野生动物行政主管部门或者授权单位的批准;在需要出售、收购、利用国家二级保护野生动物或者其制品的,必须经省、自治区、直辖市政府野生动物行政主管部门或者其授权的单位批准。同时规定,运输、携带国家重点保护野生动物或者其制品出县境的,必须经省、自治区、直辖市政府野生动物行政主管部门或者其授权的单位批准。因此,非法收购、运输、出售国家重点保护的珍贵、濒危野生动物或者珍贵、濒危野生动物制品的行为,长此以往必然助长危害野生动物行为的发生,必然侵犯环境权和环境生态安全。

本罪侵犯的对象是经由国家所重点保护的珍贵、濒危野生动物或者其制品。野生动物制品,是指珍贵、濒危野生动物的任何部分及其衍生物。

2. 本罪的构成要素

本罪可表现在违反野生动物保护法律法规上,所进行的非法收购、运输、出售珍贵、濒危动物或者珍贵、濒危动物制品的行为。根据国家法律规定,禁止出售、收购或者购买运输国家所重点保

护的珍贵、濒危野生动物的制品。如果行为人在违反这些规定条件下进行对国家重点保护的野生动物制品的贩卖、运输以及收购的行为，必然是会引起犯罪的，属于恶劣的行为。在"收购"的过程中，必然会出现一些以营利、自用等为目的的购买行为；所谓"运输"，则是指采用携带、邮寄或者利用他人、借助交通工具等方法进行运送的行为；而"贩卖"，则是行为人以出卖和营利为目的进行加工利用的过程结果。此外，行为人只要触犯了收购、运输、贩卖行为这三种行为中的任意一条，即可构成本罪，并不需要三种行为同时具备才构成本罪。

3. 犯罪主观故意方面

本罪的主观方面是指行为人或者其他的单位，在已知自己所收购、运输、出售的是国家所重点保护的珍稀、濒危野生动物或者是珍稀的动物制品，仍旧触犯该法律条例。过失不构成犯罪。本罪的犯罪主体为一般主体，自然人和单位都可以成为触犯本罪的主体。

4. 本罪的刑罚处罚

根据《刑法》第 340 条以及 346 条的规定，自然人犯本罪处 5 年以下有期徒刑，并处罚金；情节特别严重的，处 10 年以上有期徒刑，并处罚金或者没收财产。单位犯本罪的，对单位判处罚金，而对单位的直接负责的主管人员和其他直接负责人员，依照自然人的规定处罚。其中具有以下情节之一的，属于"情节严重"：价值在 10 万元以上的；非法获利 5 万元以上的；具有其他严重情节的。具有以下情节之一的，属于"情节特别严重"：价值在 20 万元以上的；非法获利 10 万元以上的；具有其他特别严重情节的。

5. 本罪与狩猎、杀害珍贵、濒危野生动物罪的区别

两者之间的相同点是在，所进行侵犯的客体都是在环境权和环境生态安全的前提下；犯罪的主体都是一般主体，犯罪的主观

方面都是故意为之。两者的不同点在于，在侵犯对象方面上不完全一样，两者所进行侵犯的对象都是国家所重点保护的珍贵、濒危的野生动物，但本罪侵犯的对象，除国家重点保护的珍贵、濒危的野生动物外，也包含这些野生动物的制品。两者在客观方面的表现有所不同，本罪在客观方面表现为非法运输、收购、出售国家重点保护的珍贵、濒危的野生动物或其制品的行为，非法狩猎、杀害国家重点保护的珍贵、濒危的野生动物罪在客观方面为非法狩猎、杀害国家重点保护的野生动物的行为。

(三)非法狩猎罪

《刑法》第341条第2款规定:"违反狩猎法规,在禁猎区、禁猎期或者使用禁用的工具、方法进行狩猎,破坏野生动物资源,情节严重的,处3年以下有期徒刑、拘役、管制或者罚金。"

所以,非法狩猎罪,就是在违反相关的狩猎法规,在禁止捕猎的区域或者地区内、在不允许狩猎的时期以及不允许使用的方法等,破坏野生动物资源,情节严重的行为。本罪具有以下特征。

1.本罪侵犯的客体为生态环境安全

国家在保护我国的珍稀的野生动物方面制定出了很多的法律和法规,针对破坏珍稀、濒危的野生动物的保护方面做出了大量的严格规定,在此法规中,对于捕猎的区域、地域以及限制使用的时间、工具等都进行了限制。对于不加节制以及严重破坏保护濒危野生动物的条件下,长此以往,必然会侵犯环境的安全以及生态的平衡。

本罪侵犯的对象为各种野生动物资源,但是对于这里的野生动物是不包括国家所进行重点保护的珍稀、濒危的野生动物以及水生野生动物。

2.破坏野生动物资源的行为

首先,行为人必须有违反狩猎法规的行为,狩猎法规主要有

《野生动物保护法》《陆生野生动物保护条例》等法律法规。

其次,行为人在规定的禁猎区或者禁止使用某种工具的行为下进行的捕猎行动。禁猎区,是指国家和地方政府为了能够有效保护野生动物资源而为此所划定的禁止狩猎的区域,这些地区通常情况下是适宜野生动物栖息、繁殖,或者在野生动物资源贫瘠以及遭到严重破坏的区域。禁猎期,是为了保护野生动物在一定的繁殖期限内,所规定禁止捕猎的行为期限。禁用的工具,是指具有很强大的破坏力,以及能够伤害人类和动物安全、损害野生动物资源的工具,如军用武器、炸药、毒药、气枪、地枪等;禁用的方法,是足以对野生动物资源的繁殖与生长产生很大破坏性的方法。如夜间照明行猎、歼灭性围猎、火攻、烟熏等方法。

最后,行为必须达到情节严重,才构成犯罪。根据最高人民法院 2000 年公布的《关于审理破坏野生动物资源刑事案件具体应用法律若干问题的解释》的规定,"情节严重"包括:非法狩猎野生动物 20 只以上的;违反狩猎法规,在禁猎区、禁猎期或者使用禁用的工具、方法狩猎的;具有其他严重情节的。

3. 行为人动机方面

行为人的主观方面是故意犯罪,行为人在了解相关法律法规的前提下,仍然做出触犯违反法律的事件,至于行为人是在什么情况下触犯的法律,不影响本罪的成立。

4. 本罪与其他罪的界限

与非法捕捞水产品罪的区别。非法捕捞水产品罪,是指违反保护水产资源法规,在禁渔区、禁渔期或者使用禁用的工具、方法来捕捞水产品,情节严重的行为。

本罪与非法捕捞水产品罪在犯罪主体、犯罪客体以及犯罪主观方面特征一致,都属于故意犯罪,其性质都为一般主体,自然人和单位都可成为犯罪的主体。在具体侵犯的对象和客观方面则有所不同。本罪所涉及侵犯的对象为一般陆生野生动物,而非法捕捞水产品罪侵犯的对象则是一般的水生野生动物和水生植物；从客观方面着手，本罪表现为非法狩猎的行为，具体就是违反了狩猎的相关法规，在禁猎区、禁猎期或者禁止使用的工具、方法等进行狩猎的行为，而非法捕捞水产品罪在客观方面主要表现在非法捕捞的行为上面，具体就是违反了保护水产资源的法律法规，在禁止打捞或者禁止捕捞的区域中以及借助其他的工具、方法捕捞水产品的行为。

第四节 破坏野生植物资源罪

野生植物资源与野生动物资源在存在上面是相辅相成的，无论是哪一种遭受到破坏或者灭亡，都会带来不可预知的损失。所以我国在针对野生植物资源的保护上面也做出了相关的法律法规限制，为了能够充分地保护我国的野生植物资源，使其能够得以繁殖生存下去。

一、破坏野生植物资源行为的刑法惩治

我国在法律上所保护的野生植物，是指在大自然的发展环境中所自然生长的原生的珍贵植物和原生的天然生长并具有很重要的经济、科学研究、文化价值的濒危、稀有植物。根据对野生植物的保护的程度不同，可具体分为国家重点保护野生植物和地方重点保护野生植物，国家重点保护野生植物又分为国家一级保护野生植物和国家二级保护野生植物；地方重点保护野生植物也可分为地方一级保护野生植物和地方二级保护野生植物。

野生植物与野生动物一样，对人类的生存和发展都具有很大的作用，是生存环境的重要组成部分。人类和动物的生存以及发展都离不开植物，人类可以从植物中获取生存的食物，同时植物也为绝大多数动物提供了食物和生存空间，植物也能够在保护土壤、防止产生水土流失的发生以及美化环境等方面发挥着巨大

的作用。植物的存在具有很大的价值意义。

此外,野生植物还是储存基因的大型数据库。植物的多样性为人类的生存发展提供了重要的物质基础,是大自然中存在的最为宝贵的财富之一。但是,野生植物资源处于被严重损害的现状。据统计,现在全世界已有105种高等植物种类的生存受到威胁。并估计,到2000年全世界受威胁的植物种类将增加到60 000种。全世界已有多达25 000种植物属于濒危物种。珍稀野生植物资源地不断减少和逐渐的灭绝,对于生物环境的多样性是一个严重的破坏,最终将严重地破坏生态的平衡以及影响生物系统的稳定,危害人类和其他生物的生存和发展。

我国在地域上幅员辽阔,自然生产条件复杂,具有多种多样的生物物种。据统计,全国的高等植物约有3.28万种,占世界高等植物种类的10%以上,被子植物约2.5万种,占世界被子植物20万种的12.5%,在世界各国中位居第三。我国分布的高等植物约470科、3 700余属,其中特有属200个,特有种1 000种左右,其中水杉、银杉、银杏等是我国特有的珍稀活化石植物。在物种丰富的植物资源中,已发现中草药植物4 000种;香料植物350种;油脂植物800多种;酿酒和食用植物约300种。

丰富的野生植物资源,也为我国社会经济的发展以及为人们创造丰富的生活提供了重要的物质基础。但是,人口数量的急剧增长和人们不合理、不加节制地利用资源,造成环境的破坏以及污染,对各种生态系统的生存产生了极大的冲击。有关研究表明,大约有200种植物已经灭绝;据估计,中国的高等植物中大约有4 600种处于濒危或受威胁的状态。中国公布的第一批珍稀濒危植物就有389种之多。中国植物物种处于濒危状态者达全国植物种的15%~20%,即4 000~5 000种,估计在近十年中就有5%的植物物种将会灭绝。有关专家估计,到2010年,中国将有3 000~4 000种植物处于濒危的行列之中。由于物种之间存在着相互关联相互制约的关系,如果一种植物被灭绝了,就会连带有10~30种依附于这种植物中的其他生物也随之消失。

为了充分地保护、发展以及合理利用野生植物资源，保护生物的多样性，维护生态的平衡，我国针对植物资源的发展现状制定出了一些相关的法规制度，主要有1996年9月30日国务院发布的《中华人民共和国野生植物保护条例》《重点保护野生植物名录》《野生药材资源保护管理条例》等，此外，《环境保护法》《森林法》《草原法》等都规定有保护野生植物的内容。

我国新刑法中也相应做出了一些惩治危害野生植物资源的犯罪规定。在1979年刑法中，还没有规定对危害野生植物的罪行，以及危害森林的犯罪行为的制定，但总的来说也只是从保护财产的角度上出发，而不是为了保护自然资源和生物多样性以及维护生态平衡的角度。因此，也没有单独的、具体的关于危害野生植物的犯罪。只是在以后的有关司法解释中，将非法采伐、毁坏珍贵、稀有树木的等行为作为盗伐、滥伐林木等"情节严重"的情形之一，这也是唯一的对于危害野生植物的犯罪行为的规定。

1997年刑法修订以后，刑法专门对非法采伐、毁坏珍贵树木的行为进行了单独的归罪，《刑法》第344条规定了非法采伐、毁坏珍贵树木罪。显然，只单纯地规定保护珍稀树木，这个保护范围太过狭窄，不利于对所有珍贵的野生植物进行保护。因为野生植物不仅包括森林，更有大量珍贵的野生植物。

为了更加完善地打击危害野生植物资源的行为，更好地保护野生植物资源，2002年12月28日第九届全国人大常委会第31次会议通过了《刑法修正案（四）》，对《刑法》第344条规定的非法采伐、毁坏珍贵树木罪进行了修订，将非法采伐、毁坏珍贵树木等罪行扩展为非法采伐、毁坏国家重点保护植物罪，并增加了非法收购、运输、加工、出售国家重点保护的植物罪。

此外，刑法也对私自将珍稀植物、珍稀植物制品、各种逃避检查的行为、动植物检疫徇私舞弊罪、动植物检疫失职罪等相关犯罪做出了规定。

二、刑法规定的危害野生植物资源的各罪

（一）非法采伐、毁坏国家重点保护植物罪

《刑法》第344条规定："违反森林法的规定，非法采伐、毁坏珍贵树木的，处3年以下有期徒刑、拘役或者管制，并处罚金；情节严重的，处3年以上有期徒刑，并处罚金。"

《刑法修正案（四）》第6条将《刑法》第344条规定修订为："违反国家的规定，非法采伐、毁坏珍贵树木或者国家重点保护的其他植物的，或者非法收购、运输、加工、出售珍贵树木或者国家重点保护的其他植物及其制品的，处3年以下有期徒刑、拘役或者管制，并处罚金；情节严重的，处3年以上7年以下有期徒刑，并处罚金。"

最高人民法院、最高人民检察院《关于执行〈中华人民共和国刑法〉确定罪名的补充规定（二）》，在这条规定中明确指出了犯罪行为的罪名确定为通过非法采伐的以及毁坏国家重点保护植物罪，进行的非法收购、运输、加工以及出售国家所重点保护的植物罪，取消了原有的非法采伐、毁坏珍贵树木罪罪名。

因此，非法采伐、毁坏国家重点保护植物罪，是违反国家的相关规定，进行非法采伐、毁坏珍贵树木或者国家对各种重点其他植物的保护行为。

该罪具有如下特征。

1. 客体特征

对于非法采伐、毁坏国家重点保护植物罪所侵犯的客体是环境法益，即环境权和生态环境安全，制定出相关的法律对于野生植物资源的采集做出了明确的规定。

例如我国的野生植物法律法规的规定，国家一级保护野生植物在原则上是禁止进行采集，但因需要进行科学研究、人工培育以及文化交流等特殊的需要，在采集国家一级保护野生植物的前

提是,必须经采集地的省、自治区、直辖市人民政府野生植物行政主管部门签署意见后,向国务院野生植物行政主管部门或者其授权的机构申请采集证;采集国家二级保护野生植物的,必须经采集地的县级人民政府野生植物行政主管部门签署意见后,向省、自治区、直辖市人民政府野生植物行政主管部门或者其授权的机构申请采集证;采集珍贵野生树木或者林区内、草原上的野生植物,可依照森林法、草原法中的规定来申请采集证或者许可证。单位或个人在取得采集证后,必须严格按照采集证上所规定的种类、数量、地点、期限和方法来采集野生植物。因此,对于违反了植物资源保护法律法规的规定,以及产生非法采伐、毁坏国家重点保护的野生植物的行为,必然侵犯了生态环境的安全、平衡和国家重点对野生植物保护管理的制度。

本罪侵害的对象是珍贵树木以及国家重点保护的其他植物。珍贵树木,就是在经过省级以上林业主管部门或者其他相关的部门确定其具有的珍贵价值以及重大的历史纪念意义、可作为科学研究或者年代久远的古树名木,国家禁止、限制出口的珍贵树木以及列入国家重点保护野生植物名录的树木。国家重点保护的其他植物指的应当是《国家重点保护植物名录》中所规定的植物和《濒危野生动植物物种国际贸易公约》附录一、附录二中非产于我国的野生植物。

2. 客观方面

没有遵守法律,非法采伐或者严重毁坏国家重点保护植物罪在客观方面表现为违反国家的规定,非法采伐、毁坏珍贵树木或者国家重点保护的其他植物的行为。

首先,必须具备有违反国家规定的行为。行为人在采伐、毁坏珍贵树木的过程中或者毁坏国家重点保护的其他植物的行为必须是非法的,这种非法性的行为主要体现在行为人不遵守有关《森林法》《森林法实施细则》《野生植物保护条例》和地方性的森林保护、野生植物保护法规。

其次,对于非法采集、恶意损害国家的珍贵树木以及国家所保护的其他植物的行为。一是在经过政府允许后取得采集证进行的采集行为。根据我国的相关法律的规定,国家禁止对一级保护野生植物进行采集,在必要采集的情况下,先要得到政府的批准,进而取得采集的证明,在没有取得相关的采集证或者采伐许可证的情况下,进行采集是违法的。这里采伐是指对珍贵树木或者国家重点保护的其他植物实施的采集、砍伐活动。毁坏是指损害珍贵树木或者国家重点保护的其他植物的行为。其具体主要包括以下两个方面:一方面是对珍贵树木或者国家重点保护的植物本身进行直接的毁坏,如对珍贵的植物进行剥皮、挖根、折枝、摘叶、取汁等;另一方面是破坏珍贵树木或者国家重点保护的其他植物的生长条件,如在珍贵树木或者植物周围挖土、采石、采砂、生火等,使珍贵树木或者植物无法正常生长或死亡。二是虽经政府的批准,已经取得了相关的采集证或者采伐证,但是却不按照采集证规定的种类、数量、地点、期限和方法等进行正常的采集野生植物的行为。

根据本罪的有关规定,行为人只要是不按照有关法律实施了采伐或毁坏珍贵树木或者国家重点保护的其他植物的行为,就具备了犯罪的客观要件,并不要求行为的情节严重。情节严重仅仅作为处罚中的从重情节。

3. 刑罚处罚

自然人犯本罪的,处 3 年以下有期徒刑、拘役或者管制,并处罚金;情节严重的,处 3 年以上 7 年以下有期徒刑,并处罚金。根据 2000 年最高人民法院《审理破坏森林资源刑事案件具体应用法律若干问题的解释》的规定,"情节严重"包括以下情形:非法采伐珍贵树木 2 株以上或者毁坏珍贵树木致使珍贵树木死亡 3 株以上的;非法采伐珍贵树木 $2m^3$ 以上的;为首组织、策划、指挥非法采伐或者毁坏珍贵树木的;其他严重情节的。

4.与其他罪的界限

(1)与盗伐林木罪的界限

盗伐林木罪,是指盗伐森林或者其林木,数量较大的行为。二者在犯罪的客体特征、主体特征以及主观方面相同,客体都是环境权和环境生态安全;在主体特征的表现上面,单位以及个人都有可能成为犯罪的主体;主观方面的特征都是故意犯罪。不同方面主要在于客观方面和犯罪对象。本罪的客观方面主要表现为违反国家规定,非法采伐、毁坏珍贵树木或者国家对其他植物的重点保护行为,而盗伐林木罪的客观方面主要表现在盗伐森林或者其他林木,盗伐的数量较大行为。本罪的犯罪对象为珍贵的树木或者国家重点保护的其他植物,而盗伐林木罪的犯罪对象为森林或者其他林木。

(2)与滥伐林木的界限

滥伐林木罪,是指违反了森林法的有关规定,随意滥伐森林或者其他林木,产生数量较大的行为。两者的区别在于:客观方面不同,本罪的客观方面表现不遵守国家的相关规定,非法采伐、毁坏珍贵树木或者国家重点保护的其他植物的行为,而滥伐林木罪的客观表现为违反森林法的规定,滥伐森林或者其他林木,数量较大的行为。犯罪对象不同,本罪的犯罪对象为珍贵的树木或者国家重点保护的其他植物,而滥伐林木罪的犯罪对象为森林或者其他林木。

(二)非法收购、运输、加工、出售国家重点保护植物、国家重点保护植物制品罪

根据《刑法修正案(四)》的规定,进行非法收购、运输、加工、出售国家重点保护植物、国家重点保护植物制品罪,是指违反国家规定,非法收购、运输、加工、出售珍贵树木或者国家重点保护植物、国家重点保护植物制品的行为。本罪具有以下特征。

1.客体特征

本罪侵犯的客体是环境权和环境生态安全。《野生植物保护法》规定,禁止出售、收购国家一级保护野生植物;出售、收购国家二级保护野生植物的行为过程时,必须要经过省、自治区、直辖市人民政府野生植物行政主管部门或者其他的授权的机构得到批准;外国人不得在中国境内采集或者收购我国的重点保护野生植物。如果违反了以上的规定,进行非法收购、出售、运输、加工野生植物的行为,必然会触犯野生植物保护法,危害野生植物的生存安全,甚至会对生物链的发展生存造成破坏。所以,未经国家允许的对重点保护植物、重点保护植物制品等进行收购、运输以及加工出售等的行为,是会影响我国对重点保护植物的管理以及危害生态环境的安全。

侵犯的对象为珍贵树木或者国家重点保护的其他野生植物及其制品。"珍贵树木",是指由省级以上林业主管部门或者其他部门确定的具有重大历史纪念意义、科学研究价值或者年代久远的古树名木,国家禁止、限制出口的珍贵树木以及列入国家重点保护野生植物名录的树木。

2.客观方面特征

本罪的客观方面可以表现为行为人违反了一定的国家规定,经过非法运输、采购、加工以及出售珍贵树木或者国家的重点保护植物以及制品的行为。首先,前提是违反了国家的法律行为。违反国家规定主要是指违反《森林法》《草原法》以及《野生植物保护条例》等法律法规的规定。其次,有对国家重点保护植物以及重点植物制品进行的非法收购、运输、加工、出售等行为。"收购",是指行为人以营利或者自用为目的的购买行为。"运输",是指以携带、邮寄、利用他人、使用交通工具等方法进行运送的行为。"加工",是指未经有关部门批准对植物进行制作的行为。"出售",是指行为人为了营利或者其他的目的,将珍贵树木或者国家重点保护的其他野生植物以一定的价格卖于他人的行为。行为人只要实施了上述行为中的一种,就可构成本罪。

3. 主体特征

根据《刑法》第 344、346 条以及《刑法修正案(四)》第 6 条的规定,自然人和单位都可以成为本罪的主体。

4. 与非法收购、运输盗伐、滥伐的林木罪的界限

非法收购、运输盗伐、滥伐的林木罪,是指非法收购、运输明知盗伐、滥伐的林木,属于情节严重的行为。

两者在主体特征、客体特征和主观方面相同,不同在于:

一是侵犯的犯罪对象不同。本罪所进行保护的对象为珍贵树木或者国家重点保护的其他植物及其制品,而非法收购、运输盗伐、滥伐的林木罪的对象为盗伐、滥伐的林木。二是客观行为不同。本罪在客观行为上可表现在收购、运输、加工、出售等,而非法收购、运输盗伐、滥伐的林木罪的客观行为表现上是对收购和运输行为的限制等。三是犯罪成立条件不同。本罪不要求情节严重,而非法收购、运输盗伐、滥伐的林木罪只有在触犯的情节特别严重的条件下方可构成犯罪。

第五节　破坏自然保护区罪

自然保护区是集中了大量的濒危、珍贵的植物以及动物,所进行保护的区域。我国在自然保护上面做出了很多的管理,也针对各个不同地区的珍稀、濒危的动植物进行了保护,划分了重点保护区域,在此基础上,我国也针对自然保护区做出了相关的保护条例以及法律法规的制定。

一、自然保护区的刑法保护

依据《自然区保护条例》第 2 条的规定,自然保护区,是指对有代表性的自然生态系统、珍稀濒危野生动物物种的天然集中分布区、有特殊意义的自然遗迹等保护对象所在的陆地、陆地水体或者海域,依法划出的一定面积予以特殊保护和管理的区域。

自然保护区是人类保护大自然的一种特殊手段和重要措施,它将那些对人类生存和发展具有无可估量意义的自然综合体和自然资源,尤其是具有典型意义的生态系统,珍贵稀存的生物资源、珍贵的历史遗迹及时有效地保留下来;将那些已遭受破坏或严重干扰的自然综合体或自然资源及时有效地加以拯救、恢复和保养。它的建立对于自然保护、对人类社会的发展具有重要的意义。

第一,自然保护区是物种资源的天然贮存库,为人类育种、制药、科学研究提供了丰富的资料。第二,它所挽救和保存下来的生态系统,为衡量人们对自然因素引起的后果,提供了评价的准绳,便于人们采取科学的对策。第三,自然保护区保持的完整的生态系统,丰富的物种、生物群落和它们赖以生存的环境,以及其他自然历史遗迹,为进行生物学、生态学、地质学、古生物学等多种学科的科学研究提供了十分难得的场所。第四,自然保护区保存完好的天然植被及其组成的生态系统,有助于保持水土、涵养水源,调节地方气候、改善地区环境等。总之,自然保护区的建立,对于促进科学研究、环境保护、生产建设、文化教育、卫生保健等有着巨大的作用。

世界各国都十分重视自然保护区的建立,我国从 1956 年在广东省设立鼎湖山自然保护区以来,截至 2002 年年底,全国自然保护区已达 1 757 个,总面积为 13 295 万 hm^2,占全国国土面积的 13.2%,其中国家级自然保护区总数 188 个,面积为 6 042 万 hm^2。许多国家就自然保护区专门做出了立法,建立了完整的自然保护区法律制度。我国为了完善自然保护区制度,也制定了一些专门性法规,如《自然保护区条例》《森林和野生动物类型自然保护区管理办法》《地质遗迹保护管理规定》《海洋自然保护区管理办法》《自然保护区土地管理办法》等。一些相关的法律也有关于自然保护区制度的规定,相关性法律主要有《环境保护法》《草原法》《森林法》《矿产资源法》《海洋环境保护法》《大气污染防治法》《水污染防治法》《治安管理处罚条例》《野生动物保护法》以及《建设项目环境保护管理办法》等。有些地方也进行了自然保护区的立法工作,如《贵州省自然保护区管理条例》《新疆维吾尔自治区自然保护管理条例》等。近期全国人大常委会准备进行《自然保护区法》的立法工作。这些法律法规规定了一些与自然保护区有关的违法犯罪行为的法律责任以及相应的制裁措施。

我国刑法中也规定了一些危害自然保护区的犯罪行为。如非法狩猎罪,非法猎捕、杀害珍贵、濒危野生动物罪,非法收购、运输、出售珍贵、濒危野生动物或者珍贵、濒危动物制品罪,以及非法采伐、毁坏国家重点保护植物罪,非法收购、运输、加工、出售国家重点保护的植物罪以及盗伐林木罪和滥伐林木罪等。在盗伐林木罪和滥伐林木罪的规定中,刑法明确规定盗伐、滥伐国家级自然保护区的森林或者其他林木的,从重处罚。在《自然保护区条例》中,也设定了一些危害自然保护区的刑事条款,如第39条规定的妨碍执行公务罪、第40条规定污染和破坏自然保护区犯罪以及第41条规定自然保护区工作人员的渎职犯罪。

二、有关危害自然保护区的犯罪

(一)破坏自然保护区的犯罪

这类犯罪主要指在自然保护区内进行采伐、狩猎、捕捞、开矿、挖沙等情节严重的行为。《森林法》第24条规定,国务院林业行政主管部门和省、自治区、直辖市人民政府,应当在不同自然地带的典型森林生态系统、珍贵动物和植物生长繁殖的林区、天然热带雨林区和具有特殊保护价值的其他天然林区,划定的自然保护区加强管理。第31条规定,特种用途林中的名胜古迹和革命纪念林木、自然保护区的森林,严禁采伐。

《野生动物保护法》第10条规定,国务院野生动物行政主管部门和省、自治区、直辖市人民政府,应当在国家和地方重点保护野生动物的主要生息繁衍的地区和水域,划定自然保护区,加强对国家和地方重点保护野生动物及其生存环境的保护管理。第20条规定,在自然保护区、禁猎区和禁猎期内,禁止猎捕和其他妨碍野生动物生息繁衍的活动。第34条规定,违反本法规定,在自然保护区、禁猎区破坏国家或者地方重点保护野生动物主要生息繁衍场所的,由野生动物行政主管部门责令停止破坏行为,限期恢复原状,处以罚款。《矿产资源保护法》第20条第5项规定,非经国务院授权的有关主管部门同意,不得在国家划定的自然保护区、重要风景区、国家重点保护的不能移动的历史文物和名胜古迹所在地开采矿产资源。

我国刑法分别规定了非法捕捞水产品罪,非法猎捕、杀害珍贵、濒危野生动物罪,非法收购、运输、出售珍贵、濒危野生动物、珍贵、濒危动物制品罪,非法狩猎罪,非法采矿罪,破坏采矿罪,非法采伐、毁坏国家重点保护植物罪,非法收购、运输、加工、出售国家重点保护的植物罪以及盗伐林木罪和滥伐林木罪等。

这些犯罪都应当包括在自然保护区内实施上述犯罪,我们认为,在自然保护区内实施上述犯罪,也是对自然保护区的破坏,应当从重处罚。刑法中对于盗伐林木罪和滥伐林木罪就有很明确的规定,盗伐、滥伐国家级自然保护区内的森林或者其他林木的,从重处罚。由于这些犯罪在前面已经论述,这里就不再重复。

(二)污染自然保护区罪

《海洋环境保护法》《固体废物污染环境防治法》以及《大气污染防治法》等法律都有保护自然保护区的条款。《大气污染防治法》第16条规定,在国务院和省、自治区、直辖市人民政府划定的风景名胜区、自然保护区、文物保护单位附近地区和其他需要特别保护的区域内,不得建设污染环境的工业生产设施;建设其他设施,其污染物排放不得超过规定的排放标准。

《固体废物污染环境防治法》第 22 条规定,在国务院和国务院有关主管部门及省、自治区、直辖市人民政府划定的自然保护区、风景名胜区、生活饮用水源地和其他需要特别保护的区域内,禁止建设工业固体废物集中储存、处置设施、场所和生活垃圾填埋场。《海洋环境保护法》第 21 条规定,国务院有关部门和沿海省级人民政府应当根据保护海洋生态的需要,选划、建立海洋自然保护区。第 30 条规定,在海洋自然保护区、重要渔业水域、海滨风景名胜区和其他需要特别保护的区域,不得新建排污口。第 42 条规定,在海洋自然保护区、重要渔业水域、海滨风景名胜区和其他需要特别保护的区域,不得从事污染环境、破坏景观的海岸工程项目建设或者其他活动。

《自然保护区条例》第 40 条规定,违反本条例,造成自然保护区重大污染或者破坏事故,导致公私财产重大损失或者人身伤亡的严重后果,构成犯罪的,对直接负责的主管人员和其他直接责任人员依法追究刑事责任。

我们认为,如果违反以上法律的规定,污染了自然保护区,就应当分别按照海洋污染罪、固体废物污染罪以及大气污染罪定罪,在量刑上应当从重处罚。目前,刑法中只规定了重大环境污染事故罪,没有单独规定污染海洋罪、固体废物污染罪以及大气污染罪。我们认为,重大环境污染事故罪,注重污染结果,不利于环境保护。因此,为了更好地保护环境,防治环境污染,应当单独规定污染海洋罪、固体废物污染罪以及大气污染罪,同时规定,污染自然保护区的应当从重处罚。

(三)妨害自然保护区公务罪

《自然保护区条例》第 39 条规定,妨碍自然保护区管理人员执行公务,情节严重,构成犯罪的,依法追究刑事责任。《刑法》第 277 条规定了妨害公务罪,是指以暴力、威胁的方法阻碍国家机关工作人员依法执行公务的行为。妨碍自然保护区管理人员执行公务,情节严重,构成犯罪的应当依照妨害公务罪来定罪量刑。

(四)自然保护区管理工作人员渎职罪

《自然保护区条例》第 41 条规定,自然保护区管理人员滥用职权、玩忽职守、徇私舞弊,构成犯罪的,依法追究刑事责任。根据刑法的规定,应当包括自然保护区工作人员滥用职权罪和自然保护区工作人员玩忽职守罪。

1. 自然保护区的工作人员滥用职权罪

自然保护区的工作人员滥用职权罪,是指自然保护区的管理人员,违反自然保护区法律法规的规定,滥用职权或者徇私舞弊,致使自然保护区被严重破坏或者污染的行为。

(1)本罪侵犯的客体是国家自然保护区机构的正常工作秩序。国家为了保护和对自然保护区进行管理,设立自然保护区行政主管部门,自然保护区行政主管部门在自然保护区内设立管理机构,配备专业技术人员,负责自然保护区的管理工作。自然保护区的管理人员,违反法律规定,滥用职权或者徇私舞弊,致使自然保护区被严重破坏或者污染的行为,必然侵犯了自然保护区管理机构的正常工作秩序。

(2)本罪在客观方面表现为违反有关自然保护区法律法规,滥用职权或者徇私舞弊,致使自然保护区的环境被严重污染或者自然资源被破坏的行为。滥用职权或者徇私舞弊,具体表现为违反规定,擅自放人进入自然保护区核心区、允许在自然保护区内的缓冲区开展旅游和生产经营活动;允许在自然保护区内进行砍伐、放牧、狩猎、捕捞、采药、开垦、烧荒、开矿、采石、挖沙等活动;允许开设与自然保护区方向不一致的参观、旅游项目;擅自允许外国人进入地方自然保护区;允许在核心区内和缓冲区内,建设生产设施,致使自然保护区的环境受到严重污染,资源受到严重破坏的行为。

(3)本罪的刑罚处罚。由于刑法没有直接规定此罪,可以比照《刑法》第397条的规定进行处罚。《刑法》第397条规定:"国家机关工作人员滥用职权或者玩忽职守,致使公共财产、国家和人民利益遭受重大损失的,处3年以下有期徒刑或者拘役;情节特别严重的,处3年以上7年以下有期徒刑,本法另有规定的,依照规定。""国家机关工作人员徇私舞弊,犯前款罪的,处5年以下有期徒刑或者拘役;情节特别严重的,处5年以上10年以下有期徒刑。本法另有规定的,依照规定。"

2. 自然保护区工作人员玩忽职守罪

自然保护区工作人员玩忽职守罪,是指自然保护区管理人员,违反自然保护区法律法规的规定,对工作严重不负责任,玩忽职守,致使自然保护区被严重破坏或者污染的行为。

(1)本罪侵犯的客体是国家自然保护区机构的正常工作秩序。国家为了保护和对自然保护区进行管理,设立自然保护区行政主管部门,自然保护区行政主管部门在自然保护区内设立管理机构,配备专业技术人员,负责自然保护区的管理工作。自然保护区的管理人员,违反法律规定,对工作严重不负责任,致使自然保护区被严重破坏或者污染的行为,必然侵犯了自然保护区管理机构的正常工作秩序。

(2)本罪在客观方面表现为违反自然保护区法律法规的规定,对工作严重不负责任,玩忽职守,致使自然保护区被严重破坏或者污染的行为。具体表现就是对破坏自然保护区环境和破坏自然资源的行为应当制止的行为不制止;应当进行巡护检查的不进行巡护检查;应当制止的其他行为,而由于疏忽大意或者认为不可能造成自然保护区被破坏或污染,自然保护区被破坏或者被污染。

(3)与自然保护区工作人员滥用职权罪的界限。两者侵犯的客体、犯罪主体特征相同。区别在于:客观方面不同,本罪客观方面表现为违反有关自然保护区的法律法规,对工作严重不负责任,玩忽职守,致使自然保护区被严重破坏或者污染的行为,而滥用职权罪在客观方面表现为违反有关自然保护区的法律法规,滥用职权或者徇私舞弊,致使自然保护区被严重破坏或者污染的行为。主观方面不同,本罪主观方面表现为过失,而滥用职权罪在主观方面表现为故意。

三、关于自然保护区的刑事立法的建议

自然保护区是人类保护大自然的一种特殊手段和重要措施,它将那些对人类生存和发展具有无可估量意义的自然综合体和自然资源,尤其是具有典型意义的生态系统,珍贵稀有的生物资源、珍贵的历史遗迹及时有效地保留下来;将那些已遭受破坏或严重干扰的自然综合体或自然资源及时有效地加以拯救、恢复和保养。它的建立对于自然保护、对人类社会的发展具有重要的意义。

我国刑法中,对于危害生态环境、自然资源以及其他环境要素的犯罪进行了规定。但是,对于危害自然保护区的犯罪行为却没有进行直接的规定,这对于保护自然保护区非常不利,特别是对于自然保护区内的濒危物种以及自然遗迹的保护非常不利。为了保护生物多样性以及自然生态环境,刑法应当进行规定危害自然保护区的犯罪,以便更好地打击危害自然保护区的犯罪,保护自然保护区以及自然保护区所要保护的珍贵物种和其他由自然保护区保护的物质。

第八章　环境犯罪刑法的立法完善及发展趋势

生态环境是人类赖以生存的基础,如果离开了此基础,人类发展也就中断,地球是唯一一个适合人类生存的星球。不过,地球正在被人类加以破坏,变得也越来越羸弱。环境犯罪刑法的立法势在必行,应通过刑法去有效震慑、教育、惩罚对环境带来破坏的各种行为。环境犯罪的刑法立法在某种意义上促进了人们环保习惯的养成。但是,目前情况下环境刑法立法依然存在很多问题,立法理念非常落后,其职能不能得到充分的发挥。环境犯罪的刑法立法完善及发展趋势已经成了诸多环境保护学者研究的重要课题之一。

第一节　环境犯罪立法模式及罪名体系的完善

如今,环境保护已经成了全球密切关注的问题,生态环境问题成了人类经济发展过程中不可避免的问题,经济发展难免会对生态环境带来破坏和影响,而且某些破坏行为已经超越了自然界所能恢复的能力,环境问题早已成为全球各个国家共同的烦恼。很多国家通过制定相关环境保护法律来处理各种环境问题,中国也不例外。前面章节中对环境犯罪和环境犯罪的刑事立法给予分析,下面对环境犯罪立法模式及罪名体系的完善问题进行研究。

一、环境犯罪立法模式的完善

(一)中国环境犯罪立法模式现状考察

所谓环境犯罪立法模式,是指关于环境犯罪与刑事责任的外

第八章　环境犯罪刑法的立法完善及发展趋势

在表现形式。无论是环境犯罪还是刑事责任，两者在立法思想、立法技术等诸多方面都是通过各种环境犯罪立法模式反映出来。科学、合理地选择犯罪刑法立法模式有着至关重要的意义。

在考察、抽象、概括各个国家的环境犯罪立法模式中，可以发现，目前情况下各个国家的环境刑事立法模式大部分属于一种复合型或者称作综合性的模式，也就是刑法典、附属刑法或者一些特别刑法结合在一起，但是各自又分别在侧重点以及相互结合的要素方面存在不同。那么，目前情况下，我国的环境犯罪立法采取的是哪一种模式呢？

与西方法制发达国家进行比较，我国在环境犯罪立法方面起步比较晚，始于1979年发布的《刑法典》。该文件并没有针对环境犯罪给予专章或者专节规定，不过却在分则的各个章节中设置了有关环境犯罪的条款，例如分则第三章"破坏社会主义经济秩序罪"一文中，规定了盗伐林木罪、非法捕捞水产品罪、非法狩猎罪等诸多环境犯罪行为。不仅如此，为了增强人类对于环境的保护意识，全国人大常委会发布的某些单行刑事法律也对一些特定的环境犯罪行为给予规定，如1988年在《关于惩治捕杀国家重点保护的珍贵、濒危野生动物犯罪的补充规定》这一文件中对非法捕杀珍贵、濒危野生动物罪给予规定。伴随着越来越多的环境立法开展起来，为了惩罚污染和破坏环境资源的诸多犯罪行为，一系列环境保护的行政法律，如《环境保护法》《水污染防治法》《大气污染防治法》《野生动物保护法》等众多单行环保法规中都明确规定了刑事处罚的条款，不过大部分根据刑法的有关规定给予处罚。但是，该时期的环境犯罪立法，因为在立法模式方面不科学、体系结构比较零散、杂乱、立法范围狭窄以及惩罚力度不足等诸多缺陷，并没有实现制裁环境犯罪、保护环境的效果。

1997年修订过的《刑法典》突破了之前环境犯罪的立法模式，可以从三个方面体现出来。第一，在分则第六章"妨害社会管理秩序罪"中设定专门一节，对于"破坏环境资源保护罪"给予明确规定，改变了以往在追究环境犯罪行为人的刑事责任时需要参考适用《刑法典》关于其他方面犯罪规定的状况,这也有力地推动了我国环境刑事立法的发展。在 1997 年修订过的《刑法典》分则中第六章第六节里第 338～346 条颁布了 9 个条文,包含 14 种破坏环境资源的犯罪行为,如重大环境污染事故罪、非法处置进口的固体废物罪、擅自进口固体废物罪、非法捕捞水产品罪等。该罪名有一部分是在 1979 年《刑法典》规定的前提下进一步修改而成的,有一部分是在原来附属单行刑法的前提下进一步修改而成的,但是更多的部分则是根据环境保护的实际需求新添加的。第二,其他一些派生性罪名可以从刑法典分则各个章节之中零散地看到。例如,我国现行《刑法典》中第二章里关于公共安全罪细分为"非法制造、买卖、运输、储存危险物质罪",而在第三章中第二节里关于走私罪细分为"走私珍贵动物、珍贵动物制品罪""走私国家禁止进出口货物、物品罪""走私废物罪",而在第九章关于渎职罪细分为"违法发放林木采伐许可证罪""环境监管失职罪""非法批准征用、占用土地罪""动植物检疫徇私舞弊罪""动植物检疫失职罪"等。第三,附属环境刑法。所谓附属环境刑法,则指明确规定于环境行政法之中的各项刑事责任条款。比如在《中华人民共和国环境保护法》中,第 43 条针对追究导致重大环境污染事故犯罪行为犯罪追究刑事责任给予明确规定。在《中华人民共和国大气污染防治法》中,第 61 条针对导致重大大气污染事故犯罪行为追究刑事责任给予明确规定,这些都彰显出我国环境行政立法中针对环境犯罪规定了刑事责任条款。

总之,在考察我国目前情况下环境犯罪的立法现状中,可以发现,我国环境犯罪仍然属于复合型的立法体例或者模式,也就是一种通过刑法典规定环境犯罪作为中心,采用附属刑法的规定的复合型模式加以辅助。

(二)环境犯罪复合型立法模式的维持

在究竟什么是中国环境犯罪立法的理想模式这一问题上,有着各种观点。一些学者持有这样的观点,根据基本国情,我国的

第八章 环境犯罪刑法的立法完善及发展趋势

环境刑事立法应当从战略高度走特别环境刑法集中立法与环保法律分散立法相结合的道路。这里的集中立法,则指相当一部分有着稳定形态的环境犯罪以及环境刑事诉讼规则明确规定到特别环境刑法中。而分散立法,则指在一段时间内不具备稳定性但是又必须惩罚的犯罪行为规定到单行环境行政法中。[①] 中国环境犯罪立法的比较理想模式仍然是目前情况下我国环境犯罪立法所采取的复合型或者称作综合型的立法模式,也就是以刑法典对于环境犯罪给予规定为主,同时以环境行政法中关于附属环境刑法立法给予规定作为辅助。其原因有以下四大方面。

其一,各个国家环境刑法立法的种种实践已经表明,综合立法模式属于一种比较切合实际且实用的模式。该模式可以为全球大部分国家已经采用的事实中得到充分的证明。

其二,中国立法传统中有着鲜明的强调法典化的倾向,尤其是一部分基本法律部门,在某些可能的情况之下都制定出了法典。尤其是对犯罪与刑罚给予规定的刑法典,更为人类重视。将每一项犯罪都纳入到刑法典中,体现了我国立法的一个主导思想。这一方面也就决定了我国环境犯罪大部分或者主要通过刑法典规定,并非主要通过其他法律规定,也就是说我国在环境犯罪立法方面是不可能纯粹地采用附属刑法模式的。

其三,环境刑法的附属性决定了环境犯罪与环境行政法之间有着割不断的关系,所以,我国环境犯罪立法工作不可能纯粹通过刑法承担,而必须借助于环境行政立法加以辅助。实质上,环境犯罪属于一种行政犯罪,这可以从一系列环境犯罪罪状的表述中涉及"违反……规定"中得到充分的说明。所以,可以说,一系列环境犯罪是紧紧依附于有关的环境行政法之中,大部分环境犯罪的一些构成要件需要参考环境行政法才可以得到解释和说明的。除此之外,我国行政立法对诸多照应性的提示规定已经成为一种习惯,并明确规定一些违反法律触犯刑律的行为,需要追求

---

① 董文勇.相对独立立法:我国环境刑事立法的模式选择[N].中国法院报,2004-07-21.

其刑事责任,在有关环境行政立法中也不例外。所以,环境刑法的附属特性加上我国刑事以及行政立法的特点,决定了我国在环境犯罪方面的规定一定要借助于环境行政法律和法规的规定作为辅助。但是,虽然我国在《环境保护法》和其他环境单行法中的法律责任领域明确规定了相应的刑事责任,不过这仅是原则性的规定,通常情况下是比照条款,且比照条款常常只是一种非常笼统的规定,通常情况下只能够发挥提示性的作用,至于具体操作执行仍然是要以刑法典作为依据。

其四,我国的环境刑法不可能只采取单纯的特别立法模式。目前情况下,我国还不能够制定出一套将环境犯罪实体与程序问题集为一体的环境刑事法。究其原因是虽然环境犯罪有着本身的一些特殊性,但是假如单独设立一部类似于《危害环境罪法》的环境犯罪单行刑事法律,从一方面来讲这明显与我国现有的立法水平不符,同时对于维护刑法的完整性也非常不利。从另一方面来讲,我国已有刑事诉讼法中,一系列问题并没有得到有效解决,不易通过尤其是环境刑法规定那些特殊的刑事诉讼程序。

综上所述,上面四个原因决定了目前情况下我国在环境刑法的立法模式方面仍然采用综合式的环境刑法立法,也就是以刑法典对环境犯罪给予规定为主,然后借助于环境行政法的相关规定作为辅助,通过两者有效的配合,一起对环境犯罪给予惩治与防范。虽然我国环境犯罪立法在一如既往沿用这一模式,但是有必要对该模式本身做出某些调整完善,从而使得该模式内部各个要素完备,各个要素之间实现相互协调。

(三)环境犯罪复合型立法模式的完善

我国环境犯罪复合型立法模式存在某些不足之处,有必要对其进行完善,具体来讲主要包含对处在该模式中心地位的刑法典予以规定的环境犯罪刑法规范进行完善,对发挥辅助性作用的环境行政法律规范(包含其中的环境刑事责任规范)进行完善,以及实现环境刑法典与环境附属刑法的有效协调衔接等。刑法典针

第八章 环境犯罪刑法的立法完善及发展趋势

对环境犯罪给予的规定处于环境犯罪复合型立法模式的核心位置,在研究有关环境犯罪复合型立法模式完善时,应该主要侧重于研究刑法典对于环境犯罪的各项规定的完善。

目前情况下,我国《刑法典》大部分是在分则第六章里"妨害社会管理秩序罪"这一部分的第六节"破坏环境资源保护罪"针对环境犯罪给予了比较集中的规定。与此同时,在分则第二章、第三章、第六章第六节以外的其他节、第九章里也涉及关于环境犯罪的规定。

目前情况下,我国在环境状况、环境犯罪有着一些特殊性,在刑法体系的设置和刑法立法方面也有着与众不同的一些特点,考虑到这些因素,应该将第六章里妨害社会管理秩序罪里的第六节,也就是破坏环境资源保护罪从本章中独立出来,且对其分散在刑法典各个章节里关于环境犯罪的规定囊括其中,单独成立一章,其章名就叫"危害环境罪"。

为什么要将环境犯罪独立成章,是因为以下几个因素。

其一,环境犯罪具备自己独立的客体或法益,同时其同类客体层级有必要进一步提高。众所周知,危害环境的行为会扰乱社会管理秩序,但这并不说明受到主要扰乱的是社会管理秩序。伴随着各种环境问题日益凸显出来以及人们对环境保护的意识越来越强烈,人类对于环境犯罪客体的意识也越来越科学。危害环境罪的客体并非纯粹的人身权,也不是纯粹的财产权,所以,破坏环境资源的犯罪不能等同于纯粹侵犯人身权利的犯罪或者纯粹侵犯财产权利的犯罪,而是属于自己独立的客体的一种犯罪。虽然目前情况下学界在环境犯罪客体这个问题上意见尚未达成一致,但是在环境犯罪具备自己独立的客体这一方面基本上已经达成一致。比如一些学者持有这样的观点,现代社会的利益结构如今正由之前的国家利益—个人利益—社会利益这一三元利益结构往国家利益—个人利益—社会利益—生态利益这一四元利益结构的方向演变。与此相符,现代的法益结构也同样会发展成为国家法益—个人法益—社会法益—生态法益这一四元法益结构。

不过,我国现行刑法的内容是根据国家法益—个人法益—社会法益这一三元法益结构进行创新制定的,与现代社会的四元结构之间有着很多不协调的地方。明确环境法益在刑法法益当中拥有着独立地位,正是使得刑法的法益结构与现代的利益结构之间保持协调一致的需要条件。

现行《刑法典》分则里第六章的犯罪,当在其无法纳入分则的其他章节里,或者说不易明确其究竟属于其他分则章节里的犯罪同类客体时候,才被归纳到第六章里。之所以在章下进行分节,有两方面的原因:第一,立法者要使刑法典具备一定的明确性和概括性;第二,在立法者看来,这些类罪的层级比较低下,不易升级为独立的一章。他们将环境法益视作层级比较低的法益或者同类客体,实际情况中环境法益保护的观念依然非常陈旧,无法突破传统人本主义的一些刑法立法观念,一如既往地将环境法益限制在对于个人法益和社会法益的保护之中,而并没有将环境法益视作比较独立的保护客体的观念的体现。因此,有必要及时更新观念,并将环境法益真正视作一类独立同时层级比较高的客体进行对待。所以,将环境犯罪在刑法典分则里进行对立成章予以规定显得很有必要。

其二,设立专门章节有助于体现环境生态的重要地位,提升人们的环境保护意识。在社会主义建设中,党在"十七大"报告中已经将生态文明建设视作与物质文明、精神文明和政治文明建设同样重要的四大战略。但是因为我国经济还远远没有达到发达国家的水平,所以很长时间以来,我国都将经济放在非常重要的位置。这也就使得人们形成固定的思维模式,侧重经济发展轻视环境保护。即使是在环境状况每况愈下的今天,人们的环保认识水平依然没有很大的提高。将环境犯罪采取小节制排列和穿插在其他章节中,也就使得环境犯罪这种严重侵害社会的犯罪在刑法中形同虚设,不助于对该类犯罪进行预防和惩治,同时也不助于贯彻落实党和国家在生态文明建设方面的战略构想。我国在刑法立法体例的排列结构不仅体现出相关犯罪对社会关系类型带来的侵害,尤为重要的是体现出立法者对于某类社会关系的重视程度。为了突出环境犯罪对社会关系类型带来的侵害,通过刑法典的不断修改,对于环境犯罪设立专门章节予以规定,能够逐步增强刑法在环境保护问题方面的威慑力,同时也进一步彰显出国家对于环境保护非常重视的精神和态度,提升人们对于环境保护的自觉性。

其三,设立专门章节有一些值得借鉴的外国立法案例。全球已经有针对环境犯罪在刑法典里设立专门章节予以规定,如德国在1980年的《德国刑法典》中将环境犯罪的刑事法从相关的环境保护行政法中抽取出来,纳入到刑法典中,与之前的环境犯罪合并在一起,增加设定为刑法典分则的一章,也就是第28章"污染环境犯罪"。在1997这一年,《俄罗斯联邦刑法典》里在第26章专门设立了"生态犯罪",总共存在17个条文,对17个明确的危害环境的犯罪行为给予规定,从而确立了专门章节规定环境犯罪的模式。

为什么要更改该类犯罪的罪名,究其原因是破坏环境资源保护罪这一罪名设置并不合理。虽然环境的内涵和外延在各个领域或者国家有着各项界定,但是比较一致的看法则是环境是一个范围极为广泛的概念,包含种类繁多的内容,其中之一就是自然资源。环境和资源之间体现着包含与被包含的关系,贸然地将环境和资源并列视作同类罪名是并不合理的,所以该章的名称应该改成"危害环境罪"。

总之,考虑到环境发挥的重要作用,环境犯罪客体拥有的独立性,以及国外环境立法的可借鉴的地方,应该明确环境犯罪在刑法典当中占据的重要地位,在刑法典里增加开设"危害环境罪"这一专门章节。

二、环境犯罪罪名体系的完善

在进行环境犯罪罪名体系的完善工作时,不仅需要充分考虑我国环境问题现状和我国现有环境犯罪刑法立法存在的状况、体例以及技术特点,还需要将环境犯罪在刑法典中独立专门章节后环境犯罪的一系列系统协调问题考虑在内;同时对现有环境犯罪罪名体系给予整合,既考虑刑法的稳定性又不忘连续性;既要将刑法典予以规定的环境犯罪的独立性给予充分考虑,又要将刑法与其他环境法律、法规实现有效的衔接;既要将我国环境刑法立法的现实情况作为出发点,又要有效借鉴和参照世界上各个国家及国际社会有关环境犯罪的一些立法经验;既要将现实作为出发点,又要考虑环境利益发挥的重要作用和环境破坏有着单向的不可恢复性、纷繁复杂性、变动性,从而使得环境刑法的立法有着一定的前瞻性、超前性。

在《刑法典》里关于环境犯罪的规定独立设定章节之后,从环境犯罪立法体例的立场,应该对现有的某些环境犯罪罪名的体系位置给予调整整合,从而使得环境犯罪罪名体系更加充实、系统、协调。具体来讲,从两个方面进行环境犯罪罪名的整合。

其一,将《刑法典》分则里第六章第二节涉及的走私珍贵动物、珍贵动物制品罪,走私国家禁止进出口货物、物品罪里的关于走私珍贵稀有植物、珍贵稀有植物制品的犯罪行为,和走私废物罪囊括到危害环境犯罪这一章之中。这是由于在环境逐渐成为重要的社会问题的现状下,走私珍贵动物、珍贵动物制品罪,走私珍贵稀有植物、珍贵稀有植物制品的犯罪行为,以及走私废物罪等诸多侵害的主要客体实际上已经对环境造成侵害。

其二,将《刑法典》分则里第六章第四节涉及的故意毁损名胜古迹罪,盗掘古文化遗址、古墓葬罪,盗掘古人类化石、古脊椎动物化石罪囊括到侵害环境犯罪这一章里。原因有以下两点:第一,由于名胜古迹、古文化遗址、古墓葬、古人类化石、古脊椎动物化石都是属于我国《环境保护法》在第 2 条里所规定的环境要素;第二,由于在环境逐渐成为重要的社会问题的现状下,上面涉及的环境要素侵害的主要客体事实上已经对环境造成侵害,对文物并没有造成侵害。

《刑法典》分则里第九章有关环境管理者在环境管理过程中

的渎职犯罪是不是该囊括在侵害环境犯罪这一专门章节之中的问题,我们持有这样的观点,考虑到我国目前情况下刑法典的立法体系,因为刑法典设立渎职罪专门章节,侧重点在于惩罚治理国家工作人员的各种失职渎职行为;如果将国家工作人员的各种环境渎职行为抽取出来囊括到环境犯罪专门章节之中,那么其他领域部门的一些渎职行为,如工商部门、海关部门领域的渎职犯罪是不是也要抽取出来囊括到相应的章节之中,也就成了一大问题,从而可能导致刑法典体系新的诸多不协调问题,所以该类犯罪以暂时不囊括危害环境罪专门章节中最为恰当。

第二节 环境犯罪构成的修改完善

伴随着我国经济的快速发展以及我国改革的不断深化,诸多环境污染事故连连发生,环境犯罪行为也越来越多,但是经过司法机关解决的环境犯罪案件并未有着大量的增加,所以增强在环境犯罪领域的深入研究已经显得尤为迫切。本节讨论的是环境犯罪构成的修改完善,也就是通过对有关环境犯罪的犯罪构成给予修改完善,采取更为严密环境犯罪刑事法网,增强对于环境保护的力度。

一、非法处置固体废物罪与擅自进口固体废物罪

第一,考虑到废物形态不但包括固体,而且也包括液态和气态这样的情况,而且刑法典已经针对走私固体废物罪进行了修改,废物形态扩大到液态和气态这样的情况,应该将该罪的犯罪对象同样扩大到各种废物形态,从而使得同为废物环境犯罪的对象体现出一致性。

第二,考虑到非法处理固体废物罪的一些客观行为规定过于狭窄,只对倾倒、堆放、处置行为给予了规定,而与之有某些联系的非法收购、运输和出售境外固体废物的行为却并没有给予规定

这样的情况,应该将该罪的客观行为扩大到非法收购、运输以及出售境外固体废物的行为。

第三,考虑到现行刑法典将非法处理固体废物罪明确规定为行为犯,而将那些擅自进口固体废物罪明确规定为结果犯,从而导致前后条文存在矛盾和冲突这一情况,应该将擅自进口固体废物罪里基本犯罪组成中的结果要件通通去掉,从而将该罪规定为行为犯。

二、侵害动植物类犯罪

(一)侵害植物资源类犯罪

应该对下面论述犯罪构成要件进行完善:侵害植物资源类犯罪也就是盗伐林木罪,滥伐林木罪,非法收购、运输盗伐、滥伐的林木罪,走私珍稀植物,珍稀植物制品犯罪行为,非法采伐、毁坏国家重点保护植物罪。具体来讲分为以下两大方面。

其一,考虑到盗伐林木罪,滥伐林木罪,非法收购、运输盗伐、滥伐的林木罪等诸多犯罪对象范围过于狭窄,仅仅包含林木,缺乏对林下各个植被层的保护的情况,应该将以上论述各项罪的犯罪对象扩大到林下各个植被层,也就是上面论述各类犯罪的犯罪对象包含树木、灌木、藤本植物。应该将走私珍贵稀有植物,珍贵稀有植物制品犯罪行为的对象修改成为国家重点保护植物,以及国家重点保护植物制品犯罪行为。这样也就与非法采伐、毁坏国家重点保护植物罪有效协调在一起。应该将"非法采伐、毁坏国家重点保护植物罪"修改成为"破坏野生植物罪",然后再将对于国家重点保护植物的各种破坏行为设定为此罪的加重情节。虽然,我国有着广阔的地域,蕴藏着非常丰富的植物资源,其中包含某些珍贵、稀有、濒临危机的野生植物物种,该植物在防沙固土、涵养水源以及保持物种的多样性方面发挥着非常重要的作用。但是,在植物物种资源方面的保护工作,我国刑法典仅仅规定了非法采伐、危害国家重点保护植物罪,不过国家重点保护植物仅仅占据了植物资源的很小一部分。将该罪犯罪对象逐步扩大起来,并将该罪修改成为破坏野生植物罪,这对于保护我国每一个植物物种、保持水土以及生态平衡有着至关重要的作用。这样既不会引起刑法典条文的无谓增多,同时又能做到全面保护野生植物资源和生态环境。《俄罗斯联邦红皮书》中就规定了非法采伐林木和灌木罪,对各个类别森林中的树木、灌木和藤本植物进行全方位的保护。[①]

其二,考虑到上面论述各罪危害行为类型比较少的情况,应该扩大各项罪的危害行为类型,应该将盗伐林木罪、滥伐林木罪修改成为破坏林木罪,危害行为既包含盗伐、滥伐的行为,也包含放火行为、人为传播害虫行为等诸多行为。应该将非法收购、运输盗伐、滥伐林木罪导致的危害行为扩大到包含非法加工、出售明知是盗伐、擅自滥伐林木的行为。

(二)侵害动物类资源犯罪

应该对走私珍贵动物、珍贵动物制品罪,非法猎捕、杀害珍贵、濒危野生动物罪构成给予进一步完善,具体来讲分为下面两个方面。

其一,考虑到走私珍贵动物、珍贵动物制品罪的犯罪对象过于狭窄的情况,应该将其扩大到珍贵、稀有、濒临危机野生动物罪以及其制品。这样也就与其他危害、破坏动物资源犯罪在犯罪对象上保持一致。

其二,考虑到非法猎捕、杀害珍贵、稀有、濒临危机野生动物罪犯罪对象过于狭小的情况,应该将其犯罪对象扩大到野生动物,将那些非法猎捕、杀害珍贵、稀有、濒临危机野生动物的行为规定为该罪的结果加重犯,对于非法狩猎罪则可以给予取消。只有这样才能够实现对野生动物给予全面的保护。

---

① 蒋兰香.环境刑法[M].北京:中国林业出版社,2003,第298页.

第三节 环境犯罪刑罚适用原则、刑罚种类及法定刑配置的完善

随着我国环境犯罪行为的频频发生,我国犯罪刑罚在适用原则、刑罚种类以及法定刑配置方面虽然取得了一定的效果,但是依然存在一些不足之处。要想有效惩治各种犯罪行为,在适用原则、刑罚种类以及法定刑配置方面给予进一步完善就显得很有必要。

一、环境犯罪刑罚适用原则的完善

(一)环境犯罪危险犯之增设

所谓环境危险犯,则指行为人实行了污染和侵害环境的行为,从而使得自然环境或人的生命、身心健康和财产处在受威胁的危险状态中,那么行为人就需要对其行为承担起相应的刑事责任。在前文的论述中可以看到,因为危害环境的行为与其产生的危害结果之间,与其他犯罪行为与产生的结果进行比较,表面联系并不是非常密切,需要时间非常长,而且严重危害环境的行为一旦导致危害后果,那么就在公共安全和环境质量方面带来巨大的不是经济价值所能够衡量的损失,所以,一些国家的环境刑法都这样规定,不但要对污染和破坏环境而且带来严重后果的行为给予制裁,同时也需要制裁那些蕴藏着危险的行为。但是,我国现行环境犯罪很大一部分属于结果犯,立法上并没有对环境危险犯给予规定。仅仅制裁已经带来严重后果的污染和侵害环境的行为,却对那些潜在的特别危险的污染和侵害行为放之任之,明显与环境犯罪的预防性原则相违背,不易对环境给予合理的保护,鉴于我国环境问题极其严峻以及将环境本身存在的价值充分考虑在内,增设危险犯成了环境犯罪立法的当务之急。通过我国

的环境刑事立法中增设一些环境危险犯的规定,不仅能够有效弥补行为犯的不足之处,同时又能够防止结果犯的滞后情况发生,对于防患于未然,保护好我们赖以生存的环境发挥着非常重要的作用。

在我国刑法典里增加开设环境危险犯时,不适合将危险犯适用于每一项环境犯罪,而是应该对其进行限制适用于那些水质污染、有毒有害放射性物质的排放等诸多危害非常大的环境犯罪,不过对于可能带来很小范围内的危害后果的环境犯罪实际上没有必要对其规定为危险犯。

具体来讲,应该对于以下两个方面的环境犯罪适用危险犯给予以下处罚原则。

其一,对于环境污染方面的犯罪应该予以规定危险犯的犯罪形态。在《刑法典》第338条中有着这样的规定,所谓重大环境污染事故罪则指结果犯,通过向土地、水体、大气排放、倾倒、处理危险废物的行为导致重大环境污染事故,从而使得公私财产遭受到巨大损失或人身伤亡的严重后果为该行为提供了犯罪的必要条件。如果并没有发生污染事故,那么该行为并不构成犯罪行为,这样的规定起不到保护生态环境的作用,应该借鉴外国刑事立法丰富的经验,将环境污染领域的犯罪修改为危险犯的犯罪形态就比较合适,这里所谓的"危险",则指违反国家有关规定,向土地、水体、大气排放、倾倒、处理危险废物,有可能导致范围广泛、程度较深的环境污染或者破坏,或者可能对他人生命、身心健康和公私财产带来严重的危险。这里,污染环境犯罪引起的危险状态属于"具体的危险状态",是能够预测的,同时也是客观存在的,而并非个人的主观臆想。

其二,对于环境废物方面的犯罪应该予以规定危险犯的犯罪形态。通过相关环境犯罪危险犯的设定,考虑到惩治环境犯罪的需要和立足于现实,应该将走私废物罪论述的"情节严重"修改成"足以严重危害环境,损害国家和公民环境利益",这样,不仅对于保护环境有着很大帮助,同时也有力地提高了司法效率。

有一个问题,危险犯究竟是不是适用于环境过失犯罪?

虽然我国在刑法中并没有针对环境犯罪的故意危险犯给予规定,但这并不意味着无法对该种行为给予处罚,其原因有两点。第一,我国《刑法典》中明确规定"以危险方法危害公共安全罪",能够对故意的侵害环境的危险犯给予处罚;第二,根据我国《刑法典》,对于每一项犯罪都处罚未遂犯,所以对《刑法典》中予以规定的环境犯罪的故意实害犯,如果并没有带来实害结果而只是引起危险结果的,能够以故意实害犯的未遂犯(包含预备犯和中止犯)进行处理。

所以,实际的问题所在,即我国刑法与一些国家刑法之间存在最大区别之处,在于是不是要对环境犯罪的过失危险犯给予处理惩罚。在这个问题上,我们持肯定态度。这是因为,正如某些学者所说,环境犯罪的一个很明显的特点是污染、破坏起来比较容易,但是恢复和治理起来则非常困难。它不但涉及广泛的范围、持续时间比较长,而且有时带来的后果往往是无法逆转的。例如,1986年,苏联发生的切尔诺贝利核泄漏事故就是一个非常典型的例子,该事故导致欧亚大陆所在的将近一半地球都遭受到了放射性尘埃带来的危害。30多年过去了,虽然这一场核灾难已经成为历史,但是那里的树林、土地、水源等都残留着核污染,成了疾病和死亡的罪魁祸首。1984年,印度"上演"的博帕尔毒气泄漏事件,导致受害者生育的子女有着先天性双目失明。某些医学专家持有这样的观点,这些毒气所引起的后遗症在今后的几年时间里甚至几十年内都不易消除。考虑到这些方面,环境保护的基本原则应该彰显出侧重预防、防止各种危害环境结果的发生方面。假如刑事立法仅仅侧重与惩罚那些带来实害结果的环境犯罪,而忽视对环境带来严重危险状态行为的惩罚,这不但是对行为主体的不管不顾,而且对于环境保护也没有起到帮助作用,由于等到行为对环境已经带来严重后果时再进行处理惩罚,恐怕一切都太晚了,所以,将危险犯(包含故意危险犯和过失危险犯)纳入刑法领域是非常有必要的。虽然,纳入环境犯罪的过失危险犯,应该考虑通过立法协调、司法适用的一系列问题。但是,这些问题都是能够人为克服的,并不能构成环境犯罪中拒绝纳入过失危险犯的理由。

综上所述,我们持有的基本观点是,应该最先在刑法典里对于某些有着严重污染环境的环境犯罪予以规定过失危险犯。

(二)严格责任制度的适度引入

严格责任原则在追溯考究法律责任中的民事和行政制裁领域已经被世界上很多国家和地区所采用。在经济的突飞猛进的发展的同时,高度危险性的行业带来越来越多的环境破坏的事件,但是有些企业的主观过错不易判定,于是某些环境法学者提出了关于环境刑事责任的重要理论,也就是无过错理论或者严格刑事责任论。

英美刑法比较适合采用环境严格刑事责任制度。但是,目前情况下我国还没有承认严格责任原则,通过前文的分析中,我们应该站在宏观、整体、未来等诸多动态立场考虑严格责任究竟是否合理、可行,从而对我国的环境犯罪理论给予进一步完善,并将严格责任纳入我国的环境犯罪当中。通过考虑在刑法典总则里针对罪责原则着手修改,可以以过错责任原则为主,而在法律有着某些特定规定的时候,则应该适用严格责任原则。

对于我国环境犯罪立法来讲,在分析严格责任制度的时候,还应该考虑到以下两个方面的问题。

其一,正确理解严格责任原则的本质。因为在我国,不能正确地理解严格责任含义和概念混乱是引发争议不断的一个重要的原因,也就是总是将"无过错责任""绝对责任"和"严格责任"等非常相近的概念混淆开来。其实,严格责任原则的基本含义应该是:行为人如果违法实施了行为,或者该行为处在法律规定的状态之中,或者该行为引起了法律否定的后果,那么司法机关并不需要证明行为人的主观心理究竟是不是存在过错,也就是可以推定出其有着过错而要求行为人承担刑事责任,但是行为人能够证明自己没有过错行为的则除外。所以,严格责任本质在于是免除起诉方能够证明被告人存在主观过错的举证责任,对于行为人主观方面是不是确实有着过错则不在考虑范围之内。由此来看,实行严格责任并不是不要求行为人主观方面存在罪过,行为人仍然有着存在过错的一些可能性,只是并不要求起诉方去证明行为人主观上存在罪过,免除起诉方举证责任而已。除此之外,严格责任的适用存在相对性,它对于行为人行使其抗辩权力给予允许,行为人如果能够证明自己确实没有过错,或者能够证明危害行为与违法状态属于第三者过错所导致,那么就可以免予刑事处罚。从中可以看到,严格责任并不是排斥传统情况下主客观互相统一的定罪原则,其过错责任仍然是基于严格责任制度,而严格责任有效地补充了过错责任。

其二,应该对于严格责任的使用给予严格限制。为了避免无辜的人遭受到一些刑罚处罚,避免司法操作环节中的客观归罪,应该在实体法和程序法方面对于严格责任的使用给予必要的限制,具体来讲,分为两大方面。第一,应该将严格责任的使用范围重点限制在污染环境犯罪行为之中。对于那些破坏自然资源犯罪行为,因为其主观故意特征非常明显,客观行为往往表现得很积极,主、客观表现均比较直露,所以不必要使用严格责任;对于污染环境犯罪采取严格责任时,控诉方仍然需要收集大量的情节证据,提供环境中包含污染物质必然引起重大污染事故的科学、合理的证据。第二,赋予被告方行使抗辩权,具体来讲包含两个方面,分别是"无过失辩护理由""第三者辩护理由"。所谓"无过失辩护理由",则指被告人如果能够证明其触犯该法是因为意外事件或其他无法控制的原因所产生的,即使他实施了侵害社会的某些行为,因为其主观上并没有过错,也可以免除刑事责任;所谓"第三者辩护理由",则指当被告人能够证明他违法该法是因为第三方的行为或者过错所引发的,其本身并没有与该事实状态有着联系,也可以对其免除责任。这样能够在程序方面对严格责任给予限制,同时也确保严格责任能够更加准确和公正地实施。

二、环境犯罪刑罚种类的完善

目前情况下,我国环境犯罪的刑罚种类有着一些不足之处,只局限于管制、拘役、有期徒刑和罚金,但是 1997 年生效的《俄罗斯联邦刑法典》针对生态犯罪的刑罚给予了 7 种规定,也就是剥夺自由、限制自由、劳动改造、拘役、罚金、剥夺担任某种特定职务或者从事某类活动的权利、强制性工作。与俄罗斯所适用的刑罚种类进行比较,可以看到,我国环境犯罪处罚的种类依然存在相当大的扩容空间。

刑罚,在形式方面,则指犯罪的法律效果,也就是国家对于犯人所科处的法益给予剥夺;其实质在于对于犯罪的报应,通过痛苦、恶害作为内容。而采用刑罚的目的应该将报应和预防统一起来,报应是指刑罚作为对犯罪的一种回报、补偿的性质以及对此的追求[1],而预防则指通过对犯罪人采取刑法,来预防犯罪的出现。在我国刑法的基本原则里存在罪责刑相适应原则,该原则指的是犯罪分子需要承担的刑事责任应该与其所犯罪行相符,在一些具体的犯罪行为中,则指对于某类犯罪适用于哪一种刑罚,也应该综合考虑此类犯罪的特点和对社会带来的危害性来适用。众所周知,工业革命开始之后,环境犯罪才随之出现。人类在只注重眼前的经济利益的同时,对大自然进行了疯狂地开发、利用,不去考虑自然界的承受能力,严重侵害了我们赖以生存的环境,换句话说,环境犯罪的出现与人们疯狂地追求经济利益有着紧密的联系。环境犯罪所侵害的对象是我们赖以生存的环境,其带来的危害比那些财产、人身的损害有着更为严重的后果。所以,关于环境犯罪的问题,我们应该从多个方面进一步完善环境犯罪的刑罚种类。根据前面的分析情况,可以从以下方面来完善环境犯罪的刑罚种类。

---

[1] 陈兴良.本体刑法学[M].北京:商务印书馆,2001,第 638 页.

（一）环境犯罪财产刑的完善

因为环境犯罪大部分属于贪利性犯罪，从行为人最为关注的经济利益方面给予制裁，能够推动其在犯罪成本与犯罪收益之间权衡再三。所以，拓宽财产刑的适用范围，提高其刑罚量，这对于行为前仔细计算利害得失的财产经济类犯罪正是对症下药。[①] 应该在关于环境犯罪的处罚中增加财产刑的处罚力度，有关情节比较轻微的犯罪，则可以考虑独立采用财产刑。财产刑分为两大方面：其一是罚金型的财产刑；其二是没收型的财产刑。而罚金刑属于一种财产刑，是一种比较自由刑轻缓化的刑罚，对于那些主观恶性非常小的环境犯罪更为适用，所以采用罚金刑在经济方面给予制裁可以更有效地惩罚犯罪，抑制环境资源遭到越来越多的破坏。但是在司法实践进行分析，罚金刑在有关环境犯罪的处罚中并没有产生其应有的效果，应该在以下两个方面进行完善。

其一，扩大罚金刑的使用范围，通过对我国环境犯罪中的涉及过失犯罪增设罚金刑，从而有效发挥出罚金刑取代自由刑的重要作用。

其二，进一步完善罚金刑的采取方式，有关某些社会危害性比较小的环境犯罪，采取单处罚金制，也就是仅规定适用罚金刑并不涉及别的刑罚；对于那些比较轻的环境犯罪尽量采取罚金制，也就是对罚金刑和其他刑罚给予并列规定，通过法官自由裁量究竟是否采用罚金刑，当采用了罚金刑时，就无法再采用其他刑种；对于那些比较严重的环境犯罪不仅给予规定同时也要处罚现金，这样既做到有助于对于犯罪人的改造，也能够为修复环境提供一定资金。

在环境犯罪方面，单位犯罪的现象非常突出，关于单位环境犯罪，如果采取罚金刑并不能在经济基础这一环节有效地打击和摧毁其犯罪行为，可以采取没收财产刑。

---

① 张明楷.外国刑法纲要[M].北京:清华大学出版社,1999,第389页.

(二)环境犯罪资格刑的完善

我国现行刑法典予以规定的资格刑只存在剥夺政治权利这一个刑种,无论是在范围方面,还是在种类方面都显得比较狭窄单一,而且因为环境犯罪大部分牵涉单位犯罪,很明显,剥夺政治权利并不对于单位犯罪有着针对性。所以,从综合来看,目前情况下我国《刑法典》里规定的资格刑并不适用于环境犯罪。我国在环境犯罪的资格刑配置方面尚属空白,应该给予完善。

借鉴其他国家资格刑的设置情况,再分析我国的实际情况,可以总结出我国的资格刑可以扩大剥夺从事某一特定职业或者营业的权利的刑种。采取该方法,主要是限制犯罪人利用某一特定的职业或者营业活动进行犯罪活动。例如,关于破坏性采矿罪,也可以考虑剥夺犯罪人行使采矿经营权。有关污染环境犯罪的罪犯,则可以考虑增加开设剥夺从事某一特定的职业或者营业的权利的资格刑,通过暂时或者永久地剥夺行使某种职业的权利,能够使得行为人产生一些心理压力,在犯罪行为可以获取利益和由于刑罚处罚以及限制行使某种职业权利所受到的损害之间进行权衡再三,充分考虑环境的重要作用,切断污染犯罪的源头,而且使得违法者得到深刻的教训,发挥特殊预防的作用。不仅如此,也可以使得从事该行业者严格遵守相关法律的规定,并适时纠正自己的行为。

三、环境犯罪法定刑配置的完善

虽然,从整体上来讲,我国大部分环境犯罪的法定刑能够做到罪责刑相适应,但是当具体到某个特定罪时,依然存在着刑罚力度不强的情况。因为1997年《刑法典》针对惩罚、治理环境犯罪的立法强调的是经济利益与经济价值,并没有考虑到生态效益,也没有认识到环境犯罪破坏、危害的直接对象是我们人类赖以生存的环境,那些公私财产损失或者人身伤亡只属于环境危害的间接后果,诸多生态危害才是环境犯罪造成的直接性后果,而且该后果要比那些具体的公私财产损失和人身伤亡要严重得多，因此，刑法对于环境犯罪的处罚力度并不强。某些财产型的犯罪普遍重于环境犯罪的刑罚，通常情况下侵犯财产型的犯罪最高刑可以达到无期徒刑甚至死刑，但是环境犯罪的处罚大部分在有期徒刑三年以下，情况严重的也不过是十年以上有期徒刑。很明显，这严重违背了刑法罪刑相符的基本原则，究其原因是使得环境遭到严重侵害不易恢复甚至危害到子孙后代的环境。犯罪所破坏、危害的是人类赖以生存的生态环境，对每个人以至每一个生物的生存带来危害，其带来的社会危害性显然要比那些普通财产型犯罪要严重得多。因此，我们不仅需要考虑到人类环境利益，同时也需要在生态环境利益方面进行充分考虑，惩罚治理环境犯罪的刑法立法应该根据罪责刑相适应的原则合理地规定刑罚的幅度。只有当犯罪人遭受到的惩治与其对环境的侵害程度相符，并超过其因此而获取的利益时，才能够有效地制裁和预防各种环境犯罪。

因为从整体上进行分析，通常情况下我国环境犯罪的法定刑可以做到罪责刑相适应，而且上述内容里已经针对罚金刑、资格刑等诸多问题给予论述，所以，这里针对增强环境犯罪刑罚力度的分析，主要指的是对某个具体特别环境犯罪的法定自由刑给予调整，从而使得该罪的罪刑关系能够协调起来，且从横向上保障环境犯罪与其他环境犯罪法定刑有效协调起来。

虽然，我们提倡加大环境犯罪的刑罚力度，但这并不意味着一味地加重刑罚，在明确环境犯罪应该承担相应的刑事责任时，仍然需要遵循罪责刑相适应的原则，且彰显出"宽中有严""严中有宽"的刑事政策精神。只有这样，才能够既发挥出刑罚惩治的作用，也能够实现预防环境犯罪的效果。

第四节　环境犯罪缓刑制度的完善

1889年在布鲁塞尔开展的国际刑法会议通过决议的形式规

定缓刑属于一种正式的刑罚制度。从此以后,主要国家在缓刑使用率方面存在明显的上升趋势,特别是进入20世纪之后,很多国家存在明显增多的缓刑人数。如今,缓刑属于一种监禁替代措施,正受到越来越多的重视,也逐渐成了现代国家使用频率非常高的刑罚辅助手段,特别是在处理有关环境犯罪时,缓刑更是成了一种比较常用的刑罚执行措施。但是,在缓刑实施的过程中,很多的理论和实践问题也逐渐凸显出来,特别是在有关缓刑制度建设方面,很多的问题值得分析、研究。对于如何推动我国环境缓刑制度的完善,可以从以下两个方面进行着手,分别是:其一,专门缓刑机构的设立;其二,听证制度的探索。

一、专门缓刑机构的设立

目前情况下,我国的缓刑机构是公安机关。可以说,公安机关在中国执法与司法中发挥着重要的作用,凭借其户籍管理职能确实可以对缓刑人给予某种管理与控制,同时公安机关在治安管理方面的职能在某种程度上有助于有效管理、控制缓刑人。不过应该注意的是,目前情况下,中国社会依然处于转型时期,在这一过程中各种问题纷至沓来,各种社会矛盾日益凸显出来,于是公安机关的任务就变得非常繁重,不仅需要打击犯罪,而且需要承担消防、交管、外事、治安、户政等诸多警务活动。除此之外,民警需要经常参与一系列的非警务事务,比如征收税费、催粮要款、计划生育、整治市容以及配合工商、烟草、医药等诸多部门执法等。客观来讲,民警们为了应付这一系列的任务早已是疲于奔命,如果再给他们添加任务,暂且不考虑他们是否能够应付过来,仅仅在质量方面就很难给予保证。从目前情况下对缓刑工作的执行现状进行分析,公安机关在此方面花费的精力毕竟有限,缓刑工作进展得并不是很理想。考虑到这些情况,笔者持有这样的观点,在每一个地级市(地区)应该成立起独立的缓刑委员会,而且每一个县应该成立缓刑分(支)局,各个级别的人事、财政、考核都隶属于中央。其中,缓刑委员会应该由那些主任缓刑官及其副手还有承担某些具体工作的事务缓刑官构成。而缓刑官则应该由哪些极富社会责任心同时具备某些法律知识的律师等诸多社会人员组成,至于缓刑委员会的实际工作人员可以吸纳众多的志愿服务者。要极力避免缓刑委员会转变成警察机关新的内设机构,进而进一步加重他们的任务,使得缓刑委员会的设置仅仅流于形式。有关缓刑委员会中,应该由主任缓刑官综合负责某个地区的缓刑工作;而事务缓刑官则应该受到分工管理、主持某项、某几项人员的缓刑的日常监督管理;志愿者则应该根据缓刑官的批示和指引领导协助缓刑的进展。不仅如此,缓刑官和缓刑人犯之间的比例应该合适,如果比例过大,虽然缓刑工作方面的质量可能有些提高,但是常常会引起资源的浪费;如果比例过小,缓刑工作就无法很好地开展,会引起缓刑官工作压力山大,有时会引起缓刑执行形同虚设。

之所以成立专门机构,是因为其能够进一步完善缓刑制度。本书认为,缓刑机构的职权根据性质从理论方面可以分为以下几大方面。其一,帮助。主要是通过找到缓刑人在社会、家庭、经济、心理、生理等各个方面的原因,有助于他们寻找到住处、联系好工作、提升技能等。其二,监督。主要是对于缓刑人员给予户籍管理、履行义务等诸多情况的监督。其三,缓刑调查和提出相关缓刑建议。这成了缓刑委员会独自拥有的一项权力。在以后的缓刑法当中,为了尽可能避免法官的渎职滥权,可以考虑借鉴普通法系国家陪审团认定事实这一方式,对于那些拟判缓刑人员的事实认定情况,只能根据缓刑委员会确认的为准。而法院则仅能够在缓刑委员会提出的一些事实及有关建议的基础之上选择是否给予批准以及对于缓刑期限的决定。其四,缓刑撤销建议权。因为缓刑人缓刑资格的撤销能够直接触碰到他们的切身利益,所以,可以考虑成立专门的组织,并设定必要的程序来大力规范撤销行为。

在成立缓刑委员会之后,有必要采取以下规定:必要时候,授予缓刑委员会发函要求相关基层派出所、法庭和司法所给予协作帮助和作为过渡，依靠他们的物质条件的权力。采取这样的规定是基于客观现实考虑的。从一方面来讲，基层司法所力量比较弱，他们属于中国最基层的司法行政机关，承担着法制宣传、法律保障以及法律服务等诸多重要的职能，在维护社会稳定、实现国家长治久安方面发挥着非常重要的作用，特别是在纠正工作的过程中积累了丰富的经验。从另一方面来讲，伴随着我国经济建设地不断深入，我国的基层司法所在物质条件方面有着很大的改善，人员结构也有了持续优化，这也进一步为执行监督管理、帮助缓刑人员的责任铺平了坚实的道路。当前情况下，我国的法庭建设已经进入了快车道中，能够为缓刑工作提供某些必要的软、硬件支持。同时，法庭属于人民法院的基层机构，在辅助查明真相，维护法律的公正性，以及在缓刑信息的上传路径建设中，都发挥着至关重要的作用。

当前情况下缓刑工作的一个契机则是，中国正在探析摸索和尝试行刑社会化。控制犯罪和维护社会稳定、构建建立一个以监狱与社会互动这一运行机制作为目标的现代行刑制度，已经成了时代发展的必然趋势。

缓刑委员会可以说成了行刑社会化制度尝试的一个非常重要的组成部分，其必然能够为中国刑罚制度的完善积累丰富的经验，做出不可磨灭的贡献。关于缓刑委员会的组织设置工作，可以采取借鉴国外一些国家，诸如美国的做法。例如，在美国，一般存在30个州的假释和缓刑在相同机构办公，与成人缓刑有关的机构多达1 920家。怎样加大我国缓刑工作的执行力度，并依据我国社会与经济的一些特点成立专门机构，值得进一步研究。

二、听证制度的探索

中国在缓刑制度方面采取第二个探索性举措便是建立、完善听证制度。在西方国家的法治传统之中，自然公正被赋予极高的位置，司法裁判者需要听取双方意见，公正、平等地对待双方当事人，不得偏向袒护和歧视任何一方，对每一个人平等和公正地运用法律,而在制度方面给予当事人充分的申辩权力则成了实现这种公正的一个非常重要的保证和体现。在中国现行宪法中的第27条的规定常常被视作确立听证制度的一个根本依据,第一次规定听证制度始于1996年颁布实施的行政处罚法。①

在当代中国缓刑程序之中纳入听证制度,存在很多益处。第一,它能够克服法官在案件审批受理过程中出现的主观片面性,从而使得法官最终做出的裁判体现出公正、平等,且能够提供全方位综合性的信息和各个方面的意见。第二,在尊重广大人民群众知情权力和发表批评建议权力的基础之上做出的裁判,很容易为社会各界人士所接受,增强人民的认同感,进而有效地完成对缓刑人员的社会监督管理。第三,当代中国依然存在着一些法官素质不高、监督制约机制还不够健全完善的问题,采取听证制度可以使得缓刑环节处在非常透明的状态之下,充分完成公平、公正、公开,大力抵制权力腐败、人情案及权力案,有效维护社会的稳定、和谐与正义。不过,缓刑听证制度当中很多关于听证地点、听证人员、听证流程、听证原则及听证费用等一系列问题都需要认真研究。以下是关于缓刑听证程序提出的一些构思想法。听证地点不应该局限在某些特定场所,其选择不但要便于人民群众的参与,便于查清事实真相,而且又不能显得过于随意,损害法律的威严性。从目前情况下国内的实际情况进行分析,可以考虑在基层法庭、基层司法所开展,也可以考虑在被告居住地、经常居住地的村委会或者居委会开展。针对听证的提起,无论是缓刑委员会还是被害方都有权做出。如果是被害人提起的听证,不仅能够由缓刑委员会提起,同时也能够直接向法院提起。对于被害人提起的听证,法院可以考虑进行听证。且参加人员应该有综合的代表性,不仅要涉及被告人及其亲友,同时要有被害人(如果存在被害人)的亲友参与,且双方在数量方面保持大致相等。不仅如此,还要有一些极富社会责任心、有着比较高的声望且与案件并不存

---

① 中国法院网.浅析我国立法听证制度的完善[EB/OL]. http://www.chinacourt.org/article/detail/2014/01/id/1172821.shtml.

第八章　环境犯罪刑法的立法完善及发展趋势

在利害关系的人士,以及一些同案件并不存在直接利害关系,又热衷于各种公益活动的一般社会人士的加入(这两种人称作独立第三方)。对于独立第三方来说,其最好通过平时搜集志愿者信息、听证会举行前随机抽取的形式进行选取。对于那些存在较大分歧的,应该采用无记名投票、现场唱票这样的方式,从而确定最终的民意。

参与听证的人员原则上还应该包含该案件的独任审判员或者每一个合议庭成员。听证程序能够借鉴行政法的相关程序,法院应该在听证3日之前明确听证参与人员;当事人能够委托一两名代理人;在听证已经开始后,由审判长讲述听证案由、听证步骤及需要注意事项,接着依次由被害人亲友或者代表(下面简称为被害一方)、被告人亲友或者代表(下面简称为被告一方)发言,然后由独立第三方人员进行发言;在发言结束之后进入交叉质证阶段,最先由被害一方针对被告一方的发言进行质对,接着由被告一方向被害一方进行质对,然后由第三方向任何一方进行质对,法官在质对过程当中有权向每一方进行发问;听证过程中应该制作笔录,当每个参加人对其审核无误后进行签名或者盖章。在听证时,必须要贯彻落实权利平等的原则,每一个人都有权利和义务对综合的事实情况给予详细陈述,针对原告、被告每一方处于明显劣势地位的,法官应该采用切实步骤,保障他们的合法的申辩权的顺利实施。

在处理有关缓刑的听证问题时,当前情况下存在着一种跟风情况,但是从根本上来讲这并不与法律规定的做法相符。比如,2015年6月,某个医院在审批受理一起非法拘禁案件的时候,对于一个被告人采用了缓刑听证制度。该案件的主要案情和具体处理过程如下:法院对于一起有组织犯罪立案后分析到,被告人在犯罪实施整个过程当中并没有参与到谋划中来,也没有携带一些作案工具,考虑到被告人属于从犯、初犯、偶犯,而且犯罪的主观恶性非常小同时案发之后悔罪态度非常诚恳。在开庭前一天,承办该案件的法官专程来到被告人户籍所在地邀请农场相关领导、社区带头人、邻居以及被告人原来工作单位负责人开展了座谈会,从被告人家庭情况、一贯表现、是否可能教育等诸多方面听取了大家的宝贵意见。大家得出的一致结论是,被告人本质还好,之所以犯罪是因为交友不慎引起的,如果采用缓刑,农场和社区非常有信心一起做好管教方面的工作。听证之后,承办法官初步认定该被告人是符合缓刑条件的。经过开庭审批受理,被告人被裁判缓刑一年。

不过,应该说,此案的处理存在一个欠妥之处。

伴随着刑事诉讼法的不断修订,我国在刑事诉讼方面已经正式从职权式转化到辩论式中来,在该模式之下,刑事诉讼法里第150条这样规定:人民法院针对提起公诉的案件给予审查之后,对于起诉书中存在明确的指控犯罪事实同时附带证据目录、证人名字和主要证据复印件或者照片的,应该决定开庭审判。第158条这样规定,在法院审批受理过程中,合议庭如果对证据存在疑问,能够宣布休庭,对证据给予调查核实。人民法院在进行调查核实证据时,能够给予勘验、检查、扣押、鉴定和查询、冻结。在第159条中有着这样的规定,在法院审批受理过程当中,当事人、辩护人及诉讼代理人持有权利申请通知新的证人到庭,通过调取新的物证,申请再次新鉴定或者勘验。法院对于这些申请,应该做出是否同意的裁决。从这些规定中能够看到,不管这些主张和证据是否对于被告人有利,通常情况下都应该由控辩双方中的其中一方提出,而法院仅能针对控辩双方提及的主张和证据给予居中裁判,法院针对案件事实与证据的调查工作仅在庭审中才能够进行。但是在该案件当中,该法院则是在立案以后庭审以前就做出了以上行为,法官只是通过阅卷,辩方并没有充分地参与进来就想当然地裁定被告人有罪,并看似负责地开展了开庭审批受理案件之前的缓刑听证会,换句话说,在没有审判的前提下就断定被告人的行为已经属于犯罪,严重违反了无罪推定这一原则,而且法官由此引发的预断也在很大程度上影响了法院判决的公正性。

可以说,听证制度在保障公正性彰显民意,确保法院审判案件的透明度,增加司法清廉,保障广大人民群众的知情权及批评建议权等诸多方面发挥着很大作用,关键在于依法适用。目前情况下,新的缓刑听证程序相关的法律还没有诞生,可以考虑将听证制度安排在法庭调查结束之后,这样既做到了与当前的法律相适应,又不会过于迟延。

当前情况下,中国正在经历着一场翻天覆地的变化。每个领域的变革都在如火如荼地进行着,但是这并不能够成为人们违反法律的理由。对于缓刑制度的改革已是大势所趋,但是不能挣脱法的轨道,不然这将会阻碍中国法制建设,乃至打破社会利益平衡。

第五节　环境刑法立法的发展趋势

我国属于一个法治国家,每一项活动都必须体现在合法的前提之下。作为我国法律非常重要的组成部分,环境刑法立法更是发挥着至关重要的作用。只有对环境刑法给予不断的修订、完善,强调其立法特点,才能够大力提升我国法制水平,更好地遏制各种犯罪势力的滋生,推动社会稳定、和谐发展。本节立足于我国环境刑法立法现状,对环境刑法立法的发展趋势进行分析,主要体现在两方面,分别是注重对环境犯罪的多元治理、重视环境刑法的刑事一体化。

一、注重对环境犯罪的多元治理

环境科学属于一门综合性非常强的学科,反映在其对于环境系统、生态系统与生命系统进行综合研究,但是相关环境标准的制定与执行一定要依靠法律的强制力量。环境刑法一定要将环境犯罪及其制约裁定与预防的规律同与之存在密切关系的环境生态系统及其相应的运作规律结合起来,分析它们之间有着怎样的影响和作用。环境刑法必须要给予规范的制定与实施,恰好成了环境科学与刑法科学相互融合的具体表现。因为现实社会迫切需要一些环境刑法来调整、优化相关的环境刑事法律关系，而且环境科学与刑法科学均属于应用科学的范畴，所以环境刑法有着比较强的综合应用性。

正是由于环境犯罪在内的环境问题具备高深的科技背景、持久的利益冲突和深远的制度模式，该问题均属于是深层次的，人们对于传统情况下的"一断以刑"这一控制模式给予深刻的反思、对于此起彼伏的环境问题和环境犯罪给予认真地分析、对于抗制手段给予不断试错之后，最终选择了多元抗制这一模式。传统的刑法已经无法有效地惩治犯罪，必须改头换面。在1972年举行的人类环境会议曾经这样指到，环境问题并非只涉及环境污染和环境破坏问题，如果从深层次上进行分析，环境问题与人口、发展、政治、科技以及思想观念都有着非常密切的联系。究竟能否有效处理环境问题，遏制环境污染和破坏事情的发生，关系深远。某些学者持有这样的观点，环境问题从根本上进行分析，是人类的社会活动对于大自然不合理地开发和利用引起的，所以，环境问题不仅是工程技术问题，更重要的是经济和社会问题，不是局部问题，而是全球问题。[①] 所以，只有从整体上、从根本上、从长远上分析环境生态运行规律与刑法惩罚治理环境犯罪的规律及两者之间的关系，才能够使之成为处理环境刑法基本问题的重要理论基础。从这个意义上进行分析，环境刑法的宏观特质可以略见一斑。从另一个角度进行分析，环境刑法属于经济社会发展到某一特定阶段的产物，又必须依靠环境刑法推动社会的发展。以环境犯罪特有的发生机制作为基础，环境刑法设计了某些独特的刑事责任制度，比如公益服务、限制犯罪法人从事某些特定业务等。该惩罚制度有效克服了传统刑法中涉及机械用刑、急功近利、治标不治本的弊端，从而彰显出其略胜一筹。

目前情况下，环境问题已经进入了全方位的多元化治理阶

[①] 欧阳志远.生态化——第三次革命的实质与方向[M].北京：中国人民出版社，1994，第141～142页。

段。该阶段对于环境资源保护所使用的手段多元化,体现出刑法在环境资源保护中处于非主流地位,同时彰显出刑法在环境资源保护方面有着重要的价值。

从社会和经济的发展状况进行分析,刑法价值观念至少需要体现出三大原则。

其一,以人为本,兼顾自然。因为人类有着集自然性和社会性为统一的天然本性,所以作为保障社会不断进步与发展的立法思想一定要考虑到人与自然的密切关系,环境刑法在立法思想方面应该摆脱刑法仅仅保护法益的思维定式,把保护的重点从人的生命、身心健康和公私财产利益转变成保护人类利益的同时也要兼顾自然利益的保护,也就是刑事立法要体现以人为本兼顾自然,纯粹地突出人本主义或者自然本位主义,而导致割裂人与自然之间的关系,属于一种褊狭的观念。

其二,在刑法价值理念中应该彰显出在环境保护与经济发展方面的规制。人类社会经济活动的过程属于客观的物质运动过程,伴随着人类数量的持续增加和生产力的快速发展,从而使得自然本身的承载力逐渐下降。长期以来,"先污染,后治理"这一思维模式早已成为人类社会经济发展的深刻教训,国家只有采取法律制度去规范,才能够控制好经济发展进程,从而将这种自我毁灭的机制消灭,增强维护环境其生活基础的持久责任。从国外诸多国家的经验进行分析,健全的法制、优质的生态环境是促进经济发展的决定性因素,环境刑法以控制和平衡经济发展为基础,并凭借对环境的保护使得经济发展进入健康的循环状态的实用价值,从而为环境保护和经济发展提供强有力的后盾。

其三,刑法价值理念应该彰显出可持续发展思想。无论我国的社会经济如何发展,发展都是人类生存的一个永恒主题。在20世纪末,社会经济的快速发展带来了诸多环境问题,如资源危机、环境污染、生态环境破坏早已危害到人类的生存与发展,而可持续发展思想恰好是人类分析这些现象所做出的正确的理论反思与战略抉择。所谓可持续发展观,也就是人类在发展的同时,不应该干扰和削弱自然界多元化发展的能力。我们这一代人的发展不应该对下一代人发展造成干扰和削弱,于是可持续发展思想便成了新的刑法价值理念的内容。

二、重视环境刑法的刑事一体化

所谓环境刑法的刑事一体化,是指环境刑事实体法与环境刑事程序法合二为一。环境刑事程序与环境刑事实体属于两大密不可分的问题,应该在环境刑法中体现出来。虽然当今学科分类的观点认为,程序问题与实体问题应该分属不同的学科进行研究,两者不能混淆起来。不过,如果从历史发展和两者之间的关系角度进行分析,则程序问题与实体问题在一些方面确实不能分割。诸如,我国在《刑法》中第50条关于死刑缓期二年执行与《刑事诉讼法》中第210条第2款里的规定、《刑法》中第43条关于被判处拘役刑罚罪犯的裁决与《刑事诉讼法》中第213条第2款里后一部分的规定、《刑法》中第76条关于被判处徒刑缓刑罪犯的裁决和《刑法》中第85条关于被假释罪犯的判定与《刑事诉讼法》中第217条第1款和第2款的裁决等诸多刑罚执行问题,以及《刑法》中第48条关于死刑核实批准与《刑事诉讼法》中第200条、第201条里的规定等一系列死刑复核程序的规定,就有着重合或者某种程度的交叉规定。而且,因为环境犯罪有着本身的特殊性,环境刑事程序问题与环境刑事实体问题又有着非常密切的关系,从而使得普通的刑事诉讼程序不易适应环境犯罪的诸多追诉问题。所以,针对环境犯罪这一类环境刑事实体问题所导致的普通刑事诉讼程序无法完全适用的问题以及特殊的环境刑事诉讼程序方面的设置问题,就理所当然地成了理论的重点研究对象。

国外在相关环境犯罪立法体系日趋完善,一些采取行政、刑法双罚制,一些直接采取刑法加大处罚力度。总而言之,在制度设定方面,强调对于一系列手段的广泛探索寻找和合理选择,在实际执行方面也应该根据诸多危害环境犯罪的各个特征,选择合适的控制手段,不再将刑罚作为处理环境犯罪问题的唯一手段,虽然说刑罚属于最严厉性的制裁措施,但是也不能对刑罚寄予太高的期望。明智、合理的做法应该是在综合分析侵害环境犯罪发生的机理这一基础之上,在环境刑事立法方面借鉴西方国家的丰富的经验,从立法方面设计出与环境罪特质相符的防范措施。而刑罚手段仅属于众多措施群的手段之一。如果从严密刑事法网的角度进行分析,总体呈现出非常严格的趋势,体现在原来处罚结果犯渐渐延伸到处罚危险犯,承认且确定严格责任制度,处理的均是侵害环境的行为究竟能否构成犯罪的问题。不过,严格并不等同于严厉,也并不与重刑化挂上等号。

环境犯罪在刑种上的设置方面趋于开放化、多样化。各个国家现行刑法规定的刑种常常有生命刑、自由刑、财产刑和资格刑等。我们应该采取这些刑罚方法对各种环境犯罪及犯罪状况,进行有效的、合理的制裁,例如,强调自由刑的适用。在不放弃死刑或者无期徒刑这两大最为严厉的刑罚措施时,强调自由刑的刑罚措施很值得提倡。再如,广泛采取财产刑,扩宽罚金刑的适用范围。以财产刑取代自由刑属于现代刑罚改变的一个趋势,这一点在环境犯罪的立法方面表现特别突出。各个国家在环境犯罪的立法中都将罚金刑作为非常重要的刑罚规定。如日本的《公害罪法》中、原罗马尼亚《环境保护法》中均涉及将财产刑特别是罚金刑上升成为主刑的规定。

与此同时,刑法不仅是"善良人的大宪章",同时也是"犯罪人的大宪章",每个国家在对各种各样严重侵害环境的行为给予犯罪化并规定与其对应的刑罚的同时,为了有效保障无罪的人不受到刑事追究,均规定了一些辩护事项,从而使得犯罪的处罚虽然严厉但更为谨慎。

主要参考文献

[1]喻海松.环境资源犯罪实务精释[M].北京:法律出版社,2017.

[2]蒋兰香.污染型环境犯罪因果关系证明研究[M].北京:中国政法大学出版社,2014.

[3]马倍战,孙京敏,闫泽利.环境犯罪案件实务指南[M].北京:法律出版社,2013.

[4]赵红艳.环境犯罪定罪分析与思考[M].北京:人民出版社,2013.

[5]李希慧,董文辉,李冠煜.环境犯罪研究[M].北京:知识产权出版社,2013.

[6]赵星.环境犯罪论[M].北京:中国人民公安大学出版社,2011.

[7]赵秉志.环境犯罪及其立法完善研究[M].北京:北京师范大学出版社,2011.

[8](日)大谷实著;黎宏译.刑法总论[M].北京:中国人民大学出版社,2009.

[9](德)汉斯·海因里希·耶塞克,托马斯·魏根特著;徐久生译.德国刑法教科书[M].北京:中国法制出版社,2009.

[10]徐玉秀.主观与客观之间——主观理论与客观归责[M].北京:法律出版社,2008.

[11]蒋兰香.环境犯罪基本理论研究[M].北京:知识产权出版社,2008.

[12]周光权.刑法各论[M].北京:中国人民大学出版社,2008.

[13](法)马克·安塞尔著;卢建平译.新刑法理论[M].香

港:香港天地图书有限公司,1990.

[14]卢建平.刑事政策学[M].北京:中国人民大学出版社,2007.

[15]张明楷.刑法学(第三版)[M].北京:法律出版社,2007.

[16]郭建安,张桂荣.环境犯罪与环境刑法[M].北京:群众出版社,2006.

[17](日)森本益之,濑川晃,上田宽,等著;戴波,等译.刑事政策学[M].北京:中国人民公安大学出版社,2004.

[18]曲新久.刑事政策的权力分析[M].北京:中国政法大学出版社,2002.

[19](法)米海依尔·戴尔马斯·马蒂著;卢建平译.刑事政策的主要体系[M].北京:法律出版社,2000.

[20]刘斌斌,李清宇.环境犯罪基本问题研究[M].北京:中国社会科学出版社,2010.

[21]胡锦涛.高举中国特色社会主义伟大旗帜,为夺取全面建设小康社会新胜利而奋斗[M].北京:人民出版社,2009.

[22]卢永鸿.中国内地与香港环境犯罪的比较研究[M].北京:中国人民公安大学出版社,2005.

[23]刘仁文.环境资源保护与环境资源犯罪[M].北京:中信出版社,2004.

[24]杨春洗,向泽选,刘生荣.危害环境罪的理论与实务[M].北京:高等教育出版社,2003.

[25]付立忠.环境刑法学[M].北京:中国方正出版社,2001.

[26]陈兴良.本体刑法学[M].北京:商务印书馆,2001.

[27]杜澎.破坏环境资源犯罪研究[M].北京:中国方正出版社,2000.

[28]郑昆山.环境刑法之基础理论[M].台北:五南图书出版公司,1998.

[29]高铭暄.刑法修改建议文集[M].北京:人民大学出版社,1997.

[30]杨春洗.刑事政策论[M].北京:北京大学出版社,1994.

[31]叶俊荣.环境政策与法律[M].台北:月旦出版公司,1993.

[32]马克昌.中国刑事政策学[M].武汉:武汉大学出版社,1992.

[33](日)藤木英雄著;丛选功等译.公害犯罪[M].北京:中国政法大学出版社,1992.

[34]李光灿等.刑法因果关系论[M].北京:北京大学出版社,1986.

[35]王睿.论我国环境犯罪刑事立法的完善[J].法制与经济,2017(5).

[36]白佳鑫,刑雨.对水污染犯罪的研究[J].法制博览,2016(34).

[37]田川颐.环境污染罪的法律责任探析[J].法制与社会,2016(32).

[38]谯冉,李森.完善"污染环境罪"的思考[J].新疆警察学院学报,2016(4).

[39]廖斌.西部环境保护的刑事政策分析[J].科技与法律,2003(2).

[40]杜澎.环境刑法对传统刑法理念的冲击[J].云南法学,2001(1).

[41]马登民,张长红.德国刑事政策的任务、原则及司法实践[J].政法论坛,2001(6).

[42]傅国忠,储槐植.初论"环境刑法"[J].当代法学,1994(2).

[43]颜军民.台湾的环境污染与治理[J].台湾研究集刊,1991(2).